上海地情普及系列
《上海滩》丛书

江沪游踪

海天之间的上海风景

上海通志馆
《上海滩》杂志编辑部 编

上海大学出版社

图书在版编目(CIP)数据

沪江游踪：海天之间的上海风景/上海通志馆，《上海滩》杂志编辑部编．—上海：上海大学出版社，2021.12

（上海地情普及系列．《上海滩》丛书）

ISBN 978-7-5671-4388-3

Ⅰ．①沪… Ⅱ．①上… ②上… Ⅲ．①上海—地方史 Ⅳ．①K295.1

中国版本图书馆CIP数据核字（2021）第235400号

本书由上大社·锦珂优秀图书出版基金资助出版

责任编辑　陈　强
助理编辑　祝艺菲
封面设计　缪炎栩
技术编辑　金　鑫　钱宇坤

沪江游踪
——海天之间的上海风景

上海通志馆
《上海滩》杂志编辑部　编

上海大学出版社出版发行
（上海市上大路99号　邮政编码200444）
(http://www.shupress.cn　发行热线021-66135112)
出版人　戴骏豪

*

南京展望文化发展有限公司排版
上海华业装潢印刷厂有限公司印刷　各地新华书店经销
开本710mm×1000mm　1/16　印张21.75　字数272千
2021年12月第1版　2021年12月第1次印刷
ISBN 978-7-5671-4388-3/K·245　定价　55.00元

版权所有　侵权必究
如发现本书有印装质量问题请与印刷厂质量科联系
联系电话：021-56495959

前 言

古人云:"温故而知新。"我以为,我们每年编《上海滩》丛书,从杂志历年发表的文章中择其佳作,分门别类按不同主题推出,其实就是一个"温故而知新"的过程。

这种"新",在我们今年编辑出版的一套六种《上海滩》丛书中,集中体现在中国共产党领导广大人民群众,在推翻帝国主义和封建主义的剥削压迫,在领导亿万人民群众消除绝对贫困,在建设中国特色社会主义新征程中所取得的巨大成就中。

比如,《淬火成钢——穿越烽烟的红色战士》一书讲述了一大批优秀共产党员在上海展开对敌斗争的英雄事迹,以及上海部分红色遗址中所蕴含的革命历史。其中工人出身的共产党员陶悉根,在大革命失败后,并没有被敌人的残酷杀戮所吓倒,而是咬着牙从血泊中爬起来,擦干净身上的血迹,含泪辞别自己的老母亲和妻儿,辗转千里寻找到党组织,继续进行革命斗争,我们被这样的事迹所震撼!这位老共产党员告诉我们,只有在中国共产党的领导下,才能实现中国广大工农群众翻身解放的伟大目标。

在《上海担当——70年对口援建帮扶实录》中,我们同样可以看到,只有在中国共产党领导下,上海广大干部、科技人员、企业家才能在东西部对口支援、合作帮扶工作中,帮助成千上万的贫困群众完成消除绝对贫困、走向小康生活的伟大历史任务。早在新中国成立之初的1950年,上海金融战线的2 000多名职工,就热烈响应党和国家的号召,开始了对大西北等地的对口援建。70余年来,上海人的对口援建足迹遍布祖国各地，为各地摆脱贫困和开展经济建设献智出力，流血流汗，甚至牺牲生命，作出了巨大贡献。他们中的不少人不仅献出了自己的青春，而且还献出了自己的子孙，让子孙后代继续为各地经济建设作贡献。他们是我们上海人的骄傲！

同样的感受，我们在《砥砺前行——上海城市更新之路》中也能看到。本书讲述了新中国成立后，上海在城市发展中不断创新，勇做改革开放"排头兵"的故事。其中的文章，既有站在今天的角度，对上海城市发展中重大事件和变迁的回顾；也有许多年前对上海未来面貌和发展蓝图的展望。对照今日的现实，读来令人振奋而又感慨万千。回想70多年前，国民党政权在败逃台湾之际，对上海进行了破坏，将中国银行的黄金、白银、美元抢运一空，给新生的人民政权留下了一副烂摊子。但是，在中国共产党的坚强领导下，上海各界人民群众，团结一心，奋发图强，战胜了蒋介石派遣的飞机轰炸和特务破坏，粉碎了一些不法商人发起的经济金融方面的进攻，稳定了人心，稳定了市场，并且很快展开了热火朝天的社会主义建设，并取得了一个又一个让世界震惊的成就。上海的城市面貌发生了翻天覆地的巨变，探索走出了一条具有中国特色、时代特征、上海特点的超大城市发展新路，已成为中国改革开放的重要窗口和发展成就的生动缩影。

一千多年前的上海只有东部地区有一些海滩边的渔村，而今天上海已是全国最大的城市和国际性大都市。沧海桑田，上海从海滨渔村发展成为现代化大城市，反映了上海的历史变迁。另外，上海又一是个如诗如画、有着江南田园美景的城市。1840年后，随着国门打开，上海的面貌也发生了变迁，田园般的宁静被打破。新中国成立后，中国共产党在领导社会主义建设时，非常注意环境保护和综合治理环境污染。特别是在中国最大的工业城市上海，改革开放以来，政府不断地投入巨资，治理黄浦江和苏州河，近年来已见成效：上海天蓝了，山青了，水绿了，许多岛屿飞鸟翔集，瓜果飘香，成了人们休闲游玩的好去处。如今，我们需要一个现代化的上海，更需要一个人与自然和谐的美丽上海。《沪江游踪——海天之间的上海风景》既讲述了上海山水岛屿的地情知识，又涉及上海人早期旅游的故事，对上海的自然和人文地理多有涉及。

中国对世界各种文化采取的是"海纳百川，互相学习"的做法。尤其是上海，在一百多年时间里，将西方的先进文化，糅合到我国的传统文化中，产生了一种更加自信、更有活力的海派文化。于是，上海成为中国最大的工业城市，中国最发达的科创中心，中国最繁华的国际大都市。为此，在今年的丛书中，我们编选了《海纳百川——近代上海的中西碰撞与交融》一书，供读者了解海派文化的形成过程和重要作用。这本书与前两年编辑出版的红色文化读物（即《申江赤魂——中国共产党诞生地纪事》《海上潮涌——纪念上海改革开放40周年》《五月黎明——纪念上海解放70周年》）和江南文化读物（《海派之源——江南文化在上海》《城市之根——上海老城厢忆往》《年味乡愁——上海滩民俗记趣》）等一起，为读者系统学习了解红色文化、江南文化和海派文化，提供了珍贵而生动的教材。

今年出版的《上海滩》丛书的第六种是《戏剧人生——沪上百年戏苑逸闻》。这是因为去年我们编辑出版了反映上海电影界历史的《影坛春秋——上海百年电影故事》后，有些读者提出，几十年来《上海滩》杂志发表了许多戏剧界的故事，其中有对各剧种的介绍，也有对一出戏盛衰的讲述，更有不少戏剧表演艺术家和著名演员在中国共产党的领导和影响下，以各种方式反抗日本帝国主义和国民党当局的统治的感人故事，如果能择其精彩内容编成一册，颇有意义。

我们认为，编辑出版这套丛书，不仅能为上海广大市民和青少年朋友了解上海革命和社会主义建设的历史提供一套有价值的读物，还是开展"四史"教育和学习的一套生动教材。尤其是在迎接和庆祝中国共产党诞生一百周年的日子里，这套《上海滩》丛书，可以帮助人们更深刻地理解中国共产党是一个善于将马克思主义同中国革命实际相结合的政党，是一个始终将人民的利益放在最高地位的政党。初心绽放，爱我中华，百年政党正青春，未来我们将更加自觉地团结在以习近平同志为核心的党中央周围，砥砺前行，排除万难，去夺取更大的胜利！

上海通志馆
《上海滩》丛书项目组
2021年3月23日

目录

1/ 黄浦江的故事

12/ 上海第一湖：淀山湖

19/ 一城繁华半江河——上海的河

24/ 话说上海的岛屿

34/ 崇明岛：荒滩上的诗意

39/ 崇明岛的灿烂明天

44/ 杭州湾畔看洋山

50/ 缘结洋山岛

58/ 神奇的金山三岛

67/ 黄浦江整治中的复兴岛和老鼠沙

76/ 九峰三泖太阳岛

82/ 上海福泉山遗址览记

90/ 松江九峰秀出海上

99/ 佘山：从皇家猎场到国家森林公园

107/ 金鳌镜影山光秀

113/ 清江一曲说安亭

121/ 骑着摩托车游览朱家角

127/ 淀山湖畔"三姐妹"

133/ 江南桥乡金泽镇

143/ 物阜民丰三林塘

151/ 真如：都市里的古镇

162/ 金山嘴：上海最后的渔村

170/ 一湖三镇：名动海内外的江南明珠

178/ 外滩公园：见证中国人的屈辱史

186/ 虹口公园百年风雨录

195/ 复兴公园百年沧桑

205/ 宋公园今昔

213/ 动物园与植物园

218/ 上海第一座儿童公园——昆山公园

223/ 稻谷飘香的农业园林

229/ 豫园春秋

238/ 朱家角有座课植园

246/ 梓园风雨

253/ 半淞园梦寻

260/ 愚园旧梦录

266/ 黄家花园大亨梦

274/ 黄浦侧畔的沈家花园和半淞园

286/ 绿竹猗猗话猗园

294/ 闲话秋霞圃

301/ 五"龙"戏珠汇龙潭

306/ "淞波一曲"三名园

311/ 松江三古园

316/ 上海的桥

321/ 漫步沪郊访名桥

330/ 闵行古迹话沧桑

黄浦江的故事

薛理勇

黄浦江是上海的母亲河,她纵贯上海市区,把上海分割为浦西和浦东。黄浦江有过许多别名,常见的有黄浦、黄歇浦、歇浦、春申江、申江、浦江等。在漫长的岁月里,黄浦江流传着许多动人的故事。

"黄浦"得名的多种说法

欲说黄浦江,先得从吴淞江说起。

在古代,吴淞江(上海市区段称苏州河)是太湖流域最大的河流,它承担着太湖流域的泄洪和蓄水的功能。古人十分重视对吴淞江的治理。北宋的水利专家郏亶治理吴淞江的基本方法是:沿吴淞江每隔5至7里开凿一条大支流,这种支流一律叫作"浦",吴淞江是东西流向的,"浦"自然是南北纵向的,所以叫"纵浦";再沿浦每隔7至10里开凿浦的支河,叫作"塘"。这样,以吴淞江为主河道,以浦、塘为次河道,形成"井"字形的圩田布局。雨季来临时,这网格布局的河流可以共同分担分流太湖洪峰的重任;而到了旱季,它又是天然的蓄水池,起着灌溉农田、抗旱保丰收的作用。

郏亶在奏折中讲,吴淞江从太湖至出海口共计有60余条"浦",

上海开埠时黄浦江上帆樯林立

他能记得住名称的有几十条。我们只要将其中的一些浦名略作考证，就能知道是今天的什么河了。如下练祁浦，就是今嘉定的练祁河，三林浦、杜浦、周浦则是今浦东的三林塘、杜浦河和周浦。如今青浦还有赵屯浦、大盈浦，上海市区则有桃浦、彭浦（旧名蟛蜞浦）、杨树浦等，它们均是原吴淞江的"纵浦"。

我在清乾隆年间刻印的《西林杂记》一书中读到了有关黄浦的最早记录。书中说，今天浦东的"三林镇"是由古代的东林、中林、西林三个自然村所组成，其中西林就在今天的三林镇。从云间邑城（即松江城厢）到西林需"东越黄浦，又东而汇北"，西林与黄浦的距离"不及半舍"。古代"一舍"为30里，"半舍"就是15里。可见，当时黄浦为西林西南15里左右处。

黄浦是原吴淞江的支流。至于"黄浦"的得名，清代《上海县志》以为是"其水大而黄"。而实际上与其他河流相比较，黄浦的水不见得更黄。所以，名为"黄浦"必定还有其他的原因。我们已经知道,"浦"是吴淞江支流的专用名称,吴淞江是东西横向的,按理说"浦"应该是南北纵向的,而实际上黄浦从淀山湖出来后向南流,在松江南库处突然转变方向,改为向东流。在上海方言中,把竖的东西放倒叫作"横过来",而"横"与"黄"同音。"浦"应该是南北纵向流,而这条"浦"却"横过来"改为东西横向流,于是被叫作"黄浦"(横浦)。实际上在今天的地图上也能看到,黄浦江的上游中一段竖向的河被叫作"竖潦泾",再一段横向的则被叫作"横潦泾"。

此外,民间还有因春申君黄歇率领百姓开凿黄浦,黄浦因而又被称为黄歇浦、春申江、申江等名的传说。我们不能把传说当作历史,但传说也是一种文化,可聊备一说。

黄浦是黄浦江的早期规范名称。近代以后,外国人印制的上海地图把"黄浦"标为Whangpoo River,于是被后人译作"黄浦江",民间又将其简化为"浦江"。新中国成立后,有一部描写1949年前黄浦江船厂工人反压迫斗争的电影,就取名《浦江怒潮》;在原北京路外滩码头开办的黄浦江旅游,也叫作"浦江水上旅游"。

黄浦取代吴淞江

南宋建炎元年(1127年),宋高宗迁都临安(今杭州市),大批北方移民进入江南后,耕地不足的问题日益严重。江南是水乡,围滩垦地是解决耕地问题的捷径,而围滩造地的直接后果就是江河因水流不畅而淤塞严重。到了南宋后期,吴淞江因水流不畅,大量泥沙沉淀下来,致使下游淤塞严重,下游的淤塞又造成上游河道不畅通。尤其到了雨季,吴淞江无力承担排放洪峰而使上海沦为泽国;而到了旱季,吴淞江又因蓄水不足而使旱情加重。这样,黄浦在抗旱排涝上的作用便逐渐显现出来。

元代著名学者陶宗仪在《南村辍耕录》中收录了一位负责松江地区农业的小官吏袁介描述松江农民艰难生活的长诗,其中写道:

试问何故为穷民。老翁答言听我语,我是东乡李福五。我家无本为经商,只种官田三十亩。延祐七年三月初,卖衣买得犁与锄。朝耕暮耘受辛苦,要还私债输官租。谁知六月至七月,雨水绝无潮又竭。欲求一点半点水,却比农夫眼中血。滔滔黄浦如沟渠,农家争水如争珠。数车(指水车)相接接不到,稻田一旦成沙涂。

尽管诗中讲当年的干旱使"滔滔黄浦如沟渠",但非干旱严重的时候,黄浦一定是一条滔滔大河,它的排泄和蓄水能力大概早已超过了吴淞江。

到了元末明初,吴淞江淤塞严重到了非治不可的地步。明朝永乐年间,大臣夏原吉接受了上海人叶宗行等人的建议:一是放弃相

黄浦江取代吴淞江,成为上海主干河流

当于今北新泾以东的原吴淞江下游水道，这条被废弃的吴淞江水道后来被称为"旧吴淞江"，简称"旧江"，后来又讹为"虬江"。今普陀区有"西虬江"，静安区、虹口区有"虬江路"，杨浦区有"东旧江"，其大致上是原旧吴淞江的走向。二是拓宽挖深原来的"上海浦"，使它与黄浦相接而成为新的黄浦的下游河流，引黄浦之水北上注入长江和大海，实际上它就是今黄浦江的下游河道。三是利用原来的一条叫"范家浜"的河流，使它在北新泾处与吴淞江相接，引吴淞江水在今外白渡桥处注入黄浦。从此，黄浦就成了流经上海最大的河流，而吴淞江则成了黄浦的支流。

陆祭酒筑园陆家嘴

龙华位于上海市区的西南，以建于东吴时期的龙华寺而得名。当年龙华寺造得高大雄伟，而黄浦流经龙华附近时曲折多弯，上海旧谚有"黄浦十八弯，湾湾见龙华"之说，大意是说在任何曲折的河道上，总能见到龙华寺的高大建筑。

在上海的地名习惯中，当河道出现急转弯时，其陆地中凸出的部分如禽兽之嘴而被叫作"嘴"，凹陷的部分则称为"湾"。黄浦江沿岸曾有多少"嘴"、多少"湾"已很难讲清楚了，目前尚存的"陆家嘴"和"周家嘴"已是上海知名度很高的地名。

黄浦江在流经外滩后，突然由西北流向改为东北流向，在浦东的一边形成了一个约六十度角的尖嘴。据浦东《陆氏宗谱》记载，元代末年，世居今吴江甪直的唐代诗人陆龟蒙的第十三世孙陆子顺因避战乱而东迁到今上海的马桥，算是入了上海籍了。陆子顺多子，其中一子叫陆余庆，陆余庆有一个儿子叫陆德衡（字竹居），官至承事郎，这仅是一不入品的小官吏，他又将自己的家人迁到"浦东洋泾之原"，即今浦东东昌路一带。

陆德衡有一个孙子颇有出息，他的名字叫陆深，字渊，号俨山。他聪明过人，读书勤奋，明弘治十四年（1501年）以应天乡试第一名中举人，四年后又以会试二甲第一名（相当于该年会试第四名）中进士，授翰林院编修，官至国子监祭酒。

陆深发迹后，在浦东老家大兴土木，兴建私家花园——后乐园，同时又圈地建造祖坟，于是这里就被人们称作"陆家嘴"。到了近代以后，与上海最繁华的外滩隔岸相望的陆家嘴就成了浦东最早开发的土地，英美烟草公司的卷烟厂就开设在陆家嘴。20世纪80年代改革开放后，"陆家嘴金融区"又成为新时代浦东开发的领头羊，今天的陆家嘴更是上海最繁华的地段之一。

周家嘴有路还有岛

沪东有一条周家嘴路。可是这条路离黄浦江还有一段距离，那么这路名中的"嘴"是从何而来的呢？

原来，黄浦江在流到沪东的"复兴岛"时又是一个急转弯，浦西江岸凸出的地方旧名"周家嘴"，至于周家是何家，旧志中没有记录。到20世纪初，上海开埠已半个世纪，成为贸易大港，出入的船只越来越多，船的吨位也越来越大。自开埠以来，黄浦江从未疏浚过，河道淤塞日益严重，严重阻碍和影响上海港的发展。1905年，上海成立了一个叫作"浚浦局"的机构，专门负责疏通黄浦江。

黄浦江的市区主航道有几十公里，沿岸都是工厂、码头、堆栈，从河里挖出来的淤泥根本无法就近处理，必须运往更远的郊区或走长江出海，这又使处理成本大大提高。当时有人注意到周家嘴处的江面很宽，就将一部分淤泥堆到周家嘴河滩上，再在堆场与河岸之间开一条小运河，确保船只航行安全，于是这里形成了一个长约3.5公里、平均宽度约400米的人工岛，时称"周家嘴岛"。1927年，上海浚浦局出资买下了这个岛,把本局以及下辖的机构都搬到岛上。同年,又在岛与陆地间建造了"定海桥",于是周家嘴岛又被叫作"定海岛"。

1937年"八一三"淞沪抗战爆发后,日军占领了定海岛。由于定海岛四面被水隔离,只有通过定海桥才能进入岛上,日军就把岛建成为军火仓库。抗日战争胜利后,浚浦局收回定海岛,为纪念抗战胜利、复兴中华,又正式改称"复兴岛"。周家嘴路是以通原周家嘴而得名的,当周家嘴地名消失后,知道周家嘴路来历的人就很少了。

外滩取名也有来历

旧上海租界,今苏州河至延安东路是以前的英租界,旧称"英租界外滩",从延安东路至方浜路是以前的法租界,旧称"法兰西外滩"或"法租界外滩"。有些人习惯望文生义,把"外"理解为外国、外洋,于是"外滩"就被理解为"外国人的滩地",真是大错而特错。

黄浦江是一条宽达800至1 000米的大河,又是一条通海的河流,受潮汐的影响,江水每天准时潮涨潮落,落差可达4米以上。以前涨潮时,江水几乎逼近岸线,而退潮时,靠岸处就露出一片滩地。上海地名习惯,河流的上游处叫作"上"或"里",下游处叫作"下"或"外"。在近代以前,南市的老城厢是上海县城区,而黄浦江流经龙华后逐渐进入城邑区,过了陆家嘴后即离开城邑区。黄浦江在陆家浜口(今南浦大桥处)形成了一个急弯,人们以陆家浜口为界,上游叫作"里黄浦",下游叫作"外黄浦"。里黄浦的滩地被称为"里黄浦滩",简称"里滩",又称"西滩";外黄浦的滩地被称为"外黄浦滩",简称"外滩",又称"东滩"。我们在早期印制的地图中都能见到这些地名。

当时，英国人把英租界临黄浦江的岸地叫作"The Bund"。据说Bund是英文中的外来语，原义为堤岸、江边道路，后来特指在远东城市的繁华江岸。中文名则套用上海原有的名称——外黄浦滩，后来被简称为"黄浦滩"或"外滩"。法国人把临黄浦江之地叫作"Quai de France"，中国人称之为"法兰西外滩"。

外滩最初确实是滩，沿江还有一条船夫拉纤踏出来的小道。后来，工部局以这条小道为界筑起了堤岸，形成滨江大道，就是今天的中山东一路和中山东二路。

据《上海工部局董事会会议纪要》记录：开埠后的外滩已成为上海地价最昂贵的地段，有些商家计划打通关系，以高价收买滨江的土地，在临江建造房子，此事立即遭到众多侨民的反对，并形成强制性的法律文书，规定任何人不得以任何方式获得外滩滨江的土地以及在这里兴建任何建筑物。上了年纪的上海人应该记得，以前的外滩只有在滨江有一幢海关大楼的房子，因为海关是中国主权，不受租界的约束，而此外滨江之地没有任何建筑物。

摆渡船两岸穿梭忙

黄浦江把上海分割为浦西和浦东，上海县城在浦西，浦西的经济比浦东发展得快。古代，人们没有能力在宽阔的黄浦江上建桥，过江只能依靠分散在沿江的摆渡船。清代上海人秦荣光在《上海县竹枝词·渡桥》中咏道：

浦阔无梁阻旅行，沿滩渡口有船横。
民捐官设都称义，普济东西往返程。

黄浦江水深浪急，一旦遇到翻船落水就会造成重大伤亡事故，

民间摆渡载客秩序混乱

所以上海地方政府禁止私人摆渡。所设渡口通常以政府拨款和民间捐款后委托善堂（旧时慈善团体的称谓）管理和经营。"民捐官设都称义"，就是说不论民间捐款的还是官方拨款建立的渡口一律被叫作"义渡"。作者原注："沿浦各渡，西自语儿泾起，历韩仓、沙冈、彭家、巨漕、横泾，折北有邹家、吴冲泾、车沟、关前、王家、乌泥泾、张家塘、龙华，转东有草庵、周家、高昌、南仓、北仓、永济、张家浜、老白、杨家、关桥等，共二十五处。"

"语儿泾"今称"女儿泾"，是黄浦江北岸的支流，在今松江区与闵行区的交界处。这里提到的就是黄浦江流入原上海县境内的25个渡口。这些渡口大部分已消失了，其中"横泾渡"就是今天的"西渡"，"周家渡"即今周江线和周南线，"南仓渡"即南码头，"北仓渡"即董家渡……

今天的上海人把黄浦江对江渡叫作"轮渡"或"市轮渡"。这里的"轮"即"火轮船"或"轮船"。近代以后，西方的以蒸汽机为动力的机械船进入上海。早期的机械船上有几只大烟囱，不断冒出火光和浓烟,船的两舷装有很大的轮子,蒸汽机带动轮子,轮子推动船行进,这种船被叫作"火轮船""小火轮""轮船"。后来轮子被装在船尾底下的螺旋桨替代,但人们仍把机械船叫做"轮船"。

　　清宣统元年(1909年),浦东的塘工善后局要疏通东沟及附近的河道,每天有许多工程技术人员及工具必须从浦西运往浦东东沟。他们租用了一艘小火轮,定时往返于铜人码头(今北京东路外滩)与东沟之间。为了增加收入,小火轮也临时搭客,酌情收取渡资。想不到搭客的收入足以抵消租船的开支。第二年,塘工善后局就正式开办了从铜人码头到东沟的定期航班,这一年因此被定为上海浦江轮渡的创始年。

　　进入民国后,浦东的经济发展渐快,沿江有许多码头、堆栈、仓库、工厂,居民人数也迅速增长,每天往来浦东与浦西之间的人数不断上升,于是有商家投资建立了其威线(其昌栈至威赛码头,

外滩铜人码头

20世纪30年代的市轮渡码头

即后来的其昌栈—秦皇岛路）、塘董线（塘桥至董家渡）。私人经营的渡轮大多是吨位小的旧火轮，码头设施也很差，致使轮船相撞或乘客落水事故不断。

　　1928年，上海市公用局正式申请成立上海市轮渡公司，垄断经营黄浦江对江渡，从此上海人就把黄浦江对江渡叫作"市轮渡"。之后，上海市轮渡公司多次兴建了轮渡码头，开辟庆定线（庆宁寺至定海桥）、春北线（春江路至北京路）以及东东线（东门路至东昌路）等多条对江渡航线，为市民提供了渡江的便利。

上海第一湖：淀山湖

王卫红

淀山湖，又称淀湖，位于上海青浦区的西部，西南连元荡与江苏省吴江市毗邻。淀山湖水域面积的四分之三在青浦境内，其余在江苏省昆山市淀东境内。整个湖面呈葫芦形，东西宽9公里，南北长18公里，环湖周长约35公里，面积62平方公里，相当于11个杭州西湖那么大，为上海市境内最大的天然淡水潋泊。

淀山湖的神秘传说

相传在两千多年前，秦始皇统一中国之后，曾下了一道圣旨，将十万囚徒遣送于青浦一带，强迫他们挖掘地表，以杀王气，因此掘成了此湖。据北魏郦道元《水经注》称"一江东南行七十里入小湖，为次溪，自湖东南出，谓之谷水。"据《云间志》记载："在县西北七十二里，有山居其中，湖之西曰小湖，南接三泖。"又谓："淀湖周回，几二百里，茫然一壑，不知孰为马腾湖，孰为谷湖也。"至南宋时，淀山湖才为马腾湖、谷湖等相连而形成。可见，那时的湖面有多开阔，可谓一望无际，气势雄伟，也因此在世人眼里变得更加俊俏而诡奇了。

也有传说认为：此地原是一座古城，因地壳变动下沉而陷为湖。

此说有相当的科学根据。1958年为"大炼钢铁",当地村民在打捞湖底沉积的铁矿(俗称勾屑铁)时,曾打捞上来许多文物。经考古工作者鉴定,这些文物中有良渚文化时期的穿孔石斧、有段石锛、石耘田器、石凿和黑衣灰陶陶片、扁平长方形鼎足等;有马桥文化的长三角形石矛、石铲、有肩石斧,及篮纹、叶脉纹、雷纹等印纹陶片;有西周和春秋战国时代吴越文化的曲折纹、回字纹、填线方格纹、米字纹和米筛纹等印纹硬陶片;同时还发现有唐开元小平钱、宋崇宁当十钱和其他宋元时代的瓷片。据此,有学者称,此地很有可能就是古之由拳县地,秦时陷为谷水,面积甚广,以后因泥沙沉积,而形成大大小小的湖泊。

这些传说,给清澈、浩渺的淀湖水增添了一分神秘的色彩。

其实,淀山湖是江南古陆上由于"潟湖运动"而缓慢造就的。地壳发生褶皱运动,地质学上称之为"潟湖运动"。随着对潟湖研究的深入,有学者提出太湖湖群构造成因说,称太湖平原约在250万年

淀山湖附近的淀山

前因地层构造下沉而成湖。初时湖面甚广,今距淀山湖2.5公里处的淀山,当时就耸立在湖中央。可见淀山湖的成湖历史久远,大致与太湖的成湖时间接近。

古往今来,淀山湖几多变迁。宋以前的图籍,无淀山湖之名。至南宋绍熙年间(1190—1194),在一部名《云间志》的地方志书上始见"薛淀湖"的记载。所谓"薛淀湖",或与九峰三泖的湖光山色连在一起有关。"薛"者,指云间"九峰"之薛山,"淀"则以湖面正在冲积成淀而得名。另有一说:当时淀山湖边蒿草丛生,浮萍茂盛,名其"薛","淀"则是湖泊为浅的意思,故名"薛淀湖",宋后期,因水中有淀山,改称"淀山湖"。又有一说:因湖上游水流缓慢,湖中泥沙日积,渐成淤淀,故湖以"淀"为名。民间则因其湖水甘甜,有称其"甜水湖"的。

宋代的淀山湖,较之今天的更为宽广,湖中央的淀山上亦多景物。南宋时,则"湖之四旁,筑堤为田",使湖之面积日小。到元代时,淀山已在岸边了。至清代中叶,淀湖周围从二百里许缩至七十余里,淀山已距湖四五里。

文人墨客眼里的淀山湖

旧时,淀山湖虽未入选"五湖"之列,但其美名却不在"五湖"之下。宋元时的淀山湖,已是一处远近闻名的"风景区"了。

相传宋朝宰相吕颐浩南下视察,因见淀湖之美,遂在湖的南端金泽镇建庵。宋高宗赵构南渡时,曾驻跸于此,赐庵名为"颐浩禅寺"。

淀山湖的绮丽秀美,令众多文人雅士为之倾倒,争相歌咏。翻开宋人词卷,吟咏上海风景名胜的虽不是很多,但其中就有宋代名家吴文英的《满江红·淀山湖》:"云气楼台,分一派、沧浪翠蓬。开小景、玉盆寒浸,巧石盘松。风送流花时过岸,浪摇晴练欲飞空。

算鲛宫、只隔一红尘,无路通。神女驾,凌晓风。明月佩,响丁东。对两蛾犹锁,怨绿烟中。秋色未教飞尽雁,夕阳长是坠疏钟。又一声、欸乃过前岩,移钓篷。"这阕《满江红·淀山湖》为我们留下了淀山湖湖水清澈、碧波荡漾、浪花飞溅、腾飞升空的壮丽景象。词中从对湖光的描绘转为对更广阔的空间美景的欣赏,飞雁的落影、夕照的斜阳、疏落的钟声、欸乃的橹声、独钓的渔翁等,构成一幅空灵、精妙的淀山湖暮秋风景画。

宋人卫泾则在一首《游淀湖》诗中称淀山湖是"水晶宫",诗曰:"疏星残月尚朦胧,闪入烟波一棹风。始觉舟移杨柳岸,直疑身到水晶宫。乌鸦天际墨半点,白鹭滩头玉一丛。欸乃数声回首处,九山浑在有无中。"

吟咏淀湖的诗句还有很多,这里就不一一列举了。

元代画家李升,筑草堂于淀山湖侧隐居,并有一幅《淀山送别图》传世(画上还有乾隆御题行书等,上海博物馆收藏),为我们留下了六百多年前淀山湖之风貌。

淀山湖出水的青铜钲

浩渺、秀丽的淀山湖,自1958年始,被发现是一处范围颇大的古文化遗址,先后从湖中出土众多文物,尤以1980年出土的三件春秋时期的青铜钲弥足珍贵。

1980年,当地渔民在湖中拉网捕鱼时,无意之中打捞出三件古铜物。渔民不知究竟是什么东西,好奇地拿到青浦博物馆。经专家鉴定,原来是春秋时期的青铜雷纹钲。博物馆对保护文物的渔民给予了奖励。从此这三件青铜钲成为青浦博物馆的镇馆之宝。其中最大的一件高37.5厘米、柄长14.5厘米、口径17.5厘米,其他依次为高32.6厘米、柄长11.8厘米、口径13厘米和高24.3厘米、柄长与口径都是9.8

淀山湖中捞出的青铜钲

厘米,正好是一套较完整的组合乐器。钲上装饰当时流行的雷纹。在上海,出土的先秦青铜器很少,这三件青铜钲迄今为上海地区唯一出土的春秋青铜乐器。

青铜钲是春秋时期吴、越两国特有的军乐器,状如两瓦合成,使用时手握柄,口向上,用木槌敲击发出声音。这三件青铜钲怎么会沉入淀山湖湖底的呢?这谜团引起了文物工作者的极大兴趣,也引来种种猜测。

青铜钲出水牵涉到淀山湖的成因问题。青浦是上海地区最早成陆的地方,早在约7 000年前就已成陆。而淀山湖,至宋代才真正成形,南宋绍熙年间杨潜《云间志》中始见记载。云间是华亭县(今属上海地区,古为松江府治所)的别称。由此可见,此前淀山湖可能还没有形成较大的湖面,大多数为地势较低而平坦的陆地,少数为小湖沼泽。所以有人类在此活动而遗留下的许多遗物。春秋初期,上海地区为吴国的边地。后来吴越两国交战频繁,青浦地区有时属吴国,有时变成了越国的领地。作为军乐器的青铜钲,可能是当时吴国或越国在此练兵或两国交战后遗留下的。

青铜钲的出土,为研究淀山湖的形成过程提供了珍贵的实物资料,也为上海早期历史增添了一道亮丽的色彩。

陈老总诗赞淀山湖

1964年6月29日,陈毅副总理到青浦视察淀山湖。据当时参加接待的老同志回忆：当日上午9时许，陈老总和当时的上海市副市长曹荻秋来到了淀山湖畔的关王庙旁。在时任青浦县委副书记、县长郭树桐等的陪同下，陈老总在关王庙的湖岸上驻足眺望淀山湖，还对青浦的同志说："听说淀山湖的湖泊很大，水面辽阔，风光很好，真是名不虚传，好似来到了水连天、天连水、水天一色的空阔境地。"在听取青浦同志的简要汇报后，陈老总说："青浦是鱼米之乡，具有为城市提供副食品、为城市服务的条件。划归上海市后（青浦原隶江苏省，1958年划归上海市）可以发挥更大的作用，希望你们为大上海提供更多的副食品。"他又说："希望你们青浦的工作做得更好，你们的工作做好了，我就高兴。我主要是做外交工作的，我寄希望于各地的工作都做好。国内的工作搞好了，我在国际舞台上讲话就响亮了。"

随后，陈老总乘坐小汽艇在淀山湖上畅游。当看到往来穿梭的帆船、汽笛鸣响的拖轮、撒网捕鱼的渔民，还有湖面上拍水戏耍的野鸭时，陈老总哈哈大笑说："淀山湖真是风景如画，一派好风光呀！住在城市里的人到淀山湖走一走，看一看，真是神清气爽，舒适得很啊！"他还满怀信心地展望前景："淀山湖这么大，水这么清，风光这么好，又靠近大上海，有这么个休闲、观赏的场所多么好呀！要充分发挥它的作用，上海的市民也需要，这也将会使淀山湖迅速繁荣起来。"

回市区后，陈老总还挥毫抒写了七言古体诗《过淀山湖》，其中有"又到水天空阔处，西望无涯通太湖""我愿秋凉再来此，满筐大蟹醉糊涂"等句，热情赞美了淀山湖的绮丽风光与丰饶物产。

上海最大的"资源库"

淀山湖水源来自太湖，流经急水港、白石矶港、朱砂港入湖，约占总进水量的85%。拦路港、泖河为出水港口，经此直达黄浦江，东流入海。东北经淀浦河，由东大盈港和西大盈港通过吴淞江入黄浦江。淀山湖又是黄浦江上游的重要水源，也是上海市郊最大的淡水蓄水库。因此，淀山湖是国家重点保护的水源区，被列为国家定点的环境监测湖泊。

淀山湖地处黄浦江上游，水质清醇，湖底地形平坦，航道最深处为−1米以下，大多地形在−0.5米左右，是回游性鱼类栖息和生长的最佳场所。因此，栖生在淀山湖及其湖畔港汊中的水产资源可谓取之不尽，是上海地区最大的淡水产品资源库。据1976年厦门水产学院调查，淀山湖中有浮游植物53属，水生植物13种，浮游动物41属，底栖动物20种。鱼种多达59种，有青鱼、草鱼、鳜鱼、鳊鱼、鲤鱼、鲢鱼、银鱼、鳗鲡等，还有大量甲壳类、贝类和爬行类动物，如虾、蟹、甲鱼等。不少专家经过实地调查后，都高兴地称淀山湖是"水产王国""活鱼仓库"。

四腮鲈鱼

淀山湖的蟹

1978年，青浦地方政府在淀山湖畔建造了仿《红楼梦》中的场景"大观园"。此后，环淀山湖旅游风景区的开发日趋兴旺，先后建造了一批旅游景点和娱乐场所，有上海水上运动场、上海国际高尔夫球乡村俱乐部等，还有东方绿舟以及一批度假村和朱家角镇的开发。如今，淀山湖又成了上海地区的大型旅游资源开发地。

一城繁华半江河
——上海的河

叶 辛

苏州河可以通苏州

小时候，念五年级时，除了语文、算术之外，开始学习历史和地理。有一本《上海乡土地理》的地理课本，令我印象深刻。

打开《上海乡土地理》，就去找黄浦江和苏州河的地理位置。听老师和家长曾讲过，上海是建在黄浦江和苏州河边的。黄浦江的标识很好找，一条从松江那边弯过来的曲线。苏州河却不好找，于是先找黄浦江和苏州河相交的外白渡桥。

不料，与黄浦江交汇处的那一股水流，地图上注明的却是吴淞江！问老师，老师答得很简单，吴淞江就是苏州河，因为在吴淞江上坐船，可以到苏州去。

以后我就明白了，苏州河之所以叫苏州河，是因为这条河通往苏州，从来不去深究这是什么原因。

一晃半个世纪过去了。大多数年龄段属青壮年的新上海人，都不再知道吴淞江，只晓得市区那条逐渐整治清澈的河，叫苏州河。也有人好奇地问起，在上海市区，怎么会有一条苏州河？在苏州城里，会不会有一条上海河呢？问题似乎带有一点儿玩笑性质，却也道出了人们心中自然浮起的疑惑。

苏州河

沪江游踪

我总是肯定地说，苏州城里没有一条上海河。其他的城市，比如南京等地，有叫"上海路"的，也没有上海河。

有一次碰到一位喜欢刨根问底的人，他不依不饶地追问：为什么上海有苏州河，苏州却没有上海河呢？没有人答得出他的这个怪问题。

吴淞江从来没有更改过名字

2018年秋天，我去苏州专程作和地域文化相关的采风，坐船考察了苏州段的大运河，总算把这个问题搞明白了，欣然作了一篇散文《泛舟运河话姑苏》登在《光明日报》上。

要话姑苏，就要对苏州的历史作一番梳理。因为大运河的关系，运河边的苏州就成了历史重镇。唐朝中叶，苏州人口已达60万人，白居易诗里赞："人稠过杨府，坊闹半长安。"繁华热闹的景象可以同扬州、长安媲美，地位也由望州升为雄州，管辖着下面吴县、长洲、嘉兴、海盐、常熟、昆山、华亭七个县，地域面积远超过今天。而那时候的上海，还在华亭县的边上呢。

到了明朝嘉靖年间，苏州人口已过百万，是当时世界上最大的城市之一。它是江苏省的省会。

乾隆皇帝下江南六次。文人们编出了很多故事和戏文，今天的影视还拿来作素材。其实，乾隆六下江南，巡视考察的就是苏州的政治、经济、文化、商业等方面的工作。

那时的苏州称府，上海只不过是个县。鸦片战争之前，苏州的丝绸贸易可称世界之最，来自海外的洋货，进入黄浦江拐到吴淞江上，发运至苏州，再通过控三江跨五湖运送到全国各地码头。反之，中国的商品，也多由江湖河流汇聚到苏州河上，出吴淞口运往海外。赚到了钱的洋人大班、买办商贾，嫌上海的繁盛不如街巷酒市通宵不绝的苏州城，也要趁着空闲日去往苏州一观歌台舞榭。怎么去呢？坐船顺流而去，沿着通往苏州的河，就能抵达苏州城！

苏州河、苏州河就这么叫响了，反而把原来的名称"吴淞江"淡化了。但是，吴淞江从来没有更改过名字，故而正规的乡土地理教材、地图册上仍标为吴淞江。在上海人的心目中，长江、黄浦江和大海交汇之处，仍称为吴淞江。

上海抓住机会后来居上

不过，上海除了有一条苏州河，还有一条更宽阔能行驶大船的黄浦江。黄浦江的水流、气势，远远要超过苏州河。

借着第一次世界大战国际贸易东移而来，上海抓住机会后来居上。大大小小、门类繁多、品种齐全的工厂，紧挨着苏州河南岸的北京路繁华起来，各家产品首先在这里开出门店，形成了百业纷陈、八方杂处的局面，堪称五金街。围绕着一家挨着一家的饭店、酒楼、戏院、修配业、百货业、杂货铺子，房地产顺势而上，江浙两省城

黄浦江汇入长江流向东海

沪江游踪

镇上、乡村里的人蜂拥而至,全到上海滩寻学生意、求职业、讨生活、淘金,做发财梦。

当时属于英美租界的南京路,瞄准了这一良机,趁势而上,吸纳方方面面有实力的资本,把从外滩到静安寺的10里地,做成了"十里洋场",吸引了全中国的目光。当时属于法租界的霞飞路(今淮海中路)借助这一发展的势头,也做成了一条有着欧洲风情的大马路。

从那时起,以外滩、南京路、淮海路元素为代表的上海,就把苏州甩在了后面。

上海滩以令人惊叹的速度崛起,于是"冒险家的乐园"成了旧上海的一个注脚。说起1949年之前的上海,还要加上一句"旧上海是个大染缸",什么人走进来,都要染上一层色彩。

不论如何形容上海，上海是抓住了时代的机遇，飞速发展起来的。1949年以后是这样，1990年浦东开放开发也是这样。2019年是上海解放70周年，也是我们的共和国成立70周年，这又是一个机遇。当代上海，更应抓住这一机遇，迈出新的步伐，创造新的辉煌。

话说上海的岛屿

裘腋成

沪江游踪

上海：岛屿究竟有多少？

上海究竟有多少岛屿？这个问题其实蛮难回答。翻开词典，"岛"的经典解释是"被水环绕、面积比大陆小的陆地"。其实岛屿的通名很多：一般面积较大的称"岛"，较小的称"屿"，而面积更小、常

日照海涌崇明岛

崇明岛外的渔船

年受水浪拍打、没有植被的谓之"礁",还有由水流带来的泥沙堆积而成、海拔较低的叫"沙",由基岩形成、海拔较高的称"山"……但从地表形态看,它们又都属于"岛"这种陆地地形。

中国是个海洋大国,上海是个海洋大市。据2006年底公布的《上海海洋经济发展"十一五"规划》统计,整个上海的江海岸线总长度为763公里,其中岛屿岸线总长度为577公里,共有16个岛屿。

上海拥有的岛屿中,崇明岛面积最大(北部有一小部分属于江苏省),也是中国第三大岛,其次是长兴岛和横沙岛。这三座岛,加上黄浦江上游中的两个沙洲——泖塔圩(今太阳岛)和小独圩,以及下游的复兴岛,在成因上都属于冲积岛,崇明岛则是世界上最大的冲积岛。其次比较著名的是金山三岛——大金山岛、小金山岛和浮山岛,长江口东端的佘山岛、牛皮礁和鸡骨礁,它们都属于大陆岛,或称基岩岛,因其地质构造同附近大陆相似或有联系,原为大陆的一部分,后因地壳沉降才与大陆相隔成岛。

此外，滔滔长江携带来的滚滚泥沙，在入海口不仅造就了崇明岛、长兴岛和横沙岛，还始终不断地在打造新的岛屿，形成一个个面积大小不等的沙洲。它们最初是没于水下的阴沙，渐渐露出水面，形状变化无常，很多后来又因被人工围垦而与附近原有的岛屿连为一体，所以上海岛屿的数目和面积其实也是始终在变化的。近年新露出水面、形态独立、面积较大的沙洲有九段沙、东风西沙和青草沙，它们都已被标注在新出版的上海地图上。

佘山岛：中国沿海最早的灯塔之一

长江口最东端的汪洋大海中，分布着佘山岛、牛皮礁和鸡骨礁三座岛礁，其中佘山岛位于北面，牛皮礁在西南，鸡骨礁在东南。这几个小岛礁面积小到不能再小，并且没有居民，在浩渺大海中实在是不起眼，然而它们却起着守卫上海大门和引领过往船只的重要作用。

佘山岛西距崇明岛约37公里，曾名茶山、蛇山、沙尾山，后者意示其位于长江口外沙滩之尾。面积约0.1平方公里，略作椭圆状，有东、西两峰，最高处海拔71米。山顶平坦，山坡南缓北陡。鸦片战争后，上海成为通商口岸。清同治十年（1871年），为了引领外来船舶进入长江口，上海海关海务处在岛上的东面山巅始建灯塔。灯塔铸铁塔身，圆柱形黑色，高16.8米，上部设花式铸铁栏圈和直径3.8米的灯笼。当时佘山灯塔与长江口外另外两座灯塔——大戢山灯塔和花岛山灯塔齐名，均系中国沿海最早建造的灯塔之一。塔旁房屋采用大尺寸壁厚的耐火砖及优质硬木建筑材料，墙面装有封闭水落管，将平面屋顶盛集的雨水注入地下储水池，供灯塔管理人员生活和工作之用。这些房屋建造逾百年，经无数次飓风巨浪袭击，至今仍坚固完整适用。

1952年8月，人民海军在佘山岛组建对空辅助指挥所。岛上设置的雷达站，与附近沿海的雷达站密切配合，为阻击当时不断来犯的美蒋飞机立下了汗马功劳。岛上灯塔也于1953年为海军所接管，并在灯塔周围修造大规模的军事建筑，在岛的东面建造千吨级码头。1983年1月1日起，灯塔由交通部上海航道局上海航标区接管。

2005年11月1日，驻岛海军在岛上竖立起一块中国领海基点界石，这是上海地区唯一一个划分海洋领土的基点。它是计算领海等的起始点，是维护我国海洋权益和宣示我国主权的重要标志。它标志着自基点向外延伸12海里为我国领海，延至200海里为我国专属经济区，外国军舰、飞机未经我国同意不得进入领海及其上空，否则就是侵犯我国的主权。

鸡骨礁：许世友下令构筑一座炮台

鸡骨礁为上海的最东端（东经122度23分），西北距佘山岛30.6公里。原来露出水面部分只有一张凳子大小，底下是由三块暗礁组成的礁盘，大者直径10米，面积100平方米，小者直径仅5米，面积25平方米。

新中国成立初，为防美蒋军舰进犯上海，人民解放军在吴淞口修筑东、西炮台，但中间仍有近2 000米的空当，不能形成火力封锁网。当时的南京军区司令员许世友亲自乘坐海军舰艇，仔细视察了吴淞口地形，看中了长江口中间海域咽喉位置的鸡骨礁，就下决心要在上面建造一座炮台，使其成为扼守吴淞口大门的铁门闩。后来耗时近十年，克服了数不尽的重重困难，终于在1976年建成一座长62米、宽42米、高36米的6层海上碉堡。底层是水库和弹药库，中间驻一个炮兵连，楼的顶部是炮台。鸡骨礁上至今还保留着两尊当年防御用的大炮。现在鸡骨礁成了一座人工岛，是吴淞口海景一绝，远远望去就像海中长出来的一幢混凝土大楼,已经看不见原始礁石的基座。

1996年,鸡骨礁改建为无人驻守的灯塔。2001年开始有专人驻守,之后海事部门在灯塔上安装了雷达等船舶交通指挥系统,对提高长江口深水航道的通航能力和上海国际航运中心的建设都有非常重要的作用。如今礁上住着5位海事工作人员,负责灯塔和雷达的正常运转。补给船每半个月给他们输送一次食物。人员登礁要钻进蛇皮袋,再由吊车拉上去。

复兴岛:蒋介石离开大陆前的"行宫"

复兴岛原是杨浦区境内黄浦江西岸的一处浅滩。后因整治黄浦江航道,于1934年人工筑成了一座南北长3公里、平均宽427米、面积约1.5平方公里、四面环水的江中小岛。

1949年春天,正当解放大军兵临上海域下的时候,已在奉化溪口省亲休息数月的蒋介石,突然在象山港乘上"太康号"军舰,从海上迂回北上,于4月26日驶进吴淞口,下午1时停泊在复兴岛,临时住入岛上那幢外籍高级职员俱乐部。于是这幢带有一个大花园的西式别墅就成了蒋介石出逃台湾前在大陆的最后的"行宫"。当时岛上浚浦局等处的员工都被驱赶出去,由蒋经国和蒋纬国及其装甲部队驻扎该岛负责警卫。蒋介石在这里召见了陆、海、空军将领和其他要员,包括徐永昌、顾祝同、汤恩伯、毛人凤、谷正纲等,要他们死守上海。直到5月7日早晨,蒋介石父子才搭上"江静号"轮驶离复兴岛,后又经舟山群岛等地辗转逃往台湾。

上海解放后,这座花园交给港务局使用。1951年5月28日,花园稍事修葺后改名复兴岛公园对外开放。现在园内的别墅被命名为"白庐",空置着。这座上海市中心唯一的岛屿,将建设成以论坛、峰会和会展为主要功能，兼具休闲旅游功能的生态岛、论坛岛、休闲岛。

长兴岛：具有种植柑橘的独特气候

崇明岛南面的长兴岛，由原鸭窝沙、石头沙、瑞丰沙、潘家沙、金带沙、圆圆沙等6个沙洲，经自然演变和20世纪六七十年代人工围堤促淤合并成一岛。鸭窝沙早在清顺治元年（1644年）就露出水面，道光二十四年（1844年）开始围垦。1921年的《宝山县续志》称长兴沙，取长久兴隆之意。1958年改称长兴岛，面积约88平方公里。岛上地势低平，走在岛中心，只见农田片片，一望无际，根本感觉不到是在四面环水的海岛上。岛上在20世纪80年代以前还以种植水稻、小麦和油菜为主，现在却成了全国最大的柑橘生产基地之一，这是怎么回事呢？

一方水土养一方物产，柑橘是生长在南方的亚热带常绿果树，喜温喜湿，对温度的要求尤为严格，太冷和太热都不行，成语"南橘北枳"说的就是这个道理。过去上海的橘树从来不结果。1958年，当一大批知识青年围垦与开发长兴岛时，有人带了橘树移种岛上，想绿化环境。不料这些橘树竟长得特别好，这一现象激发了他们进行研究和实验的决心。1970年，岛上正式引种温州蜜橘，1975年就获得每亩单产千余公斤的好收成。1977年1月全国广大地区天气暴冷，我国柑橘产区北缘有1 400多万株橘树受冻，四大柑橘产区之一的湖南省当年减产70%以上，上海陆地上试种的橘树也冻死了2.5万多株。可是令人惊讶的是，长兴岛上栽种的24亩橘树不但安然无恙，当年还达到亩产1 650公斤的高产纪录。

这一奇迹引起了气象专家和果树专家的重视。科研人员与当地前卫农场进行协作，经过4年的实地考察、观测和人工气候箱的试验，发现长兴岛具有发展柑橘生产的气候资源优势。原来长兴岛三面环长江，一面临东海，冬季降温很慢，水中热量慢慢地释放，使岛上气温比一水之隔的上海陆地高出1℃～3℃，有长江口"暖舌"之称，形成了适合柑橘生长的海岛"小气候"条件。1981年，上海市有关部门作出在长兴岛大力发展柑橘生产的决定，以后又带动邻近的横沙岛也开始大规模种植柑橘。现在这里每年秋天还举办"上海柑橘节"旅游活动，游客不仅可以参观橘园，还可以自行采摘新鲜的橘子带回家尝鲜。

横沙岛：我国首批开发的旅游度假区

横沙岛西邻长兴岛，面积49平方公里，是上海第三大岛。1858年成岛，因沙洲横卧于长江入海口而取名横沙。1890年开始围垦，1909年在岛上设置横沙乡。1992年国家旅游局宣布，横沙岛为我国首批开发的13个国家级旅游度假区之一。之所以选中这块地方，是因为横沙岛远离繁华喧嚣的市区，面朝浩瀚东海，背靠万里长江，冬暖夏凉，一片田园风光，农产丰富，生态环境好；加之该岛是上海市境内一块没有工业污染源的地方，空气新鲜，大气质量达到国家一级标准，地表水质也达到一、二级标准，素有"天净、水净、气净、声净"之誉。它和长兴岛都被称为"长寿瑞地"，居民中长寿者不少。据1989年的一次统计，其长寿比例为14.1%，超过了我国长寿老人较集中的新疆地区。

上海靠海，但大多数海滩是烂泥浆水的泥质海滩，只有横沙岛拥有40万平方米的细沙海滩，这也是它得天独厚之处。海滩上的细沙与海南岛的不同，颜色较深，颗粒较细，不沾脚，是名副其实的"铁板沙"，当地人叫它"天使海滩"。这样的海滩，从江苏南部沿海到杭州湾以北也不多见。临近海滩建有度假村，拥有欧、美、日各

横沙岛渔码头

式别墅几十栋,可提供给游客休憩度假之用。未来的横沙岛,将进一步打造成国际一流水准的休闲胜地。

九段沙:将成为一座新的"崇明岛"

　　九段沙位于横沙岛东南、浦东新区东面的海中。它在1842年的长江河口图上还不存在,1879年至次年出现水下长条状阴沙,1898年在此设起航标作用的灯船一艘。曾名白条子沙,俗名黑沙头。清朝上海海塘分段设塘长负责维修,由一段至九段,此沙洲位于九段附近,所以取名九段沙,后改设九段立标(固定航标的一种)。九段沙日长夜大,至1983年,其5米等深线处的沙体面积已达297平方公里;目前更广达528平方公里,超过浦东新区的面积,不仅部分沙体早已露出海面,海拔高度甚至超过了上海地区的平均海拔。它已经成为长江口继崇明、长兴、横沙之后的第四个大岛屿。根据河口三角洲的演变规律预测,随着时间的推移,未来崇明岛将与北岸的江苏省连为一体,而九段沙的面积和高度还在不断增长,它将成长为一座新的"崇明岛"。

现在的九段沙由江亚南沙、上沙、中沙和下沙四个部分组成。为何"南沙"前冠以"江亚"二字？那是因为1948年12月3日，"江亚"轮就是在该处水域突然发生爆炸沉没的，其时遇难者多达二三千人。后来，人们为了记住这场海难，便将南沙改叫成了"江亚南沙"。

九段沙还是我国大河入海口一块极难得的、仍以原生状态存在的湿地，被称为"上海最后的处女地"。它是西太平洋沿岸最大的候鸟越冬栖息地和迁飞的中继站。据2005年1月上海市林业局组织的一次越冬水鸟调查显示，在九段沙越冬的水鸟多达33种31 048只，包括国际濒危物种和国家一、二级重点保护鸟类白头鹤、黑脸琵鹭、灰鹤等。这年8月，九段沙和崇明东滩一起被国务院批准建立国家级自然保护区，之后又加入东亚/澳大利亚候鸟保护网络和国际重要湿地组织。九段沙也是上海最大的自然保护区，保护区总面积达420.2平方公里。现在已建立九段沙湿地自然保护区管理署，并由浦东新区政府主管保护工作。

青草沙：上海最大的饮用新水源

长兴岛西北端头部水中，自民国起就发育着好几个阴沙浅滩：西面是中央沙，北面与崇明岛之间是青草北沙和青草南沙，因沙上青草茂盛得名。几个沙洲各自经过不同时期的切割、合并、后退、发育交替演变，现已连为一体。特别是1996年1月1日开始，对青草北沙和青草南沙两个沙体进行堵汊围筑，修建6 516米长的围堤，围垦3 700亩土地，作为养鱼和养蟹的池塘。今天的青草沙面积已进一步增大至约70平方公里，大大超过横沙岛。青草沙北部高程3.5米至3.8米，西部高程2.8米至3.0米，与长兴乡的石头沙仅一泓相隔。

随着人口和经济的持续快速增长，原来上海以黄浦江上游取水口为主、长江陈行水库为辅的饮用水源地布局，已经显得捉襟见肘，不能适应未来发展的需要。有多名中国工程院院士认定，位于长江口江心部位、不受陆域排污干扰的青草沙地表水量丰富，水质优良，符合上海水源地标准，可以作为上海城市供水战略转移的依托之一。现在，在青草沙已修建一个有效库容达5.53亿立方米的大水库，作为上海第三水源地也是最大的水源地，其日供水规模可达719万立方米（2006年夏季全市最高日用水量1 000多万立方米），源源不断的长江优质水正惠及上海的上千万居民。

崇明岛：荒滩上的诗意

赵丽宏

三十多年前，在长江入海口崇明岛最东端的海滩上，万头攒动，人群像密集的蚂蚁在茫茫滩涂上来回奔忙。这是在围垦，是人类向江海要田，是人为的沧海桑田。被围垦的海滩叫"东望沙"，纷乱的脚步声驱逐了千万年的寂静。当时，我刚刚从上海市区"插队落户"到崇明岛，在围垦东望沙的人海中，也有我年轻瘦弱的身影。我们用肩膀、扁担、铁锹和箩筐，筑起了一条长堤。咸涩的海水被挡在了长堤之外，昔日的海滩，就成了等待开垦的农田。

围垦生活是艰苦的。那是深秋时分，天已经很冷，穿着套鞋在海滩上挑泥，很快套鞋就被泥泞中的芦根戳破，于是大家索性赤着脚干。我的脚不像农民们那样布满老茧，经常被芦根戳得鲜血淋漓，只能咬着牙一声不吭继续干，海滩上留下了围垦者的汗和血。白天在海滩上挑泥筑堤，晚上就睡在海滩边的芦苇棚里。十几个人挤在一个又低又矮的小芦苇棚里，潮湿的地上铺一块塑料布，再铺一些稻草，就是我们的床。不过，因为劳累，常常是倒头便睡，睡得昏昏沉沉，连做梦的力气也没有。有一次半夜里突然下起大雨，简陋的芦棚根本无法挡住风雨，雨水从四面八方渗进来，流进来，灌进来，很快我们就睡在泥浆水中了，衣服、被褥全被淋得湿透。大家只能在风雨中挤在一起，冷得瑟瑟发抖。第二天早晨雨停了，所有人都

捉蟹乐

穿着湿漉漉的衣裤，带着铁锹泥筐，又到海滩上干开了。白天干活之余，也有令人愉快的记忆。使我难忘的是这里的鸟，鹭鸶、野鸭、芦雁、天鹅，还有很多我叫不出名字的候鸟，在离工地不太远的海滩和芦苇丛中飞旋、踱步、鸣唱，向我展示着奇妙的天籁之声。不过这些飞禽必须小心，在围垦者饥饿的目光中，它们随时都可能成为盘中美餐。人们没有猎枪，但有时会用毒药来对付这些自由的飞禽。如果看到海滩上有死去的飞禽，那十有八九是吃了人们下的毒药。海滩边的一些水洼和芦丛中，有很多螃蟹。收工后，我和几个年轻人曾经抓到一大盆螃蟹，晚饭之后，生起火来将螃蟹煮熟，就着月光美餐一顿。那时工地上基本吃素，没有荤菜，除了吃完饭以后的一两个小时内，大部分时间都是饥肠辘辘的感觉，月光下那一顿螃蟹大餐，实在是难以形容的美妙。

围垦结束之后，东望沙很快就变得一片沉寂。被围进堤岸内的大片土地都是盐碱地，无法种植庄稼，连芦苇也长得稀稀拉拉。为了冲淡土地中的盐碱，人们便在这些土地上放淡水养鱼。养鱼，自然用不到很多人力，只要几个老弱者就行了。我于是被留了下来，和几个老人一起看管鱼塘。也许这种孤独寂寞的生活会使很多人厌倦，

在崇明插队劳动的赵丽宏（左二）

然而我却在那里度过了很有诗意的一年。

那时，垦区还没有电灯，每天晚上，我就在油灯下看书写作。没有星月或阴晦的夜晚，出门伸手不见五指，这是世界上最安静的读书环境，没有人打扰，没有任何噪声，从芦苇棚的窗洞外，传来海风的呼啸和海浪的叹息，还有鸥鸟和野鸭的鸣叫。在这些天籁的伴奏中读书写作，思想自由得就像在夜空里飞舞的萤火虫，尽管面对着无穷无尽的黑暗，但我常常为自己的思索和想象能在黑暗中发出一星半点晶莹的微光而欣喜不已。

令我难忘的还有那些和我朝夕相处的老人。老人们像对待自己的孩子一样对待我。见我常常读书写字，他们便对我生出几分敬重。在下雨没有活干的时候，我喜欢和他们聊天，听他们讲各种各样的故事，讲他们年轻时的经历，也讲流传在乡间的神话和"鬼话"。他们的故事，比他们脸上的皱纹还要多。有一位80岁的老人，中文大字不识一个，却会写一手漂亮的英文，于是，便引出一段颇有传奇色彩的独特经历，使我忍不住在把他的故事写进了我的笔记。我爱

宁静辽阔的荒滩

听这些老人讲故事，这些老人也乐于把他们的故事告诉我，因为并不是经常会有年轻人这样兴致勃勃地认真听他们讲述。他们的故事，有很多后来写进了我的散文，可惜的是我无法读给他们听了。这些老人，现在都已经离开了人间。

　　垦区除了鱼塘和一些呈病态的稻田，其余就是大片白茫茫的盐碱滩，盐碱滩上的景色确实很荒凉。但荒滩上并非寸草不生，那里的植物，除了稀疏的小芦苇，还有一种奇怪的野草，因为长在盐碱滩上，人们便叫它们盐碱草。这是一种生命力极为顽强的野草，虽然没有阔大的绿叶，却以无数细小而多汁的绿叶展现出蓬勃的生机。初春，是盐碱草开花的时节，一片又一片雪青色的小花把盐碱滩点缀得春意盎然。这些开在盐碱滩上的小花，还引来了无数蜜蜂。在开着野花的荒滩上散步，听蜜蜂在耳边嗡嗡鸣唱，我的心里很自然地涌出讴歌春天的诗句来。

　　在荒滩上，大自然不失时机地向我展现了她美妙的容颜。最使我激动不已的是在海边欣赏日出。在城市里，永远看不到这样激动人心的瑰丽景象。早晨，站在堤岸上看灿烂的云霞在东方变化万状，看血红的旭日从海天之间喷薄而出，我总是如痴如醉，思绪在辉煌的天地中高飞远翔。这是生命的洗礼，是光明驱逐黑暗的象征。在朝霞翻卷的一瞬间，荒凉似乎不复存在，所有阴郁晦暗的日子也都随着新生的太阳烟消云散了……

最近几年，我曾经好几次回崇明岛，也重访了我参加过围垦的东望沙。当年流汗流血的艰辛，已经了无痕迹。海滩又向东方延伸，长出了新的土地。现在，这里是一片辽阔的自然保护区，人们来这里，是为了看那些野生的飞禽，看它们在水天之间自由翔舞。这是崇明岛吸引八方游人的重要景点。站在海滩边的瞭望台上，看着那一眼望不到尽头的芦荡，听着鸥鸟的鸣唱，三十多年前围垦的景象又依稀出现在我的眼前。

崇明岛的灿烂明天

龚柏顺

印象中的崇明,还是数十年前送我的妹妹去农场时的情景。当时由市区去码头换了好几辆公交车,风浪颠簸的客轮和岛上坑洼不平的公路,曾在我的心里留下一道抹不去的痕迹。直到不久前,我陪同来自海南岛的朋友到崇明观光旅游,不仅为一路上快速便捷的水陆交通而兴奋,更被眼前的美丽景色所陶醉,就连那位从海南岛来的朋友都对崇明建设生态型绿岛所取得的成效而赞叹不已。

筑成一个上海市民的后花园

崇明,是中国第三大岛,也是世界上最大的河口冲积沙岛。它三面临长江、一面临东海,南与本市宝山、浦东新区及江苏省的常熟、太仓等区县隔江相望,北与江苏省的启东、海门为邻,东濒浩瀚东海,西接万里长江,岸线总长207.47公里。全岛东西长76公里,南北宽13至18公里不等,总面积达1064平方公里。由于岛上地势平坦,土壤肥沃,林木茂盛,岸线绵长,物产富饶,曾被明太祖朱元璋誉为"东海瀛洲"。

享有水净、土净、空气净"三净"美誉的崇明岛,是上海最后一块尚未开发的"绿色宝地",近年来吸引着越来越多的都市人前往旅游观光，正被建设成为上海市民的后花园。

在位于崇明岛中北部的东平国家森林公园里，我们遇到了许多来自上海市区和周边城市的游客。人们远离城市的喧闹，轻松悠闲地徜徉在森林的海洋中，尽情地享受森林浴，别有一番情趣。东平国家森林公园的面积达358公顷，是华东地区最大的平原人造森林。公园内，树木茂盛，花果飘香，百鸟鸣唱，曲径通幽，碧波荡漾，野趣盎然。在这里，垂钓、烧烤以及骑马、射箭等名目繁多的游乐项目，让你在不知不觉间度过了轻松而愉快的一天。

傍晚时分，我们来到前卫村。据村里的负责人介绍，前卫村于1969年从一片滩涂中围垦而成，总面积为3 671亩，如今已是闻名全国的生态村。前卫村的"农家乐"旅游颇有创意。在"吃农家饭、住农家屋、学农家活、享农家乐"的主题活动中，游客充分体验到回归自然的快乐。

我们是在农户的家中吃的晚饭，一面品尝着味道香醇的崇明老白酒，一面听着户主用一口崇明话叙述当地的土特产：这杯子里的老白酒是用糯米为原料精心酿制而成，因味甜色白后劲足，食后回味无穷，深受岛内外客户青睐，是崇明传统特色产品之一；这一只只崇明老毛蟹，别看个小、壳薄，却是肉质细密而有香味，雌的蟹黄足，雄的蟹脂多，所以嘛——崇明蟹驰名海内外；这红焖羊肉取料于崇明白山羊，也是崇明的传统特产，不但味道鲜美，而且还具有暖脾胃、补身虚和强身壮骨之功效……更让我们笑开怀的是，老农端上用自家地里种的蔬菜烹调的佳肴，十分得意地说："这是绝对新鲜的活杀！"活杀蔬菜，一听便知这道菜的生鲜水灵了。崇明岛的绿色食品，不仅让我们饱了口福，还让我们开了眼界。

第二天清早，我们驱车直奔东滩候鸟自然保护区。崇明岛的生态环境之美，美就美在有着未经斧凿的自然风光，而东滩候鸟自然保护区简直可以称得上是天地造化的艺术品。东滩是著名的湿地。据专家介绍，湿地即濒临江河湖海的地带长期受水浸泡而形成的滩地、沼泽和滩涂，具有地下水埋深浅、水生动植物集中栖息繁衍等特征，对生态环境的保护有着重要作用。东滩湿地是上海市目前仅存的优质自然资源，1992年被列入《中国保护湿地名录》，1999年经上海市人民政府批准建立鸟类自然保护区，2002年2月2日（国际湿地日）被正式列入《拉姆萨国际湿地保护公约》的国际重要湿地名录。

东滩湿地位于崇明岛东部，它由长江里的泥沙不断淤积而成，现在还以每年超过13平方公里的速度在扩展。这里有着一望无际的湿地，据称湿地面积达326平方公里，是目前世界上为数不多的野生鸟类乐园。目前，东滩候鸟自然保护区里仅被列入保护之列的珍稀候鸟就有130多种，过境鸟类数量达100万只左右，尤其是国家一级保护动物小天鹅在东滩越冬数量曾达3 000至3 500只，还有来自澳大利亚、新西兰、日本等国的过境栖息候鸟总数达二三百万只。其中有白额雁、绿鹭、中白鹭、黑脸琵鹭、赤腹鹰等一、二类保护鸟

东滩候鸟

类。东滩候鸟保护区划为3个功能区,一是面积为240平方公里的一级保护核心区,主要保护小天鹅等珍稀鸟类;二是二、三级保护区,为缓冲保护和科学试验区;三是观赏区,用以接待游客。

在东滩湿地,我们看见不少来自海内外的摄影家正在聚精会神地拍摄千姿百态的飞鸟,阳光、滩涂、芦苇、鸟群合成了一首气势恢弘的绿岛乐章……

建成一座现代化生态性城市

崇明岛拥有丰富的生态资源、土地资源和岸线资源。我们这些久居闹市、天天生活在钢筋水泥之中的人,一踏上这块绿色宝地,呼吸着东海吹来的潮湿的空气,就有一种与大自然亲密接触的亲切感,连我的那

穿透密林的阳光

位海南岛朋友也禁不住由衷地赞叹：崇明岛是上海的"香格里拉"！

几乎来崇明旅游的每一个游客都会问：随着崇明大开发，未来的崇明将会变成什么模样？还能不能够继续做上海的"香格里拉"？我们在岛上询问了不少当地人，得到的回答是一致的，即未来的崇明肯定是建成一个生态性城市。

如何建设生态性城市？专家认为，不能把生态性城市简单地等同于自然保护区。如果只是一个湿地与候鸟的保护区，那只要圈起来，稍加投资，就简单得多。而生态性城市须以城市的经济繁荣、居民的小康富实为前提。崇明的开发与建设，必须处理好长远目标与近期发展的相互关系。作为生态性城市的崇明，目标无限美好，但建设还须脚踏实地，一步一个脚印。

据悉，崇明大开发的战略目标是建设成为同现代化国际大都市功能匹配、环境协调、可持续发展的现代化生态岛。具体而言，崇明制定了绿岛战略、外向型战略、结构优化战略、交通兴岛战略、城镇化战略等五大发展战略。其中，作为核心部分的绿岛战略提出：生态环境价值是开发崇明岛的最大潜力。首先是发展绿色产业，依托生态环境优势，发展绿色农业、绿色工业、绿色生态旅游业；其次是强化生态环境保护和综合治理，通过环岛大堤、干线公路、河道和3个万亩林地的大规模植树绿化，大幅度提高崇明的森林覆盖率；疏浚拓宽南横引河、北横引河，加强水利基础设施建设，改善全岛引排水循环系统，建设全岛范围内的垃圾、污水收集处理系统，从总体上实现经济和环境建设的"双赢"目标。

到2021年，崇明基本建成生态环境优美、城市功能完善、经济实力较强、产业结构合理、交通多样便捷、社会事业先进、城镇布局有序、城乡有机融合的具有上海国际大都市远郊特色的21世纪生态型海岛。未来的崇明，将以现代化生态型绿岛形象焕发出上海"香格里拉"的迷人风采。

杭州湾畔看洋山

龚柏顺

秋天是看海的季节。从南汇芦潮港乘上芦洋航线的"有财号"客轮，约一个半小时的行程便到了长江口与杭州湾交汇处的洋山岛。由大洋山、小洋山、滩浒山等90个岛礁组成的洋山景区位于崎岖列岛，它以海瀚水碧、金沙渔火、灵礁幻石、悬崖绝壁和奇穴幽洞等独特景观而著称于世。在这里，人们远离市区的喧嚣，尽情地观海景、尝海鲜、踏海浪、买海货，于洋山独特的自然风光和人文景观中领略源远流长的海岛文化，别有一番与大海作伴的情趣。

银浪翻滚

金沙渔火故事多

倘徉在金黄的海滩上，听涛声、看渔火，仿佛置身于神话中的海上仙山。此刻，请来一位熟悉海岛历史的人士说古道今，更是令人兴趣盎然。

洋山是中国最早的海洋渔汛发祥地。早在春秋战国，洋山海域即为著名渔场，吴王阖闾曾率领水师在此捕鱼充军粮。宋代，洋山海域盛产大黄鱼，每年渔讯期间，前来捕鱼的渔船达万艘之多，时称"打洋山"。自宋至元、明的漫长世纪，洋山渔汛一直盛如海上大都会，素有"夜网初收晓市开，黄鱼无数一时来"的盛况。直到现在，洋山渔场每年产鱼几万吨，其中，凤尾鱼、大白虾和海瓜子被誉为"洋山三宝"，滩涂养殖的有"西施舌"之称的文蛤还远销海外市场。

洋山自古以来还是海防要地，自宋代始，历代王朝均在岛上设有军事设施，驻扎巡海官兵。南宋绍兴三十一年（1161年）八月，李宝率江阴水军北上抗金，集结于洋山海域数月，此后由洋山进军山东陈家岛，一举歼灭金水军，从而挫败金兵海道南侵计划。清初，郑成功、张煌言聚兵北伐，皆取道洋山海域。

新中国成立初期，逃到海上躲进岛内的国民党残匪，勾结海盗常在洋山海域一带抢劫过往船只，试图切断苏浙沿海航运，阻挠进出上海的商船。华东海军奉命配合陆军进攻嵊泗列岛，于1950年7月7日解放了大、小洋山。此后，洋山岛曾长期作为海防前线。现在虽然部队已撤走，但当年在小洋山修建的防空隧道依然保存完好，成为岛上的一个旅游景点。昔日的驻军营房，也已改建成以青少年夏令营为主的海洋科普基地。海洋古老而又神秘。岛上历代渔民都信奉一位名叫"天后"（亦称"妈祖"）的海上守护神，大、小洋山均有建造天后宫的记载，就是为了供奉这位据说能护航拯难、驱邪除疫、逐寇退敌的女神。不过也有例外,唐大中四年(850年)岛上竟然建有一座隋炀帝庙,确是一件离奇之事。

此外,洋山岛上还留存古渔村、古炮台遗址等古迹,流传着许多精彩动人的故事。

海上园林石景奇

洋山岛枕着东海波涛,自然景观十分壮美,素有"海上园林"之誉。岛上诸景,尤以奇峰秀石和摩崖石刻最为引人瞩目。

大洋山石景集中在大煤山和圣姑礁两处。大煤山岩石兀立多姿,山顶石崖凌空耸峙,有通天洞和通海洞,可上达山巅、下通海面。令人惊讶的是,山深处的悬崖上有一"佛印壁",崖壁上有一条长约2米的巨足之痕,相传为观音菩萨降临大煤山所遗。圣姑礁在大洋山岛的北侧海面,石峰凌空突起,形似民间传说中的海上救难之神圣

天然港湾

洋山石龙

姑娘娘。圣姑礁旁相依中姑、前姑两礁,合称"三姑礁"。据岛上渔民说,大洋山古称三姑山,即源出于此。

小洋山有石景100多处,数量之多、造型之美,在我国沿海岛屿名列前茅。这里,海蚀岩、海蚀洞、岬角、礁石等海蚀景观比比皆是,或气势磅礴似"礁岩长城",或玲珑剔透如"海上盆景",令人赞叹不已。小洋山石景大多有"戏",如以龙为主角的双龙石、龙珠石,以海上渔家为主题的夫妻石、姐妹石、父子观潮,以海中珍贵动物为借喻的群龟戏浪、海狮登山、石鲸跃海等。这些石景浑然天成,出神入化,野趣横生,且各有其神奇故事,称得上是岛礁文化宝库中的瑰宝。

游洋山,重头戏是观赏遍布岛上的摩崖石刻。相传,大唐高僧鉴真六渡扶桑,曾两次泊驻洋山,并留下石刻真迹,可见洋山石刻文化年代之久远。

海岛民居

据悉，摩崖石刻是嵊泗列岛古文化的重要组成部分。至今已发现的摩崖石刻大都在洋山景区，且大多数为明清将领巡海登岛时所题刻。小洋山的观音山峭壁上的"倚剑"，每字高3.8米、宽3.5米，为明嘉靖三十二年（1553年）抗倭将领李楷所题，是浙江岛屿中最大的摩崖石刻。其他如"中流砥柱""水天阔处""海晏波宁"等题刻，皆雄浑大气，为小洋山景色增辉不少。此外，大洋山也有多处摩崖石刻，如"群贤毕至""海宇澄清"等大字，均为清光绪年间巡海官员所题刻。

与洋山的石景一样，这里的摩崖石刻也大都有着美丽动人的传说。其中，"鲲鹏化处"的典故耐人寻味。明万历三十六年（1608年），游兵都司张文质巡海来到小洋山。张都司在巡哨时，被岛上的瑰丽风光所吸引，忽然一群海豚奔腾逐浪而来，不一会儿又突然乌云密布，只见一阵来势凶猛的龙卷风掀起冲天巨浪，眨眼间便把海豚吸到巨风中去了。张都司瞪大眼睛望去，只见海豚顺着冲天的水柱卷到空中，渐渐化为一只巨鸟而去……见此奇特景象，他情不自禁地吟诵起《庄子·逍遥游》中的句子："北冥有鱼，其名为鲲，鲲之大，不知其几千里也；化而为鸟，其名为鹏……"吟毕，仍觉兴犹未尽，遂命人取来笔墨，当即挥写了"鲲鹏化处"四个大字。尔后，又让岛上的石工将这几个字镌刻在峭壁上。从此，成为洋山石刻文化的精彩一页。

龙潭凤巢筑大港

在洋山，遇见岛上居民，一说起洋山深水港，他们就会喜形于色。他们都知道，这项工程将会给这个古岛带来翻天覆地的巨变。

洋山镇隶属浙江省嵊泗县，共有陆域面积13.27平方公里，4个社区，2020年常住户5 066户，人口11 855人。渔业和水上运输是该镇的传统主导产业。近年来随着旅游业的兴起，该镇旅游业所占比重明显增加。

龙潭凤巢筑大港。洋山深水港的建设使洋山岛的历史翻开了新的一页。在浙沪合作下，洋山镇正充分利用自身得海独优、得港独厚、得景独秀的优势，努力建设成为国际性旅游海港城市，使纯朴幽静的小岛风情与现代化港区和谐地融为一体。

缘结洋山岛

吴永甫

大洋山峰高坡陡粗犷豪放

我与洋山岛结缘，起于20世纪60年代中后期，那时我在杭州湾的"五七"干校劳动。若遇天气晴朗、云淡风轻时，面向大海，放眼望去，可见黛色的洋山岛。但在那个时候，洋山岛对我来说只能是可望而不可即。

我第一次渡海去洋山是80年代中期。芦潮港码头，停泊着搭客的渔船，那船身高于岸上的民房，上船的跳板如同滑梯。船身随波摇动，跳板跟着晃动。初来的乘客，踩着跳板，两腿发抖。上船后，见有许多女乘客尤其是老年妇女，都带着一个小水桶，备作呕吐时的盛器，可见航行时风浪之大。

大洋山岛上有大洋镇，陆地面积7.5平方公里，地形如镶边的瓷盆，周围群山环抱。镇的西边有奇峰兀立、峰高坡陡的大煤山，高192米。峰顶煤山宫后面崖壁上，有一只长35厘米、宽15厘米的左脚印，颇为奇特，传说的故事甚多。顶峰北面，悉皆怪石，欹嵌盘曲。顶峰南面，古木蓊蔚，歧路幽翠。镇的北面有临海而立的小煤山，山下浪急潮涌，涛声阵阵，险象环生。上山时，遇到惊险处，镇干部或扶着我走，或搂着我行，如同探险。小煤山的南坡石块高低重叠，横竖倾欹，似将坠落，却又坚实不动，叹为奇景。镇之东南有名为大山的山峰，高204米，登顶远眺，洋山全景历历在目。在众山之间有一块面积很大的平地，是该镇中心，商业繁华之处，尤以早市最为热闹。

小洋山石奇景绝飘逸秀美

小洋山在大洋山的北面，两岛之间，隔海5公里，中间有一条航道，水深在15米左右，周围嵊泗群岛和岱山群岛环抱，挡住了海洋的涌浪，成为天然良港。

但是，洋山也有激流。围绕大洋山有37座小岛，在岛与礁之间有72门，门门水流湍急，波涛汹涌。尤以薄刀嘴与沈家门之间的笔架门水流最急，不过了解笔架门习性的船老大照样是轻舟而过，并无惊险。

洋山渔村

小洋山本岛面积1.74平方公里，历史上因岛上多羊，且岛的面积小，曾名为小羊山，后演变为小洋山。大洋山也由此而得名。小洋山的渔村，依山而建，排列整齐，富有层次。远看渔村，如折扇的山水画面；近看各户连成一体，户与户之间有石阶相连。房前屋后还有几株生长于石隙中的绿树，衬托白墙红瓦的建筑，更显渔村的色彩。

岛上有众多石景，形态各异，极有情趣。东端有双龙观潮，又称双龙卧叠，因有两条石龙重叠一起而得名。龙身全长约116米，腰围16米，头西尾东，似从海上游来，缓缓爬上山坡。龙身有鳞状，锃亮发光，人在龙背上走，险状超过安徽黄山的鲫鱼背。龙头上还有圆形的小水潭，水汪汪，终年不涸，活像炯炯有神的龙眼。在这两条石龙的西面，还有两条小石龙，迎着大石龙由西向东游来。传说这是两条大石龙的后代，四龙逗耍，更显天伦之乐。

岛的西南，有两块高耸的巨石，面海而立，左面的高5米，右面的稍低。两石亭亭玉立，形似姐妹，人称"姐妹石"。在两石的北面，山壁上有涓涓细流，天长日久，形成条状，宛如美女披肩的长发，飘逸秀美。它与姐妹石一起组成了一幅柔美醉人的图画。

岛上有石刻多处。大观音山

苍龙叠翠

洋山八景之一——姐妹石

顶南面的石壁上有"海阔天空"四字,每字高70厘米,宽54厘米。山腰峭壁上有"鲲鹏化处"四字,为明代戚继光军中游兵都司张文质所书;又有明代昌乐知县李楷写的"倚剑"二字,每字高3.8米,宽3.6米,颇有气势。此外还有"中流砥柱""海晏波宁""水天阔处"等石刻。这些字迹见证了小洋山在军事上的重要地位及其文化内涵。当然,还有一些著名的文人到此留下了墨迹。元代末年的学者、诗人吴莱(曾是明初文学家宋濂的老师)写的《甬东山水古迹记》,便有小洋山"石龙苍白"的记载,可见小洋山的景色为人所爱,自古如此。

上海与洋山的亲缘关系源远流长

其实,上海与洋山岛结缘更早。据《定海县志》记载,康熙二十九年（1690年），经江浙官员会同查勘，确定大洋山为"江南（在现在的江苏、安徽一带，清代前期称江南省）浙江分界，东至左营水汛小衢山，约计水程一百里"。"北至汇（南）省小羊（洋）山，约计水程十里。"这十里正是大小洋山相距的海域。小洋山（古称三塔山）划给江南省后，属太仓州崇明县管辖。传说，清政府划分时，从长江口撒下砻糠，让其随波逐流，以砻糠流向为界，南属浙江，北隶江南。小洋山在分界线的北面，属江南省管辖。此事曾立碑于小洋山老三会堂内，现已佚失。

  清代以后，两岛的隶属关系多次变化。1950年7月，设苏南行署松江专区嵊泗特区，大小洋山都属特区的乡镇。1959年，嵊泗归属上海市管辖，大小洋山也在管辖之内。1962年又划归浙江省。两岛隶属关系的几多变化加深了彼此的联系，而且在变化中深化了亲情关系。据《嵊泗县志》记载：小洋山"居民大多从宁波、温州、南汇等地移入"。洋山居民也有迁往上海市郊的。乾隆年间编纂的《金山县志》记载："吴太仆炯曾言其家住海中洋山，后迁至（金山）吕巷。"吴炯者，明万历八年（1580年）中试，官职太仆少卿，故有"吴太仆"之称。足见洋山岛上的渔民人家，也出过文化名人。

洋山深水港

鉴真大师曾在洋山小住一月

据史书记载,唐代高僧鉴真的第五次东渡日本之行,曾途经越州三塔山海域,为避风暴,在岛上小住一月。此说源于鉴真弟子元开所著的《唐大和尚东征传》。据清光绪年间的《江苏沿海图说》称,三塔山即是小洋山的古称,因其形似三角,故有三塔之称。再者,《旧唐书·地理志》有记载,浙江宁、绍一带,均属越州,因而小洋山属越州界之说,也符合史实。江苏古籍出版社出版的《唐代扬州史考》也有大体相同的叙说。该书记载鉴真东渡:"第五次……从扬州崇福寺出发,至常州狼山(今属南通市),即遇风浪,至越州(浙江绍兴)三塔山和暑凤山,各停住一月。这一次东渡,历时二年,途经万里。"

林则徐从洋山开始办"夷务"

林则徐首次经手办理的"夷务",也是从洋山海域开始的。1832年3月24日,林则徐接到补授江苏巡抚谕令。6月20日,发生了英国胡夏米(Huyh Hamilton Lindsay)驾船窜泊洋山海面事件,林则徐视为到任的第一件大事,加以紧急处理。7月5日,林则徐派苏松镇总兵、署江南提督关天培等人,立即将胡夏米船驱逐出境,由水师押往浙江南去。然而,胡夏米等人假意南去,半途折回,北上山东沿海,出现在刘公岛海面。这次事件与林则徐一生最大的事业——禁烟抗英有密切的关系,后来英国发动鸦片战争的作战方案,就是依据胡夏米向外交大臣帕麦斯顿(Henry John Temple Palmerston)提供的情报而制订的。由此可见林则徐处置洋山海域事件的意义,同时也反映了洋山岛在军事、经济、航道等方面的战略地位。

洋山归来过"三关"

大、小洋山都是渔岛。据史书记载,早在明朝,洋山周围的海面已是渔场。以后渔场逐渐东移,形成了全国著名的嵊泗渔场。大洋海域盛产大黄鱼、海蜇、鲳鱼、鳓鱼、马鲛鱼等。不过,这已是历史了。曾经,大洋山每年产鱼1 200万吨至1 300万吨,约占嵊泗渔场的四分之一。可如今只能捕些鲳鱼、梅子鱼、梭子蟹之类的水产品,大黄鱼几乎是绝迹了。偶尔捕一网两网,犹如购买奖券,难得有中奖的机会。为了开发渔业资源,后来大洋山的许多渔船都驶向远洋捕捞,因为路程遥远,渔船只能撒完两网立即返回,否则所剩柴油无几,返航就成问题了。

我有幸乘过一次跑远洋的渔船。那是受大洋山镇时任党委宣传委员王央红的邀请,给那里的中层骨干(船老大)讲讲学习党的十四大精神的体会。谁知报告正在进行中,岛上广播喇叭发出了台风警报。因此,报告一结束,我必须立即返回上海。镇里的同志先用一艘较小的渔船送我到走远洋的大渔船上,这换船的动作极为惊险。在茫茫海面上,我要从小渔船上纵身一跃,跳到大渔船上,稍有迟缓,两船即刻会被浪击分开,后果不堪设想。过了这一关,又来一关。一般航行,从大洋山到芦潮港不过两个小时,谁知这次船行三四个小时,还不见岸边,我有些疑惑。这时,船老大进入舱内问我:"芦潮港在哪里?"这位船老大长期在远洋航行,近海航行已经生疏了。我不敢随意回答,只能说不知道。他立即使出绝招,爬上桅杆,四处远望,芦潮港果然被他发现了。此时,正是暴风雨前的平静,夕阳西照,海上一片红色,浪花似珠,景色甚佳。可是紧接着,第三关又来了:船遇潮退突然搁浅,渔船在海滩倾斜了至少15度。再则,海上一片漆黑,耳边尽是汹涌的波涛声,不时还传来几声停泊在滩涂外面挖泥船的机器声,这种

洋山渔民

声音不仅改变不了周围寂寞的氛围，反而增添了几分孤独感。船老大说："没有别的方法，只能安下心来吃晚饭，等涨潮了才能开船。"说罢，他教我夜间观潮的办法，把一张香烟壳纸翻过来呈现为白色，然后丢入海中，察看它漂流的方向，确定潮涨潮落的态势。这是很简单的方法，但是很管用。那夜，自称酒仙的船老大亲自做了两小脸盆梅子鱼烧咸菜，外加一大碗海蜇，大家一起对月饮酒。他饮酒不用杯，不用碗，而是举起酒瓶仰天长饮，形似长鲸吸百川，显现了渔民热情、豪放的性格。酒喝完了，我也化险为夷，在台风来临之前平安登陆了。

  现在的洋山岛的变化可真是天翻地覆，已经由普普通通的渔岛，一跃成为世界一流海港。码头上齐刷刷的桥吊，高耸挺立，巨臂伸展。一艘艘集装箱巨轮，装卸不停，紧张运转。被誉为海上巨龙的东海大桥蜿蜒向前，风光无限。

神奇的金山三岛

郑石平

沪江游踪

在上海金山区的南端，距海岸数公里的杭州湾中，有三个彼此相距不远的小岛，西北面的叫小金山岛，东南面的叫浮山岛，中间最大的一个是大金山岛。这就是有名的金山三岛，有人赞其为"海天三仙"。最小的浮山岛，面积0.05平方公里，海拔31米，因形似圆盘、乌龟，也称玉盘山，俗名乌龟山，"巨龟浮海"为金山一景。小金山岛面积0.1平方公里，海拔32米，曾名胜山，又名焦山。大金

漂浮海上的金山三岛

山岛东西尖狭,南北宽阔,面积0.3平方公里,最高处海拔103.4米。三座岛屿在成因上都属于大陆岛,岛体由火山岩构成,形成于一亿多年前。前两个岛因面积小,历史上都没有居民定居。

金山三岛虽是悬浮海中、少有人迹的弹丸之地,在上海却具有很重要的地理意义。比如,上海自然地势的最高点就在大金山岛上,素有"上海屋脊"之称;上海市所辖范围的最南端,是位于北纬30度42分的浮山岛;金山区(包括历史上的金山县、金山卫)的得名源自金山岛,也就是说,先有金山岛,才有金山卫(县、区);在金山三岛上,还建立了上海第一个自然保护区……更令人惊奇的是,金山三岛不仅有着罕见的自然资源和景观,而且自古以来流传着不少离奇诡异的故事和传说。

从大金山岛俯瞰浮山岛

繁华的康城沉入了海底

成语"沧海桑田"所描述的地貌变化的大场景,就曾经在金山三岛上演过。

金山地域在6 000多年前已经成陆。西周时,金山三岛是一座连为一体的山峰,还在陆地上。据传,周朝第三代国王姬钊(康王,约公元前1020—前996年)曾率领大队人马从西京镐都浩浩荡荡来到当时叫顶寒山的大金山。周康王登上山顶，见这里东临大海，山势险峻，是天然的海防屏障，就命令部将吕尚优在山下兴建一座城堡，以备他将来东巡之用。从那年秋天开始，到第二年残冬土城修筑完工，康王命名该城为东京城，并派兵把守。康王名钊，所以此山被叫做钊山，后人为图简便又写成金山（"钊"的繁体字左半边是"金"）。康王去世后，东京城百姓为纪念康王，就把东京城改称康城——这是上海历史上第一座城池。

康城建成后几度兴废。第一次重修是在汉武帝时，规模扩大不少，城内人口众多，经济繁荣。这从东晋康城水兵参将黄庭熙绘制的《吴郡康城地域图》上可见一斑，图上有众多的官府、民宅和船舫，还有油坊和盐坊。南朝梁天监六年（507年）在金山地区设置前京县，次年即在今大、小金山间河谷平地日康城的基础上修筑县城前京城，一度为商船云集的东南大港。五代时吴越王钱镠又在前京城基础上建金山城为海防戍守处，但屡次为战火所毁。南宋诗人许尚在《华亭百咏·前京城》中感叹道："庐落皆无有，依稀古牒存。登临认遗迹，林莽暮烟昏。"

一场更大的灾难还在后面。由于杭州湾口大内小呈喇叭形，是个强潮海湾，海潮流急势强。金山海岸自东晋以后不断坍陷后退，唐末五代时，海岸已紧逼金山脚下。南宋初期，金山与大陆仅有一条连岛沙堤相连。绍兴年间吴聿撰《观林诗话》云："华亭并海有金山。潮至则在海中，潮退乃可游山。"至淳熙年间，在潮流不断冲击下，连岛沙堤也被切断。特别是淳熙十一年（1184年），当地发生了一次特大的地震海啸，金山随之彻底沦入海中，只露出三个峰顶在海面上，从此成为碧波汪洋中的三个海岛。元代文人杨维祯志云："淞之南有大金小金，出没于云海之中。"

康城沦海后，原城池所在的山谷淹没水下，山谷开阔地带的高地成为沙洲，时称鹦鹉洲。明正德《金山卫志》引《松江郡志》："鹦鹉洲在海中金山下……金山故城所在也。"以后在杭州湾长年累月的潮流冲击下，鹦鹉洲也被冲开，形成大、小金山南北并峙状如门户的地形，史称金山门。

有意思的是，20世纪据当地老人讲，潮汐小的年份有一两天，潮退的时候从金山嘴一直往外跑，还可以看到街石、市河石栏杆等废城遗迹。古籍中也有类似的记载，如《松江诗抄》载方维岳《鹦鹉洲诗》注云："甲辰（清雍正二年，1724年）秋七月，海水横溢，风浪冲激，沙滩卷去二三丈。循天妃宫（今金山嘴附近）西南行约里许，见有桥桩、井甃、街石垒垒相望，据土人云此即鹦鹉洲也。"

1935年，考古工作者在金山沿海戚家墩一带发现大量印纹陶片，拣得数麻袋之多；1958年又在大金山腰发现几何印纹硬陶；20世纪70年代初，在金山卫南滩地出土轮廓磨圆的战国时代的麻布纹、青瓷碗等陶片，有人认为这足以说明先秦时金山北麓确已有城堡的设置或聚落的形成，其遗址在沧海以后受潮流的破坏，遗物随海潮漂流沉积于戚家墩、金山卫一带。

金山沧海后，形成控扼杭州湾之咽喉险要，更成为海防要地。明代在大陆沿海置金山卫，与威海卫、天津卫、镇海卫并称"四大名卫"，经常派兵上山巡逻瞭望。史载抗倭名将戚继光、俞大猷曾在大金山上习武演兵。

金山神主也是上海的保护神

大金山既然是一方名山，古代自然有不少名胜。除了北宋元丰年间僧人惠安建于山顶的慈济院（遗址在今灯塔附近，1984年建塔时曾掘出圆瓦和砖脊上刻有"般若波罗蜜多……"字样的青砖，当是该寺的遗物，现藏金山区博物馆）。最负盛名的当推霍光庙，又名忠烈昭应祠、捍海神庙，庙里祀奉的既不是佛也不是仙，而是人世间一个不大不小的人物——西汉大司马大将军、博陆侯霍光。霍光是名将霍去病的异母兄弟,曾在武帝、昭帝、宣帝三朝为臣,辅助朝政,后期权倾一时。

据南宋绍熙《云间志》引《吴越备史》载,因汉朝衰败,霍光旧庙也遭毁。一天,三国吴主孙皓得了重病,昏睡恍惚间,忽然霍光的魂灵依附在守门的一个小太监身上,神神道道地对孙皓说:我是汉朝功臣霍光,华亭东南"有金山咸塘,风激重潮,海水为害,非人力所能防",可立我庙于咸塘,我当统领部属,以镇海侵。孙皓病愈苏醒后,即下令在大金山顶上建霍光庙。宋朝皇帝崇尚道教,给许多"英雄祠庙"赐封,宣和二年(1120年)赐霍光庙"显忠庙"庙额,后来又多次加封名号,最终成了"忠烈顺济昭应公",且赐缗钱加以修缮。这一系列的加封,其实与当地海患严重、金山海岸不断坍塌不无关系。霍光从此竟成为太湖流域的捍海之神,也即金山的地方保护神。

当时金山百姓十分崇信霍光,各祀于家中,号为"金山神主"。在金山另外一些地方、上海县城乃至"三吴滨海"也都建有霍光行祠,俗谓金山神主庙,庙内香火旺盛。明朝初年,朱元璋下令全国县城一律要建城隍庙。上海县仓促间找不到地方,知县张守约就把城里原来的霍光行祠改建为城隍庙,而霍光神像也没搬走,所以这位金山城隍从此又兼职上海城隍的工作。至今上海城隍庙前面的大殿里仍供奉金山神主霍光坐像,并取名霍光殿,后面一进大殿里才供奉上海城隍神秦裕伯坐像,实际上是"无房户"秦裕伯借住在霍光庙里。而金山的霍光祖庙却在金山沦海之后逐渐废祀。明正德年间山上尚存石香炉一座,后亦不知所在。

可与无锡惠山泉媲美的寒穴泉

大金山岛上还有一处名噪一时的自然风光即山顶的寒穴泉,因水温很低而得名，而且汲之不尽，即使大旱之年也从不枯竭，水满了也不会溢出来，总是与洞口相平。南宋《云间志》载："寒穴泉，在金山，山居大海中，咸水浸灌；泉出山顶，独甘冽，朝夕流注不竭。"北宋景佑年间（1034—1038）华亭县令唐询曾作《华亭十咏》，其中就有《寒穴》一首。王安石、梅尧臣皆有诗作名篇唱和。王安石《寒穴》诗云："神泉冽冰霜，高穴与云平。空山淳千秋，不出鸣咽声。山风吹更寒，山月相与清。北客不到此，如何洗烦醒。"

然而，一方县令、一朝相国和一代诗人的酬答唱和，并未为寒穴泉增加知名度。七八十年后的政和年间（1111—1118），秀州知州毛滂巡视属下的华亭，县令姚舜明汲寒穴泉水煮茶款待。毛滂不饮则罢，饮后大为惊奇，认为其味堪比惠山的天下第二泉，就派人去无锡取惠山泉水来相与品尝，反复再三，竟辨不出差异，喟然而叹世上真有两个"第二泉"啊！遂题《寒穴泉铭》，为寒穴泉名声不彰而鸣不平："泉之显晦，岂亦有数？生此寒穴，与世不遇。美不见录，为汲者惜。泉独知冽，不计不食。"

岛上这些胜迹后来都湮没了。宋以来旧志皆记泉眼在山顶，据说20世纪90年代在大金山北麓悬崖下找到寒穴泉故址，但穴口已被山头崩落的大石覆盖住。又听老渔民回忆，民国时有人入山砍柴，曾到那里取水饮用，汲起一桶，泉水旋即涌满，可见当时的水量丰沛。如今大金山上尚有两井，在山腹坑道中另有两处泉水溢出，水质内有较高的硫和铁含量，由于铁质氧化，水呈酸味。

美妙绝伦的海市奇观

金山三岛最神秘瑰丽的景观当属海市蜃楼了。相传南宋初年，金兵挥师南下至此，忽见海面上"雾消云飞，阴兵千万，排空而下"，吓得金兵丢盔弃甲，披靡而逃，当地传为"海市驱金兵"。这是有关金山海市年代最早的传说。清乾隆《金山县志》里有金山海市的明确记载："海市，海人云：或岁一再见，或三四岁一见，非常有。有则多春夏时，每积雨初霁，海气氤氲，山林、城市、人物、车马一一宛然，如登州然。"

乾隆三十七年（1772年）二月，金山三岛海面出现非同寻常的大海市，从凌晨五六时天刚蒙蒙亮开始，一直延续到下午五六时日落西天才渐渐隐去。整整一天，空中天幕上市镇街巷俨然，亭台楼阁毕现，致使观者如潮（见光绪《金山县志》卷十七），虽山东蓬莱海市亦恐不及，是目前所知世界上持续时间最长的海市了。

尽管岁月流逝，金山海市依然一再重现。1950年4月上旬某日下午3时许，海面上升起一座城，树木、房屋、河塘等十分清晰，历半小时方隐去。更奇的是在1983年和1984年的夏天，金山三岛海面上又两次出现海市蜃楼奇观，目击者多达数千人。由于金山海市多为城池、房屋之类，当地人认为这是古代湮没在海中的东京城又显露出来了，故俗称海市蜃楼为"显东京"。

大金山成了猕猴的乐园

金山三岛原属无人岛。1958年4月16日，由于国防需要，上海警备区进驻一个排，在大金山岛上修筑了营房、坑道等军事设施。1978年驻军撤离。海军航空兵某部也曾于1960年在小金山岛上设靶场，至1974年撤销。

相对繁华的大上海而言，面积较小、四周受海水包围、进出不便的金山三岛几乎与世隔绝，受人类活动影响小，仍保持着半原始状态的植被，是上海罕有的生态净土。特别是大金山岛，岛顶上面有一个约七八米高的瞭望台，登上去可以看到全岛被植被严严实实地覆盖着。这里保存着上海地区早已绝迹的原始的中亚热带地带性植被，主要由青冈林、红楠林和竹林组成，还有樟科、壳斗科、山茶科、木兰科等的常绿乔木，黄连木、黄檀、朴树、榉树等落叶乔木。据统计，全岛共生长着98科208种植物，被誉为"上海的天然植物园"，具有重要的科学研究价值。其中有60多种植物在上海地区的陆地上已经绝迹，包括国家保护植物天竺桂和舟山新木姜子等。1975年，上海自然博物馆科研人员还曾在山上发现两条上海地区早已绝迹的王锦蛇。

自1988年12月起，上海生理研究所、上海实验动物研究中心和山阳乡副业公司联合引进华南猕猴，分批试放在大金山岛上，后来繁衍至数百只，并形成好几个猴群。由于岛上食物不多，怕饿着猴子，又派几个老人轮班守岛，从外面带来玉米、南瓜、番薯等，定时喂养猴子。所以今天的大金山岛又成了猕猴的乐园。

1993年，这里建立了上海市第一个自然保护区——金山三岛海洋生态自然保护区，时任上海市委书记的吴邦国为其题写了区名。

吴邦国题写的"金山岛"三字刻在大金山岛上

保护区主要保护对象为典型的中亚热带自然植被类型树种，常绿、落叶阔叶混交林，昆虫及土壤有机物，野生珍稀植物树种，近江牡蛎等。

值得一提的是，金山三岛长期处于半封闭状态，不对外开放，也没有固定渡轮。

沪江游踪

黄浦江整治中的复兴岛和老鼠沙

史 欣

黄浦江是上海的母亲河,那滚滚不息的江水,自西南至东北,流贯了上海的全境,滋润着上海这块沃土,造就了这座东方第一大港。黄浦江中有岛,不仅有知名度很高的复兴岛,更有一座鲜为人知的老鼠沙。

人工填出来的复兴岛

复兴岛像一弯倒悬水中的月牙,静静地躺在江流之中;又如一个弓身侧卧的休闲者,享受着浪涛的按摩。定海路桥和海安路桥,宛似两只攀扣,紧紧地拉着她,仿佛怕她被江流冲走。复兴岛长3 420米,平均宽427米,最宽处550米,平均高为吴淞高程5.3米,最高处5.5米,总面积1.33平方公里。岛上林木遍布,郁郁葱葱,绿荫中灰色的、红色的、银色的屋顶星罗棋布,在粼波折光的映衬下,分外妖娆。宽阔平坦的共青路纵贯全岛,60路、577路公交车行驶其上,将她与整个大上海连成了一体。这是一座充满生气的年轻岛屿,自出现至今不足百年,她是20世纪二三十年代人工填出来的。

100多年前,这儿是一片浅滩,滩地上长满了芦苇,潮来浅滩被淹在水中,半截芦苇随风在波浪中摆动;潮退后露出水面的浅滩,

20世纪复兴岛航拍图

又成了鸥雁群栖觅食之处。原来，黄浦江流到这儿，突然改东流为北去，形成了一个突出的嘴角，以近旁周姓自然村而得名周家嘴。黄浦江的变向，使正面领受上游来水冲击的右岸，不断坍落，因此这儿的江面特别宽。江水从窄至宽，水流迅速分散变缓。下游上溯的潮汐，又与上游来水交互，水中泥沙便大量沉淀。日积月累，江身转折处，也即周家嘴的吻部，至19世纪末，就形成了这片南北向的弧状浅滩。然而，这块浅滩却因位处黄浦江下游而成了航运之大敌。其时，上海已成为中国第一大港，航道畅通与否，关系到上海的繁荣和发展，是列强在华利益的要紧之处。所以，早在光绪二年（1876年），各国驻沪领事团就延聘了荷兰河道专家艾沙（G. A. Escher）、奈格（J. D. Ryke），对黄浦江进行了全面的考察与规划，确定了自吴淞口上溯31公里的下游河道之整治原则是：保证一定流速冲刷河床以减少沉淀，进行定期疏浚以保持一定深度，从而确保航道畅通。

复兴岛上的共青路

按整治规划，上游宽375米，下游宽820米，以漏斗形的江身保证流速。根据这一目标，需对31公里的江岸线进行全面整治，或筑堤防坍，或填滩束身。这一规划，基本奠定以后百多年中对黄浦江整治的思路，调整的只是一些具体标准和实施细节。为迫使清政府接受和实施黄浦江整治，在光绪二十七年（1901年）签订的《辛丑条约》中，第11款第二目就是关于改良黄浦江水道，内中规定成立黄浦河道局，实施航道整治。光绪三十一年十二月一日（1905年12月26日），黄浦河道局（又名浚浦总工程局）正式成立，聘奈格为总工程师，年拨白银46万两，开始了对黄浦江航道的整治。1912年中华民国临时政府刚成立，又设立上海浚浦局，因奈格已于上一年辞职回国，改聘瑞典河道专家海德生（Von Heidenstam）任总工程师，继续执行奈格制订的整治计划。复兴岛正是这一整治工程的产物。

1913年4月30日，在周家嘴浅滩外侧沉下第一块柴排，周家嘴航道束窄工程正式启动。当时，这儿的江面有1 300米宽，浅滩外侧为深水航道，内侧有一条浅水航道。光绪三十二年至宣统二年（1906—1910）间，曾浚深过外侧深水航道，挖了一条深6.41米、宽213.3米的船槽，可是旋浚旋塞，毫无功效。这次改用抛石筑堤的办法，在浅滩外侧构筑一条弧形石堤，以阻扼滩沙坍塞航道；同时于堤内催高成陆，以束窄该段江身。1916年大堤筑成。1925年起又由南向北，沿滩之内侧分段抛柴排筑石堤，吹泥填土，至次年7月，南端三角区完成填高工程。1928年3月起，开始了内侧中段和北段的治理，为照顾原沿江地块运输的需要，对内侧浅水航道同时进行了疏浚，挖成一条长3 620米、宽57～90米、水深1.83米的运河。1936年整个工程完成，前后历时20多年，即使从分段吹泥填土算起亦有

定海路桥今貌

十年，十年中共吹泥828万立方米，就这样造出了一座新岛。

新建成的岛屿初定名周家嘴岛，1937年"八一三"淞沪抗战爆发，为侵华日军占据后改名定海岛，1939年至1941年间又曾名昭和岛，抗战胜利后改今名复兴岛。

当南端三角区填土工程完成后不久，上海浚浦局就以40万两白银买下这块国有滩地的开发权。随着填岛工程的进展，陆续构建了定海路桥和海安路桥，辟筑了浚浦东路（今废）、浚浦西路（今共青路）和一些横向支路，使该岛成为浚浦局的工作基地。同时，将部分滩地出租建厂建仓，著名的有杨俊生租用30亩所建的中华造船厂，还有美商美孚石油公司和中国植物油料总公司等。浚浦局还在岛的中部建造了一所俱乐部，即今复兴岛公园。侵华日军强占期间，民营企业人员与居民被强令迁出，全岛成为其海军陆战队的军械仓库和补给基地。抗战胜利后，先由中华民国国民政府海军占用，一度成为远东美军剩余物资储存站。1947年7月4日发还浚浦局。上海解放前夕，蒋介石曾乘永泰舰来到此处，住进了浚浦局俱乐部北侧的一幢日本风格的屋子——白庐，其间全岛封锁，戒备森严。当时，国民党将领张权、李锡佑正组织起义，计划中就有突袭复兴岛、逮捕蒋介石一项。这座小楼，张君劢也曾通过担任着中国植物油料总公司总经理的弟弟张嘉铸入住过，故有蒋住张君劢别墅之说。

中华人民共和国成立后，复兴岛是上海仓储、造船和海洋渔业的重要基地，除中华造船厂外，重要企业还有上海渔轮厂、上海鱼品厂、上海海洋渔业公司和上海商业储运公司复兴岛仓库等。

成了陆地的老鼠沙

整治黄浦江航道，造出了一座复兴岛；同样的整治，却"消灭"了一座岛——老鼠沙。

今高桥镇沿黄浦江的中兴镇、中德巴斯夫厂区及原炼油厂、农药厂一带，就是昔日的老鼠沙。

关于老鼠沙与浦东陆地连起来的过程，民国《宝山县续志》有这样的一段记述："是沙在浦江之中心，厥形如鼠，故名。又以接近高桥西岸，别称高桥沙，亦称宝丰沙。清光绪三十年（1904年）间，迭经地方团体及附近业户，向官厅交价领垦，已达一千九百亩有奇。沙之中段及填高处，久成熟田，堪种稻麦。曩时孤悬若岛屿，自浚浦局于沙之南端建筑石埂，阻绝江流，淤沙日夜淀积，乃复施以人力移他处淤涨之泥沙，填满于两岸距离处，是沙遂与陆地毗连。其北段亦渐已涨高，潮退时，褰裳可涉矣。"

该志卷首有《高桥乡图》，图上这座黄浦江中的小岛，其南端已有坝连接浦东，恰似安了条尾巴，其状就更像老鼠了。

老鼠沙，又俗称为江心沙，也是因江水流至下游宽阔处，水速减缓，沉沙淤积，由隐沙而浅滩最后演变而成的沙洲式小岛。至光绪三十三年（1907年）着手整治时，南北长2 500多米，大致自高桥港口（今灯口）一直到北港嘴河口，最宽处有700多米，以东南向西北的姿势斜卧在江心。是沙将黄浦江航道分成东北与西南两支。当时，东北向一支为深水航道，均深6.7米，最深处有14米，船槽宽达210米，但顺该航道至吴淞口恰遇拦门沙；西南向因下有隐沙为浅水航道，只能行驶帆船，但出路宽敞。所以，整治时决定挖深西南支而堵塞东北支。整治于光绪三十三年春启动，先在岛之南端东侧筑长1 700米和1 260米的两道拦江大坝，再在两大坝之间抛石填土，阻断江流，还构筑双丁坝5座、单丁坝17座促淤，使与浦东相连。

该填堵工程于宣统二年二月（1910年3至4月间）完工，共沉柴排58万平方米，抛石32万吨，填土600多万立方米。同时开浚西南航道，将江中隐沙及江底淤沙淤泥悉数挖去，所挖土方，正用于东侧填堵。宣统元年三月十六日（1909年5月5日），一艘英国巡洋舰试航通过新挖的航道。再经过几个月的安置浮筒灯塔等航标设施之类工作，八月初三日（9月15日）正式通航。岛之东南端阻断江流后，其东北侧淤积加快，再填入别处疏浚所挖的泥沙，至1917年《宝山县续志》下限时，已是"潮退时，褰裳可涉矣"！至1937年全面抗战爆发，岛之东侧已与浦东旧江岸基本相连了，老鼠沙也就消失了。不过，原黄浦东河道残段却一直存在着，当地人称之"老黄浦"。"我小时候，还常吃老黄浦里摸来的蚶、蚌。"叶汉坤学友曾在电话里对我说起他儿时的乐趣。直到1966年，因上海炼油厂发展需要，才将这条长约千米的老黄浦河道填没。

早在光绪三十年（1904年），老鼠沙上便有人垦殖，诸如凌家木桥凌家，高桥镇顾家、朱家，钟家弄钟家等附近粮户，纷纷向宝山县署交纳地价，各取得一定数量土地的围垦权，县署也正式将该岛命名为黎圩，划归日字27图。这些粮户招来的垦殖户，多来自崇明及长江口各沙洲，有黄、徐、樊等姓，他们便成了老鼠沙上最早的居民。之后，又有颇多的垦殖者陆续从崇明诸沙迁来，也有来自宁波、嵊泗和苏北各处的。叶汉坤兄的母亲王凤英老人就是随先人从宁波迁来的，对于老鼠沙的变迁，思维清晰的她堪称是部活辞典。由于崇明人为移民中的大宗，所以，老鼠沙上的居民多带崇明口音，并被高桥地区原来居民称为"沙上人"。笔者就读高桥中学时，班上有好几位同学就是家住老鼠沙的。暑假中随杨惠忠学兄在他家旁的江边钓黄鳝的情景，至今历历在目。随着居民增多，聚居点便从最初的安乐港畔向四周散迁，形成了北新、西新、东新等自然村；在那些粮户所建的收租储谷仓房周围也形成了朱家仓、顾家仓和凌家仓等村落。不久，在最早的聚居点上又出现了茶肆、小饭铺和杂货店，还设了到浦西的渡口，成为交通要津和沙上的商业中心，因店肆与住房多为茅房草屋，遂名草镇。至于距草镇东南一二里许的中兴镇，本处黄浦东河道中，是抗战时期苏北移民的聚居地，向有"江北大世界"之称，新中国成立后才有了镇名和解放、人民等街名，设有百余家店肆，规模便超过了草镇。曾见文章说中兴镇就是草镇，那是不对的。

　　20世纪初，石油作为新能源正迅速崛起，德士古、美孚等英美石油公司，为占据中国市场也把目光瞄准了老鼠沙，1919年起便在这儿购地谋建油池。至30年代中期，老鼠沙的土地已有半数为外商所占有，其中英商641.3亩、美商300亩、德商192.8亩，还有苏华合资的光华石油公司等。为了运输等需要，一条江心沙路南北纵贯。面对外商的渗入，当地居民为维护耕地与生存，又唯恐油池爆炸，曾进行了长达十年的斗争。1919年，地贩奚某为向外商出售500亩滩地而向宝山县蒙领地契时，当地居民即呈文县知事要求保全主权；1924年5月、1925年9月2日、1926年7月、1929年11月，当地多次

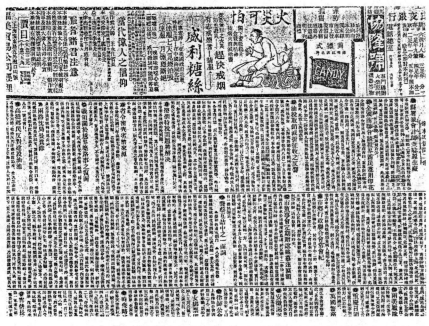

1925年9月3日《申报》刊登的老鼠沙居民反对洋商建油池的消息

发生游行示威、呈文请愿甚至武力对抗事件，居民还曾致电外交、财政各部要求干预，《申报》上都有详细的报道。

1937年"八一三"之后，那些外商油池与企业都被侵华日军强占。1938年4月，日石、小仓、三菱、丸善等日资财团集股组建了"日本石油联合股份有限公司"；11月，丸善株式会社又强行圈占了近300亩土地，建立上海制油所。抗战胜利后，中国政府接管改建为中国石油公司上海营业所高桥东厂等机构，新中国成立后为中国石油公司华东区公司和上海炼油厂。后来，这儿又创设了上海农药厂等企业，成为当时上海最重要的石油化工基地，也是高桥地区最大的企业单位。20世纪80年代后又开设了中德合资巴斯夫公司等企业。今日，重游草镇、中兴镇等地，早已是旧貌换新颜。原来农民的草棚茅屋变成了西式小楼，河畔都种上了树木，呈现出一派新型的田园风光。

九峰三泖太阳岛

许洪新

> 一塔波千顷，碧吞千影秋。
> 梵音沙鸟听，禅院海翁游。
> 入夜鲸涛吼，凌晨蜃气浮。
> 茫茫思无极，身世即孤舟。

这是明代洪武初年以通经学古而荐任国子学正、人称"明白先生"的慈溪人王桓所作的《渡泖望泖心塔院》诗，写的是今黄浦江上游泖河中的太阳岛和坐落岛上的千年古塔。

林则徐加固泖岛石堤

太阳岛，旧名泖岛。这座小岛位于青浦沈巷张马村西，今属朱家角镇，是上海一处旅游休闲胜地。这是一座棒槌形的小沙洲，东西长约4 000米，南北最宽处700多米，面积1.6平方公里。太阳岛所处的地区，在数千年前曾经历了陆沉、海水倒灌等变迁，至秦汉时代已形成了大湖小荡串连集聚的地貌特征。由大泖、圆泖和长泖及其支流将这些湖荡连接起来，而三泖交汇形成的泖湖烟波浩渺，人们常以千顷万顷喻之。其东北处则是一片连绵起伏

泖岛图

的峰峦，名为"云间九峰"，构成了被称作"九峰三泖"的绝佳画卷。而太阳岛则是不同流向的三泖来水，在交汇冲撞后于相对静止处，由沉淀下来的泥沙淤积而成的沙洲，大约在唐代前期露出水面，之后愈积愈大，愈积愈高，以河为名，称之泖岛。只是在激流冲刷下岛形无定，不时会发生坍塌，在暴雨、洪峰中大部分还会被淹没。虽于明代就驳建了石岸，但年久即圮。道光十五年（1835年），时任江苏巡抚的林则徐为治松昆水患，曾由黄浦经小昆山出泖口，一路视察水情，抵达了泖岛。他召来了青浦蔡维新、娄县毛应观两位知县，协调治泖方案，最后采用切滩深浚之法，加固了环岛石堤。之后，又经光绪二年（1876年）重修，岛岸线才没有大的变化。

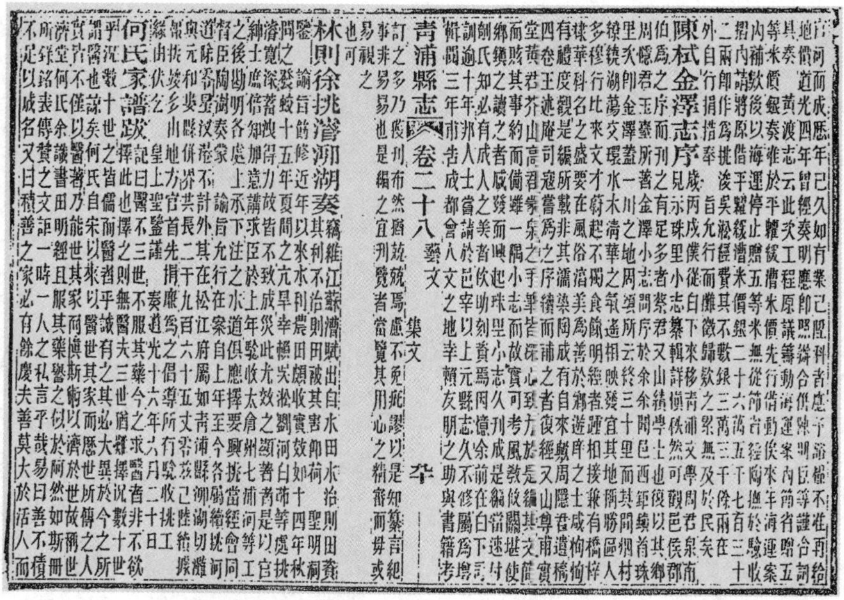
青浦縣志 卷二十八 藝文 集文

林則徐 挑濬泖湖奏

陳栻 金澤志序

何氏家譜跋

《青浦县志》中记载的林则徐治泖奏折

如海僧兴建千年灯塔

岛的西南侧有座塔，以岛为名，称为泖塔。这是一座砖木结构的五层四面方形佛塔。每层相对两面间设有壶门，方向逐层转换，壶门过道上有砖砌的叠涩藻井。粗粗看去，与日本五重塔极为近似，这正体现了该塔建筑上的唐韵特征，因为日本五重塔就是我国唐代建筑的遗存。该塔建于晚唐乾符年间（874—879），一位号为九峰老衲、法名如海的高僧，见泖口水势浩大，便建了这座泖塔，一为礼佛，再为晚间于塔顶标灯，“为往来之望”，取行善渡众生之义。他相中了岛上唯一一处大水不淹的小丘，一二亩许，历时五年才建成一塔。此地正处出黄浦、通太湖之要隘，船只往来昼夜不息，元明之后更是苏州、松江、嘉兴三郡之要冲。为保持此塔的航标功能，历代都十分重视修整,明天顺六年（1462年）宁波僧道泰、弘治十二年（1499年）僧德义、正德年间（1506—1521）胡道真、嘉靖时居士林茂、清嘉庆七年（1802年）和光绪初年等都修整过,这大约就是该塔得以千年不圮的原因所在。所以,这座泖塔并不是一座一般意义上的古代浮屠,而是我国最早的交通航标建筑之一,具有很高的文物价值和研究价值。1962年9月7日,公布其为上海市市级文物保护单位;经1997年国际航标协会的审查,其入选该

2002年,泖塔图片邮票作为特种邮票之一发行全国

会次年编刊的《世界历史文物灯塔100强》图集;2002年5月18日,国家邮政局又将其与同时入选的温州江心屿、大连老铁山、浙江花鸟山、海南临高四处古航标,编发了一套五枚的《历史文物灯塔》特种邮票,而泖塔列居首枚。

众文豪作诗题额誉泖岛

自如海筑塔建院之后,这儿也是云间佛教胜地。后因靖康、建炎之乱而渐衰颓,宋景定元年（1260年）又重新开山。后经不断兴建,至明代后期已为江南一大名刹。宋元时营建的有文昌阁、湛应殿、云山堂、钟鼓楼等,云山堂有宋徽宗赐额,元末高士、大画家倪云林还曾读书于此;钟楼上的那口巨型铜钟上有"至正四年（1344

年）铸"五字。明嘉靖年间（1522—1566）释智明又建山门和大雄宝殿；隆庆六年（1572年）其徒镜上人自正筑石堤，建宝藏阁，募印《大藏经》；万历十八年（1590年）又建潮音阁等；万历八年释德宣建伽蓝禅堂，清乾隆五十六年（1791年）驳基重修，道光十四年（1834年）建碑亭。其余尚有观音殿、禅杖、放生台、香积厨、转藏阁等。这座塔院，唐代名"澄照禅院"，景定元年赐额改"福田寺"。因其地在秦代属长水县，又名为"长水塔院"。那时，整座梵宇，前有平台，周以翠竹苍松，堤柳掩映，坐落于小岛之上，砥柱于三泖之口，故又被称为"泖心塔"。自唐如海和尚凿井筑亭，烹茶待客以来，不仅过往商客乐于登临，且以高僧住锡，声誉远播，四方参请。于是，杖履日众，游人臂趾交错，很快成为松嘉湖杭吴会间的一大胜景。上岛游客，或白日登塔，遍赏烟波三泖、列戟九峰，寄兴缥缈云水、浮泳鸥鳞；或夜坐禅房，听一方高僧话因果，思一生是非种福田，于天地流水间返璞，于梵音钟鼓中悟禅。

三泖之水冲刷了历代兴废，沙洲之土却留下了无数文人的雪泥鸿爪。宋代朱熹题下了"江山一览楼"，元赵孟頫写下了"方丈"两字，明李待问有"浸月藏烟"额，董其昌有"小金山"匾等。至于诗文词曲，更不知凡几。仅据俞汝为于万历年间所辑《泖塔记》（又名《长水塔院纪》），就编了各体诗文五卷，在今存的二卷半中有154人的244首诗，另有142人的存目诗文

《泖塔记》书影

199篇。在存有诗作的人物中，白居易、陆龟蒙、皮日休、范仲淹、王禹偁、王安石等，无一不是文学史上的大家。可以毫不夸张地说，这座小岛是上海历史文化积淀最丰厚的地块之一。

太阳岛必将重放光芒

从九世纪到1949年，经一千多年的流光侵蚀和无数次的兵燹匪患，泖塔早已因泖湖成田而失去了导航功能，泖岛也曾被水盗、倭寇及侵华日军等骚扰过、占据过，殿堂楼阁毁拆殆尽。如藏宝阁及那部5 400多卷的《大藏经》，毁于清顺治年间（1644—1661）的兵灾；转藏阁毁于咸丰十年（1860年）；鼓楼毁于光绪初年；钟楼坍于1948年夏天，那口至正铜钟也被搬到了岛南里许的汤村庙中。然而值得庆幸的是，泖塔依旧巍然屹立，塔身、相轮尚存，塔中石佛犹在，只是不能登临了。1965年夏，笔者在松江天马公社参加"四清运动"，当时在工作队队委秘书组工作，常常要去各大队联系，曾趁去三泖之侧的汤村庙、西泾江和永丰几个大队当天无法返回之机，得隙一游，那兀立于泽国斜照中的残塔孤影，至今犹清晰地浮现于眼前。

在改革开放的大潮中，泖岛也于1989年建了一座高尔夫球场。1993年，新加坡陈逢坤先生更慧眼识珠，斥资营建了太阳岛休闲旅游区，还建了一座与陆地相连的大桥，使游客的车辆可直驶岛上。可惜的是，人们对泖塔及其历史知之甚少。但笔者相信，这块风水宝地必将发达起来，这颗深藏峰泖怀抱中的明珠必将重放光华，因为这里不仅有迷人的自然风光，更有绵延千年的历史文化。

上海福泉山遗址览记

曹伟明

进入21世纪以来，上海人的旅游兴趣日趋多样化，已不仅仅是到青山绿水、天涯海角去游玩几天，而是对文化旅游、古遗址考察性旅游也产生了浓厚的兴趣。2001年6月25日，国务院批准公布的第五批全国重点文物保护单位之———上海福泉山遗址，正吸引着成千上万的旅游者前去观光考察。福泉山遗址究竟有哪些胜迹和景点呢？笔者曾专程前往实地细细考察了一次。现择其要，向读者作一介绍。

中国地下"金字塔"

福泉山遗址，位于上海市西部青浦区重固镇的西侧。福泉山是一座古人堆筑的高台墓葬小山，内含新石器时代的崧泽文化、良渚文化和战国至宋代的墓群。在山的四周农田下又有马家浜文化、崧泽文化、良渚文化、马桥文化、吴越文化与战国时代的遗存，埋藏的古代遗迹和遗物极为丰富。

福泉山又名覆船山，古代是一片丛葬地。1962年上海市开展文物普查时，在山坡上发现了新石器时代的陶片、石器与红烧土等文化堆积，确定这里是一处古文化遗址。1977年经报上海市人民政府批准，宣布其为文物保护地点。同年，当地重固中学师生在福泉山下田间劳动时，又发现数件崧泽文化的陶器。为了开展太湖地区的古文化研究，上海市文物管理委员会报请国家文物局批准，由上海博物馆时任副馆长、考古专家黄宣佩研究员带队对福泉山遗址进行试掘和发掘。

福泉山是重固镇西侧农田中的一座小土山，呈不规则的长方形，东西长约94米，南北宽84米，高7.5米；东、南、西三面斜直，北部坡面呈二级台阶。山上土质干硬，植物不易生长。1962年进行文物普查时，山上满布明清墓葬。后经平整土地，镇政府在其山上开垦种植毛竹，但不久大批毛竹枯死而箭竹丛生。遗址所在地河道纵横、地势低洼，海拔仅3.3米，周围东有通波塘，可直通上海市区与苏州，西有堰西港，南傍山泾港和庄泾港。福泉山是古代太湖地区在沼泽地带中的一种典型的高台墓地。

1979年底，上海市文物管理委员会对遗址进行了试掘，目的是

福泉山遗址发掘现场

了解遗址的内涵与分布范围。因此在山的周围开探沟15条，面积130平方米，探明山下农田内，西侧有马家浜文化层，北侧有良渚与崧泽文化的叠压层，东侧有良渚文化层，南侧面有戚家墩类型与马桥文化的叠压层，并清理了战国印纹陶墓2座。遗址范围以福泉山为中心，东西长约500米，南北宽约300米，面积约15万平方米。

1982年下半年，为配合当地政府取土筑路工程，对该遗址进行第一次正式发掘，初步解剖了福泉山的地昙，并清理了崧泽文化墓葬10座、良渚文化墓葬3座、汉墓6座。

1983年底至1984年初，为开展良渚文化的研究，又在福泉山上进行了第二次发掘，清理了崧泽文化墓葬6座，良渚文化祭祀坑1个、墓葬6座，战国楚墓3座，西汉墓40座，唐宋墓各1座。

此后，为全面解剖福泉山遗址，又进行第三次发掘。1986年底至1988年初，前后清理了崧泽文化居住遗址1处、墓葬3座，良渚文化祭祀遗迹3处、墓葬21座，战国楚墓1座，西汉墓50座和宋墓1座。同时，还首次发现了良渚文化使用人牲和人殉葬墓。

数次发掘，总共清理了崧泽文化的居址1处、墓葬19座，良渚文化墓葬30座，以及战国墓6座，西汉墓96座，唐墓1座，宋墓2座。出土各类文物2 800余件，获得重大成果。由于福泉山遗址的文化层堆积深厚，内涵博大，为考古学和上海史的研究提供了丰富而翔实的资料，被考古学家们誉为"中国的地下金字塔""古上海的历史年表"。

流行的特色住宅

随着发掘工作的深入，遗址中出土的动植物遗存和孢粉资料已越来越引起专家的重视。从中可以知道，上海先民早在五六千年前，便在青浦重固地区生存和活动。当时的上海地表，以坦荡的平原和纵横交错的水网、湖荡最具特色。这里气候温和，雨量充沛，土地肥沃，物产丰富，素有三江五湖之利，又有鱼米之乡、水乡泽国之称。当时的上海先民便迁移到地势相对低洼、濒临水源又适宜稻作农业的地带定居。因此，这里原始聚落增多，人口密度提高，远离水源的聚落则开凿水井，以解饮用之需，注重环境卫生。从文化地理的角度来看，福泉山遗址的文化，应属湿泽型文化。

生活在福泉山遗址的上海先民，因地理环境为湖沼平原，所以他们采用了因地制宜、因材施制的办法，面临东海，背靠九峰，择高而居，既可上山围猎，又可出海捕鱼，刀耕火种，发展农牧，创建了与此自然环境相适应的家园和聚落。考古发现显示：当时上海先民的房屋大多建在土墩高地或天然河道附近，有的较为大型的聚落还有河道环绕。主要建筑有干栏式、地面起建式和浅穴居房屋等形式。

干栏式建筑的最大特点是抬高地面的木结构房屋，它运用密集型的木柱，上面盖有大幅树皮、芦苇和竹席等。这样，既可防止蛇虫猛兽之害，又可避潮湿、水患和暑气，是适合南方温暖潮湿地带的一种古老的居住建筑形式，是当时的"特色居住区"，一度相当流行。

地面起建式房屋建筑，利用湖沼平原盛产的竹、木、芦苇、藤条和植物茎秆、树皮或稻草，在选定好的房基中先挖好浅基槽，再打入竹和木柱，继以藤条、芦苇或竹条等编结捆扎成木骨框架。然后涂抹上泥土，经烘烤坚硬而成为墙体。屋顶则以稻草或树皮铺盖成散平面。室内地面往往掺沙子，铺上碎陶片和红砖土，经拍打压实和烧烤而成为坚硬的居住面。

浅穴式房屋建筑，则呈现长型或方形的半地穴式结构，其居住面较坚硬而平整，但它的房屋地面比当时的地面低浅。一般用"木骨泥墙"作棚架式房屋，犹如现代的半地下建筑，形似当今农村常见的"鸭棚"。

辉煌灿烂的玉文化

上海先民在创造了先进的生产力的同时，还创造了灿烂的玉文化。"玉，石之美者也。"中华民族是世界上最崇尚玉器的民族。早在新石器时代晚期，上海先民就视玉为圣洁之物，奉若神明。根据福泉山遗址出土的玉器，那些色泽典雅、造型不凡的玉制品，往往被当时的统治者赋予神圣的涵义，在宗教、礼仪及实用装饰品等领域中扮演着重要的角色，同时还成为显示权力、身份和财富的标志。

崇尚美玉，几乎成为上海先民的普遍爱好。所以，福泉山遗址出土的玉器数量极多，特色最浓，内涵也最为丰富。诸如玉琮、玉璧、玉璜、玉玦、玉镯、玉环、玉管、玉坠、玉斧、玉鸟、玉蝉、玉带钩等，还有蕴含宗教色彩的玉琀等，品种有五六十种之多。按玉器的功能来看，大致可分为礼器、装饰品、氐活用器和工具、组装件和杂器等四大类。出土的玉器不仅以造型端庄对称、品种丰富多彩取胜，更以其堪称鬼斧神工的精湛制作技艺而令人叫绝。尽管玉的硬度很大，琢磨相当困难，然而，古有"它山之石，可以攻

良渚文化玉琮

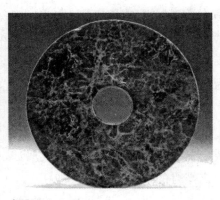
良渚文化玉璧

玉"之说。考古学家通过对福泉山遗址的发掘，发现了一些硬度高于玉的制玉工具，如石英、玛瑙、黑曜石等，为此说提供了实物证据，使玉璧的直径误差不超过一毫米，玉琮的每节高度误差则更小。

玉器的基本色调，主要有青、黄、白三种。除部分玉器色泽较为纯净单一或具透光性外，多数玉器常见有墨绿色、茶褐色及紫红色斑点或团块。青玉和黄玉中还常伴有灰白色筋状条斑，系因矿物中含有铁及其他元素的多寡所致。

根据福泉山遗址出土的玉器和实心钻头推断，四五千年前，上海先民的玉器制作，已成为独立的手工业部门，它是从石器的制作技术直接发展而来的。当时的"玉工"和"玉人"已采用了切、割、挖、凿、划、钻、磨、琢、雕、刻及抛光等技艺，还有可能发明了带有机械原理的木结构"砣床"等，其高超的治玉技艺，令人叹为观止。

上海先民对玉器情有独钟，其所创造的玉器造型独特，雕刻花纹图案精细，而其品种更是丰富多彩，并形成了自己的玉器体系。其中以玉琮和玉璧最令人注目。考古专家认为，玉琮呈"内圆外方"，是原始先民"天圆地方"宇宙观的体现。玉琮的方、圆代表地和天，中间的穿孔表示天地之间的沟通。从孔中穿过的棍子就是天地柱。在许多琮上有动物图像，表示巫师通过天地柱在动物的协助下沟通天地。因此，可以说琮是中国古代宇宙观与通天行为的典型象征物。考古研究者还把福泉山遗址出土的玉璧和玉琮联系起来，并引《周礼》"以苍璧礼天，以黄琮礼地"为证，主张琮、璧是祭祀天地的礼器，或是巫师的通神工具。

上海先民对鸟图腾的崇拜

在福泉山遗址出土的文物，不仅陶器上常以鸟纹为装饰题材，而且在玉璧和玉琮的显要位置，也都刻有精美的鸟纹图案。这些都说明了上海先民对鸟图腾的崇拜。因为神是在天上，原始人无法直接与之相通，看到鸟能腾空飞翔，便希望人类能借助着它的力量，以达到与神相通的目的。

福泉山遗址出土的青玉鸟纹神玉琮，玉质淡绿色，半透明，琮的四周以角线为中心，各雕琢一尊神像，神像的上下四角细刻着四只飞鸟。纹饰的主纹和填纹，有浅浮雕和线刻，呈现出极高的雕琢技巧，器表还作细致的抛光，反射出一种玻璃般的光泽。这玉琮"神徽"的发现，是考古史上的重大突破，它不仅展现了上海先民玉工的治玉奇迹，同时，更复活了尘封数千载之久的上海先民的精神文化世界。海外学者竟称这"神徽"为"外星人"。中国考古学专家则称这"神徽"富有民族特色，可能是抽象地演绎中国古代最常见的神灵动物"龙"与"凤"，至于"图案"中的"人"，应是指死去的祖先。所以，这"神徽"的花纹，应是"神祖动物面的复合像"。可以解释为一位头戴羽冠的英俊战神，其胸腹部位隐蔽在兽面盾之后，作冲击前跳跃动作；也可解释为兽神的人形化，既可认作在兽面的表象里包含着人形的精灵，或者兽的精灵已具有人的形状。"神徽"表现的是天地合一、人神合一的观念，是天、地、祖先三位一体的体现，是上海先民的崇高信仰，有至高无上的神圣意义。有人称也可能是"傩的最原始的面具形象"：它既可避凶祛邪，又可为民祈福禳灾，具有浓厚的原始宗教色彩，是当时上海先民顶礼膜拜的神像。

福泉山遗址出土的陶器以泥质的灰陶最富特征，但也有少量的红陶和彩陶，而黑陶成为新石器晚期最突出的代表。它以其典雅质朴、制作精良、造型优美、妙趣横生而受到青睐。器形较多的有鼎、豆、壶、罐、釜、杯、盘等，都采用当时最先进的拉坯和轮制相结合的技法，坯胎薄而均匀。有的陶器绘漩涡勾连纹、曲折纹、鸟纹、网纹、编织纹等图案，线条精细流畅，取得了实用和美观相一致的效果，这在几千年前的原始社会，是难能可贵的。

上海先民为了避免土坯日晒火烧开裂，有意识地掺入事先经过燃烧炭化的植物茎叶和稻壳作为原料，由于加入了黑色的炭末，烧成的陶器显黑色。黑陶的黑色光泽之美是令人心醉的，那种细腻润泽的质感，散发出沁人、诱人的黑色魅力，正是上海先民崇尚黑色的民俗心理和情感的充分体现。

福泉山古文化遗址，是上海文明的发祥地，是上海海派文化的源头，是上海人的根，更是中华民族一笔不可多得的文化遗产。如今，上海福泉山遗址作为全国重点文物保护单位，是向广大群众进行爱国主义和历史唯物主义教育的重要阵地，中国文化的新的载体，是一种无形的文化和经济资源。

松江九峰秀出海上

何惠明

上海有山吗？有。在哪里？在松江。那里有蜿蜒数公里的松江九峰，环境优雅，风景如画，自古就很出名。据旧志记载，九峰指佘山、天马山、横山、小昆山、凤凰山、厍公山、辰山、薛山和机山9座山峰，实际上还有钟贾山、北竿山、卢山等。九峰高度均在海拔100米以下，天马山最高，为98.2米。山虽不高，但秀丽多姿，林木茂盛，风光无限；区域虽不大，但历史悠久，名胜众多，景点相连。千万年前上海尚在滔滔江海中时，九峰就已从大海中隆起，成为上海最早的地质标志。上海地处冲积平原，一马平川上唯有九峰装点其间，故为世人格外地宠爱。元代陶宗仪曾赞此为"世外桃源"。明代董其昌有"九点芙蓉堕淼茫"的生动描绘。元代诗人钱惟善有一首著名的描写峰泖的诗《三泖》曰："西望苍茫浴远天，芙蓉九点秀娟娟。势翻震泽蛟龙窟，气浸高寒牛斗躔。支遁每招过野寺，龟蒙曾约种湖田。倚栏不尽登临兴，更驾长风万里船。"

从远处鸟瞰九峰，在无边无际的田野间，小巧玲珑的十几座山峰一线排去，郁郁葱葱的山林像银河撒落下的串串翡翠。特别是佘山上老树参天，修竹拨云，格外令人陶醉。登上山顶，放眼群峰，风光迷人，赏心悦目；放眼远眺，更令人心旷神怡，南边可见钱江口甓赫两山隐约而来,黄浦江波浪一泻千里,北望则是扬子江逶迤如带,太湖如在目前。

上海远古文化的发源地

以九峰为中心的地域,曾是长江下游古文化的摇篮。上海的先民首先从这块高地走出。早在20世纪50年代后期,考古工作者在九峰地区发现广富林、汤村庙、平原村等古文化遗址,以后又发现了钟贾山、北竿山、佘山、姚家圈等遗址。1961年对佘山附近的广富林遗址进行首次试掘,出土了大量石犁、石斧、石刀、陶罐等,还发现了原始社会的墓葬群,证明了此处是距今四千余年的良渚文化遗址。1980年至1982年,对小昆山附近的汤村庙遗址进行的三次小规模的发掘,发现了新石器时代的水井、墓葬等,出土了大量的石器和陶器。通过多年普查和发掘,确定了汤村庙、广富林遗址范围达数万平方米,原始文化的遗存极其丰富,由此证实了上海先民们早在六千年前已在这块土地上从事耕种、渔猎和饲养等生产劳动。出土的大批古墓葬,大量鼎、罐、釜、盆、纺轮、网坠等陶器,刀、斧、犁、矛、锥等石器,竹、骨、玉和象牙制品等,展现了马家浜、崧泽、良渚等原始社会文化的发展变化过程。出土的石犁,证明五千多年前古人已从锄耕逐步进入犁耕;石镰的出现,证明当时农业产量已提高,需要专门工具来从事收割。九峰地区的考古发现充分证明,在黄河流域原始文化形成的同时,位于长江下游、地处长江三角洲的冲积平原九峰一带也出现了新石器时代文化的众多村落。六千年前,上海的先民们曾在这块土地上建起了村落。他们用勤劳的双手开垦了这块处女地,创造了灿烂的远古文化。

天马山斜塔最奇特

如今,九峰最奇特的人文景观数天马山斜塔,塔七层八面,砖木结构楼阁式。据记载,清乾隆五十三年(1788年),山上因佛事燃爆竹,引起火灾,烧毁塔心木和各层木结构。后有人拆塔砖觅宝,遂引起塔身的日趋倾斜。据1982年修缮时作勘查结果,塔身已向东南倾斜6°51′52″,比著名的意大利比萨斜塔还要斜。近塔仰视,其欲倒之势,令人心惊。

在九峰佘山还有一座极为秀丽的塔,形似杭州保俶塔,名秀道者塔,又称"月影塔",位于山腰竹林丛中,七层八面,高约二十米。建于北宋太平兴国年间(976—984)。当时,山上有潮音庵,有修道

修复前后的天马山斜塔

者名秀，结庐山麓，参与筑塔，塔成后引火自焚，故名秀道者塔。

　　九峰的佛教建筑除上述两座宋代宝塔外，比较著名的还有天马山的三寺：山下有圆智教寺，五代时从松江城内迁来，山顶上有上峰禅寺，山西峰朝真道院。因天马山香火较旺，自古人们称此为"烧香山"。在佘山上还有建于秀道者塔附近的普照教院，宋治平二年（1065年）建；慧日院，宋太平兴国时建；宣妙讲寺，宋治平二年建；昭庆禅寺，宋绍熙二年（1191年）建。另外在北竿山、凤凰山等处也都有不少著名的寺院。上述寺院除留下部分遗迹外，大多已毁。现存修复得比较好的有小昆山上的泗洲塔院，又名九峰寺。在昆山北峰，占地数亩，南宋乾道元年（1165年）释心古建。因尊泗洲和尚（西域僧伽），故名泗洲塔院。康熙帝南巡时，赐御书"奎光烛影"匾额。清末寺渐毁，2001年修复后对外开放。

　　九峰山间现存的古迹还有小赤壁、眉公钓鱼矶、木鱼石、骑龙堰、佛香泉、洗心泉等。

"三凤""二龙"《平复帖》

　　"山不在高，有仙则名"，山明水秀的九峰孕育了一代又一代著名人物，其中最著名的是陆氏大家族中的众多俊杰。早在东汉末建安二十四年（219年），吴大将陆逊因功受封华亭侯。据唐陆广微《吴地记》载，陆逊"将家迁于长谷"。长谷，即今松江九峰三泖一带。《云间陆氏

陆云画像

小昆山上的华亭

家谱》云:"昆山三凤,谷水二龙。""三凤"指陆机、陆云、陆耽,"二龙"指陆逊和陆抗。陆逊因与吕蒙用计袭取荆州,被授封华亭侯。次年,又平定房陵、南乡等地,进封娄侯。从此华亭的九峰三泖一带便成了陆家的封地。之后,陆逊又火烧连营,打败刘备,加拜辅国将军,领荆州牧,改封江陵侯。陆逊的儿子陆抗也是三国时期一位名将,曾击退晋将,攻杀叛将,屡立战功。后任大司马、荆州牧等职。

陆逊的孙子陆机、陆云,更是我国著名的文学家。兄弟俩少时分领其父陆抗兵权,吴灭后退居故乡九峰小昆山一带攻读诗文,积学十年。太康十年(289年),晋武帝招揽士族贤者,于是陆机、陆云前往洛阳。当时他俩文学才华初露锋芒,所写的诗文轰动一时。陆机《文赋》是我国文学史和美学史上一篇有创见的重要文章,不仅阐述了艺术构思与生活的关系,而且最早论述了艺术构思中的心理活动,探讨了艺术创作中的灵感问题。陆机还有一件传世珍宝,那就是他当年书写的《平复帖》。此帖是我国现存最早的古代名家墨迹,今藏故宫博物院。王安石曾作诗赞二陆:"玉人生此山,山亦传此名。"玉人即指喻陆机、陆云。小昆山北边有"二陆故居",山上有"二陆读书台",山下有"二陆祠"。在天马山曾有"二陆草堂"。与天马山对峙的一座小山,名机山,即以陆机的名字命名;山下有一小村叫平原村,村名因陆机官授"平原内史"而得。因"二陆"的故乡是在昆冈，人们就以"玉出昆冈"来赞誉他们，千百年来为人们传诵的《千字文》中也有这4个字。

称雄画坛云间派

元末天下大乱，到处兵连祸结，华亭僻处海隅，特别是九峰三泖之地环境比较安定，故四方不少文化名人皆因避祸而迁居至此。如江浙文人陶宗仪、杨维桢、钱惟善等，就聚于九峰一带，泛舟游览于峰泖之间，吟诗作文。很多书画家亦居于九峰一带，如赵孟頫、高克恭、柯九思等，他们在一起作画，切磋画艺。其中比较著名的有元代大画家倪瓒。倪瓒为无锡人，自号倪迂，年过五旬时因家道破落，较长一段时间浪迹于九峰三泖之间。黄公望、王蒙、吴镇都是他的画友，与之并称元四大家。他们都曾流寓于松江，相继在九峰三泖中游览作画题诗。倪瓒曾作《泖山图》诗："华亭西畔路，来访旧时踪。月浸半江水，莲开九朵峰。酒杯时可把，林叟或相从。兴尽泠然去，云涛起壑松。"这些著名画家在九峰一带的艺术活动，为日后"云间画派"的形成奠定了重要的基础。

明清时松江府经济文化甚为发达，不少文人雅士筑别业园林于九峰间。仅在佘山，较著名的有董黄的皆山阁、陈继儒的东佘山居、施绍莘的西佘山居、姚椿的白石山庄。特别是陈继儒的东佘山居，曾是大江南北文人雅士的聚会地点之一。明代称雄于画坛的以董其昌为首领的"云间画派"，他们大多出生于松江，寓居在九峰，在山间聚首挥毫、切磋画艺，面对九峰灵感突发、才思涌动。"云间画派"以山水画而著称于世，许多成功的作品，大多与九峰三泖息息相关。在董其昌、陈继儒、沈士充、莫士龙等人的传世绘画佳品中，山外人家、小桥流水、云山雾峰、松竹林涛，在那惟妙惟肖、气韵生动的笔墨之间，无不透露着九峰三泖的山水美景。

徐霞客三访陈眉公

在九峰三泖的青山绿水中,隐居时间最长、名气最大的书画家应推小昆山陈继儒(号眉公)。陈继儒诗文、书画皆精,与董其昌齐名,董视其为至友,每来九峰必居其舍下。三吴名士多欲得其为师友。他通脱放达,29岁时焚儒衣冠,隐居小昆山之南,以示绝意科举仕进。后在东佘山筑室为栖隐处,自名其居为"神清之室"。杜门著述,其短翰小词,极具风致。书学苏、米,对苏轼、米芾墨迹最为喜爱,虽残碑断简,亦必搜来,手自摹刻,成《晚香堂帖》及《来仪堂帖》。兼善绘事,所画山水,空远清逸;其绘梅竹,点染精妙,名重当时。用水墨画梅,乃其首创。

佘山上的徐霞客铜像

陈继儒文名远扬,董其昌极力推荐,奉诏征辟,陈皆以病辞。当时前来九峰拜访眉公求其词章者极多,甚至有少数民族土司等;江南酒楼茶馆,多悬其画像。

明代著名旅行家徐霞客在他的游记中,记述了他多次来九峰一带探幽访友、并与陈继儒结为忘年交的佳话。年轻的徐霞客对时已66岁的陈眉公留下了良好的印象,称他"墨颧雪出,身长六尺,望之如枯道人,有寝处山泽间仪,而实内腴,多胆骨"。徐霞客曾来九峰三访陈眉公。第一次,崇祯元年(1628年)中秋,陈眉公热情介绍他与施绍莘认识,并且兴致勃勃带他去游览了施的"西佘草堂"。第二次,崇祯四年,此次因故未作久留匆匆来去。第三次,崇祯九年,徐霞客准备到西南一带作万里远游,他在东佘山找到了陈眉公,陈在"顽仙庐"远远看见有人来访,以为又是哪位达官贵人,赶紧避入后堂。后询知是徐霞客,马上出来同徐携手入内,摆宴欢迎。他俩一直畅饮到深夜,霞客要告辞回船上住宿,眉公却坚留不放。那晚,他俩同榻而眠。眉公还特地写了一封信给云南鸡足山和尚,托他照应霞客。翌晨离去时,眉公还送给霞客一部用红香米的粉浆写成的佛经,留作纪念。

抗清英雄陈子龙

在九峰涌现的文人中间,还有一批为人崇敬的杰出人物,他们学问深厚、品格高尚、关心国事、爱乡爱民,代表人物有陈子龙、夏允彝、夏完淳、徐孚远、李待问等。出生于佘山附近的著名诗人、大学问家陈子龙,同时又是杰出的政治家。他崇祯十年(1637年)中进士,与家住小昆山附近的夏允彝等组织文学团体——几社。曾出任绍兴府推官,后升兵科给事中。在学问上讲求经世致用之学,主编《皇明经世文编》,在文士间引起了广

陈子龙画像

泛共鸣。

清顺治二年（1645年），清军大举南下，陈子龙与夏允彝、李待问等举旗抗清。他积极策动清江南提督吴胜兆反正抗清，不料事败而被捕，被押往南京。当船行至松江跨塘桥时，他乘守卒不备，投水自尽，时年40岁。陈子龙墓今坐落在佘山附近的广富林村。

今存的小昆山北面荡湾村夏氏父子墓，也曾留下了一段千古传诵的英雄佳话。夏允彝之子夏完淳，自小才智过人，是中国文坛上不可多得的少年英才。甲申之变后，夏氏父子不畏生死，坚决抗清，时完淳才15岁。父亲死后，他毁家纾难，变卖全部家产，捐作义师军饷。后不幸被捕，他抱定"英雄生死路，却似壮游时"的信念，长笑就刑，视死如归。当地传说，夏氏父子去世后，乡亲们为了保护夏氏墓地免遭清政府的破坏，一夜间筑了72座墓，才使真墓得以保存至今。如今在乡亲们的悉心照看下，夏墓四周修葺一新，墓间竖立着陈毅元帅书写的墓碑。

佘山顶上天文台

到了近代，九峰的佘山顶上又奇迹般地建了两大建筑：一是清同治年间由法国传教士建成的希腊式十字形小教堂。民国十四年（1925年）扩建成大教堂；二是始建于清光绪二十五年（1899年）的佘山天文台。这是我国天文科学研究的中心之一，规模仅次于南京紫金山天文台，曾拍摄过大量珍贵的天象照片，对世界的天文学研究做出了宝贵贡献。

中华人民共和国成立后，九峰先是封山育林，后又作为风景区开发建设。20世纪90年代后，经国务院批准建起国家旅游度假区，开挖了占地450亩的人工湖，种植了数千亩树林草地，建起了国家森林公园、高尔夫球场、滑索道、百鸟苑、月圆园艺术雕塑公园等，并把西佘山、东佘山、天马山、小昆山等开辟成对外开放的园林。

佘山：从皇家猎场到国家森林公园

何惠明

位于上海西南的佘山国家森林公园，由12座山峰组成，但历史上称此为松郡九峰。因其中的佘山是当地行政镇名称，故习惯称佘山地区。12座小山峰高均不过百米，山体呈西南—东北走向，绵延13.2公里，总面积约400公顷。在这些山峰的西北有方圆数十里的泖河，泖河分为大泖、圆泖、长泖，俗称"三泖"，故又有"三泖九峰"之称。据专家分析，这里是长江三角洲最早的地质标志之一，

佘山国家森林公园建成开业

是上海最早成陆的地区,也是上海地区历史文化的发祥地。大约在6 000年前,原始群落开始在这块土地上劳作生息。从汤村庙、广富林、佘山等遗址出土的遗物展示了先民们生活劳动情景:有山林间捕猎野兽,有河海中捕捞鱼鲜,有田园间耕耘劳作,有工场里烧制陶器,有居舍内纺纱织布等。由此可以证明,当时上海先民安身立命的佘山地区是环境十分优越的宜居之地。此后,在绵延数千年的历史中,佘山地区的先民借助于地理位置的优越、生态环境的优美、农耕经济的优良,创造了丰富多彩的文化篇章,留下了大量趣味横生的掌故传说。

吴王猎场"五茸"地

九峰三泖的自然组合,形成了极其美妙的风光胜地。在旧志书

陆机、陆云读书台

和古诗文中,可以看到公元前这里已是引起皇家贵族注目的具有近似园林格调的风景区域。此话可从松江古时的别称"五茸"说起。

古代松江九峰一带有"五茸"——五片较大的草地。"茸"字本义是柔密丛生的草,《说文》中释为"草茸茸貌"。王筠注:"盖草初生之状谓之茸。"一释为草丛生貌,宋苏轼诗"铺田绿茸茸"。据北宋《华亭图经》记:"吴王猎所有五茸,茸各有名,在华亭谷东。相传三国时吴王孙权在此行猎。"上海地区最早的一部地方志——南宋绍熙《云间志》中"吴王猎场"条载:"吴王猎场在华亭谷,东吴陆逊生此,子孙尝所游猎,后人呼为陆茸。其地后为桑陆。"由此可见,古时松江西境,诸山之间,草木繁密,飞禽走兽栖息其间,可为游猎之所。唐陆龟蒙《奉和袭美吴中书事寄汉南裴尚书》诗:"风清地古带前朝,遗事纷纷未寂寥。三泖凉波鱼蔹动,五茸春草雉媒娇。云藏野寺分金刹,月在江楼倚玉箫。不用怀归忘此景,吴王看

汤庙村古文化遗址

即奉弓招。"诗中间注:"五茸,吴王猎所,茸各有名。"此诗生动地刻画了"三泖""五茸"这一地域上的风貌。

南宋淳熙间许尚《华亭百咏》第十首《陆机茸》诗:"二陆(按指陆机、陆云)为童日,驱驰屡忘归。至今桑柘响,禽鸟尚惊飞。"清黄霆《松江竹枝词》中咏道:"五茸景物最清幽,不海东南第一州。"诗后注:"吴王猎场有五茸,茸各有名。后即其地建华亭县,故又称'茸城'或'五茸'。"

值得一提的是,在历史上关于吴王猎所之处,九峰之一的凤凰山南麓,1962年当地民工在挖水沟时出土了一件春秋时期的青铜尊,尊高36.3厘米,口径24.7厘米,厚约0.3厘米。这是上海地区出土文物中最大的一件青铜尊。根据这件镶嵌绿松石的青铜尊的花纹及形制,经鉴定为春秋时期的皇家贵族遗物。此物的出现虽不能直接证明吴王行猎之事,但至少可以佐证当时该地区的文明程度。

汤庙村古文化遗址出土崧泽文化时期的陶釜

佘山地区出土的春秋青铜尊

康熙题字兰笋山

　　佘山名称的由来，说法不一，有的说因有佘姓者修道于此而得名，也有的说这里曾是东汉佘将军的封地。更有趣的是佘山的别称"兰笋山"。

　　相传很早以前，佘山处处是兰花，每到春暖花开时节，城里不少人都来此赏花。有一次，松江府知府前来赏花时，突然刮起一阵大风，风过花落，知府大发雷霆："下次再见风吹花落，唯花匠是问。"老花匠闻此语而忧心忡忡。这事给山中秀道老人知道了，他对老花匠说："树大遮荫，竹密挡风。在兰花周围种上竹子，不是可以挡风吗？"老老匠颇觉有理，于是立即动手在兰花四周栽上了竹子。次年就形成了一道竹墙，可是没想到竹子越长越多，几年后兰花丛中也冒出了竹笋。令人更为惊奇的是，这里的竹笋都散发出兰花的芳香。据旧籍记载，康熙四十六年（1707年），康熙皇帝第二次巡幸松江到佘山时，品尝了这种笋，闻到十分浓郁的兰花香味，极为惊奇，当即赐名为兰笋山。地方官请康熙皇帝题写山名，康熙答应回京后写好派人送来。但直到康熙五十九年春，杭州织造员外郎孙成才从北京带来了康熙御书"兰笋山"三字，赐与佘山。三月十一日，松江府合府官员和地方绅士前往迎接，司库手擎御书墨宝，交给右副都御史吴存礼。提督军务固山、额附赵珀把匾安放在佘山半山腰的宣妙讲寺佛殿上。后这"兰笋山"三字被雕在一座石碑上，立于佘山脚下御碑亭中。直至亭塌，碑又移到宣妙讲寺旧址"栖碧山房"山门前的空地上。这座碑在20世纪30年代已断为三截，倒在地上，后来就不知下落了。佘山兰笋至今仍丰产。该笋形态纤细，肉色雪白，鲜嫩香脆，笋体散发出的兰花香味颇为醉人，如将一兰笋置于屋间，顿时满屋幽香，烹熟后香味更浓。清代诗人黄霆曾在《松江竹枝词》中盛赞佘山兰笋："闲从人日说平安，荠菜新鲜作粉团。待得佘山新笋出，兰芬沁齿劝加餐。"

陶宗仪隐居不仕

元代著名学者陶宗仪隐居山林间,既耕作又读书,劳作之余,随身带着笔墨,树荫间抱膝而坐,摘下树叶当纸,书写见闻杂感,贮于瓮中,埋在树根旁。如此坚持十余年,积累了书稿十余瓮,后编成《南村辍耕录》30卷以传后世。此故事就发生在松江九峰山林间。

陶宗仪大约在元至正年间随父从浙江台州黄岩迁居松江泗泾的南村,居处称作南村草堂,草堂所在地西距九峰约六七公里。他为广见闻,常携友到九峰一带游览、考察。据称他为了能与九峰晨夕相处,便在九峰之首的凤凰山麓购地建造别业,借用南村草堂的名称,将别业叫做"南村居"。旧志均记有"南村居"。陶宗仪著《沧浪棹歌》诗集中,有一首题为《春雨初晴,沈野亭见访》的诗可资印证。诗中有一联为"漫喜故人来泗北,更期后夜宿山中","宿山中"应指凤凰山麓的"南村居"而言。

当元末群雄蜂起、天下大乱时,陶宗仪崇尚他的远祖陶渊明"不为五斗米折腰"的节操而隐居不仕,谢绝了朝廷与地方割据势力张士诚的先后征聘。在隐居之时,曾写下《机山怀古次赵廷采韵》七律一首:"昭侯功业在人间,二俊文章若可攀。西洛竟从王颖辟,秋风不逐季鹰还。平原村迥家山静,华表云深鹤梦闲。有客舣舟来吊古,空林落叶雨潸潸。"他在诗中感叹陆机、陆云在吴亡后不该去洛阳做官,以致卷入政治漩涡,惋惜"二俊"不识时务,没有效法吴人张翰借口"莼鲈之思"而归隐家乡,以至身首异处,想再闻听华亭鹤唳而不可得。

天马山上三高士

天马山上长眠着三位元明之际隐居林泽的著名学者与诗人,今存有"三高士墓"。"三高士"指会稽杨维桢、华亭陆居仁和钱塘钱惟善。墓位于天马山的东麓。明初，松江知府何赐（字逊之）为树墓碑。正统五年（1440年），江南巡抚、名臣周忱为杨维桢墓志铭勒碑，置于府学讲堂西夹室。万历十二年（1584年），华亭知县陈秉浩又为封土修墓，重立"三高士墓"碑。

杨维桢（1296—1370），字廉夫，诸暨人，为元代著名文学家。陆居仁（约1306—1374），字宅之，华亭人，裔出陆姓大族。泰定三年（1326年）以《诗经》中江浙行省省试举人，因与杨维桢同科中举，引为知交。他工于诗文，以荐举登仕。陆善书，工丽倾动朝野，为一代名手。钱惟善（约1310—1381），一名衮，字思复，钱塘（杭州）人，为吴越王钱镠后裔。惟善承继家学，通中文，善书法，精医道，工诗赋。三高士之间的友谊深厚，交往甚密，数十年间在九峰之间吟诗作文、切磋书画。杨维桢在明洪武初年所作的《风月福人序》中自称："吾未七十休官，在九峰三泖间殆且二十年，优游光景过于乐天（白居易号）。"杨维桢曾为曹继善建于小昆山之阴的"二陆祠堂"作《二陆祠堂记》。杨维桢在天马山还筑有"看剑亭"，其手植双松处，后人为建"双松台"。钱惟善则有《九峰》咏集，又有《三泖》诗集传世。

"三高士"都曾在元朝做官，但在元末群雄蜂起时，即弃官归隐。明朱元璋多次请杨维桢出仕，均以老病辞。杨维桢曾作《老客妇谣》以明志："老客妇，老客妇，行年七十又一九。少年嫁夫甚分明，夫死犹存旧箕帚。南山阿妹北山姨，劝我再嫁我力辞。"陆居仁、钱惟善也都恪守儒行，隐居林泽，清高自持，与世无争。世人推崇他们的志行，故以"高士"称之。

元明之际的三高士对古代上海文坛艺苑的贡献，更值得一书。杨维桢在华亭璜溪吕良佐家主"应奎文会"，评定甲乙，一时文士毕至，倾动三吴。杨基在《九峰》诗中所述"怅怅天河水，夜夜东南流。欲知何处去？流向九峰头"，即是避居于此时所作的。各地英才会聚九峰之间，大大推动了诗词、戏曲、书法、绘画事业的发展。

建塔表彰四义僧

明朝嘉靖年间，我国东南沿海常遭倭寇入侵。松江府地处沿海，倭患不断。为抗倭寇，嘉靖帝向全国招募抗倭义士。河南嵩山少林寺僧人彻堂、一峰、真元、心明四人，师从高僧月空，练得一身好武艺。当他们听说倭寇入侵危害百姓，个个义愤填膺，遂召集百余名僧人赶到松江应募。据记载，这些僧兵在松江与倭寇多次交战，屡战屡胜，一时民心大振，百姓争相称颂。嘉靖三十二年（1553年），在一次遭遇战中，四位僧人率队在佘山地区追击倭寇，孰料后援脱节，与敌苦战多时，终因寡不敌众在佘山遇难。义僧被害的消息传出后，乡亲们十分悲痛，把四位僧人的遗骸埋在东佘山北麓三峰静轩旁。松江知府方康为表彰他们的忠勇义举，由官府出资在冢侧修建了一座砖塔，名"四义僧塔"，由明大理寺丞、时人称之为"四铁御史"的华亭人冯恩撰写铭文并刻于碑上，铭文中记述了僧兵抗倭的英勇事迹。"四义僧塔"曾有过重修，第一次在明嘉靖三十九年（1560年），由僧人月泽重修；第二次是清康熙二十一年（1682年），由时人王俊生修塔并建钟亭，同时撰文《修塔记》以志其事。

在这风景秀丽的佘山国家森林公园中，历史上的人文故事还有很多。比如明代松江才子陈子龙与江南才女柳如是的爱情故事，礼部尚书、明中国画南宗派领袖人物董其昌的故事，还有佘山天文台、佘山天主教堂、佘山水准点、佘山地震台，以及在天马山上的天下第一斜塔等。如果您能到佘山盘桓几天，细细品味，一定会有所收获的。

金鳌镜影山光秀

杨嘉祐

滚滚长江奔腾万里，东流入大海，从上、中游挟带了大量泥沙，到长江入海口沉淀下来，不仅形成长江三角洲肥沃的土地，还在江中积成片片沙洲。唐武德年间（618—626），长江口有东沙、西沙露出水面。此后西沙及附近的沙洲，东坍西伸，南沉北淤，历一千三百余年，形成了面积1 269平方公里的祖国第三大岛——崇明。

崇明的土地是泥沙冲积而成，经过人们世世代代的辛苦劳动，开垦成农田，出现了许多城镇村落。在岛上生活的人，一年四季，只见一片平畴，没有山丘起伏，视野未免平淡。世代的崇明人，都向往岛上会升起几座山峰，为自然风光增添色彩。因此，南宋以后曾经有过几回造山的故事。

为保平安垒金鳌

宋靖康二年（1127年），侵入中原的金兵，俘获了徽钦二帝北返。徽宗第九子康王赵构在河南商丘即位。他拒绝了宗泽、李纲的主战建议，而信任汪伯彦南迁求和的主意，先到扬州，不久为金兵攻陷，渡江南逃。幸得抗金名将韩世忠在黄天荡与完颜宗弼（金兀术）相抗，阻金兵南下，得以保住临安（今杭州）。赵构以临安为行都，沉湎于安乐奢侈的皇帝生活，信任投降派秦桧，杀害坚持收复失地的岳飞，削去韩世忠等人的兵权，向金求和。为了表示他是真命天子，编造了许多荒谬的故事，如"泥马渡康王"，说有庙中神马驮他过长江，又说中途到东沙的一个湾内，船不能行，忽有两只巨虾，拥舟渡海。崇明东沙确有个湾，于是命名"虾湾"。瀛洲二十景中便有"虾湾皇舟"一景。赵构还说他遥望岛上有山，山顶上栖息着一只凤凰。崇明的官吏、地主们认为皇帝开金口说岛上见山，必须得有山，便在东沙上用土堆了一座金凤山。元末明初，东沙坍没，金凤山沉入水底。

此后，崇明人念念不忘堆山，因崇明是个贫瘠的岛屿，除了渔民船户外，多数人终老于岛上，从未见过山，更不必说欣赏山光之美。况且古人深信天圆地方之说，地是由海上的大鳌驮在背上的。有朝一日，大鳌翻个身，这块地就要沉降于水里。寺庙里的南海观世音，站在大鳌背上，使之不能乱动。崇明人也相信他们是在鳌背上生存，但一个小岛，上面无山，倘若大鳌略晃一下，后果就不堪设想。杞人忧天，崇人忧地。明永乐十年（1412年），总督海运的平江伯陈瑄，动员兵士在长江口南岸（今高桥镇附近）堆了一座土山，作为海船进入长江的标志，高约30丈，白日燃烟，夜间点起烽火。明成祖朱棣于永乐十三年题名为宝山，撰《宝山碑记》勒石竖立于山侧。崇明人很羡慕，期盼也能堆一座大山。然而明中叶沿海一带受到倭寇侵扰，宝山竟成了倭寇从海上登陆的目标。后来在那里设宝山千户所，筑城屯兵防御，但到万历年间，遭到海潮侵袭，山与城均坍入江中。崇明也饱受倭患，因堆山会引来倭寇，便没有人再提筑山。

清康熙七年（1668年），可算是太平年头。总兵张大治、知县王恭先听从当地父老的请求，征集民夫，在城东门外寿安寺北，垒土重筑有九个峰头的金鳌山。

金鳌山上镇海塔

此次造山,不称金凤而名金鳌,当是与大鳌驮地之说有关。因而许多人安了心,官府也点缀了盛世,又添了岛上一处胜景。其所筑九峰,以中峰最高。

100余年后,金鳌山的山峰多坍陷。乾隆四十二年(1777年),知县张国泰募款重修,又添不少景致——清远堂、观音阁、醉花轩、鳌山亭等。山下的玉莲池,疏浚扩大,池中有小岛,岛上建大有亭。乾隆《崇明县志》有"瀛洲八景"之说。其一为"金鳌镜影",有诗曰:"碧海青铜磨未修,烟波万里望中收。吞云浴日何由见,胜绝金鳌背上游。"另七景也颇有意思,自然风光如"层城表海","沧海大阅"是检阅水师。其余则与人民生活、生产有关:渔业为"七浦归帆""渔艇迎潮",植棉纺织为"吉贝连云""玉宇机声",盐业则为"鹾场积雪"。崇明为何称"瀛海""瀛洲",也有来历。明洪武元年(1368年),朱元璋进军江南,攻打张士诚,崇明知州何允平首先率众归附,使明军顺利过江。朱元璋予以表彰,亲笔题写

镇海塔

"东海瀛洲"四字以赠。

光绪十九年（1893年）六月，金鳌山又有多处坍塌，当地几个大户捐款重修，并在山上建"镇海塔"以制伏海潮。塔高16米，六角形，不分层，内室有铁梯盘旋至顶，可遥望大海。外观顶部双檐，外壁上端四面各有两个方格窗洞。正面北向，有"宝藏兴焉"四字石刻，下面一块横书"镇海"二字。东南西三面壁，也有石刻，各书"安""静""定"。塔下有基座、石阶，登入拱形之门。崇明人民长期在风暴、地陷的灾害中过日子，所祈求的就是安定。当地人不称塔而唤作"藏"或"幢"。

群起募捐建公园

20世纪以降，崇明人也受新文化的洗礼，不相信种种迷信传说，金鳌山仅是游览胜地。然缺乏养护经费，以致建筑物倾覆，流水不畅，峰头又坍。1917年，教育界人士为保护本土历史遗迹及满足人

水乡榭

得月桥

民休闲需要，发起将金鳌山改建为公园，募捐3 000元，修复清远堂、水香榭，疏浚玉莲池，重建小岛上的大有亭，改为双檐六角形，下层四周有廊，中为方室，并造得月桥，与岸相连，定名"鳌山公园"。经两年完工，共花去8 000余元，1919年4月开放。这是岛上第一座公园，春秋佳日，游人络绎不绝。

20世纪30年代初，国难方殷，东北三省沦陷，上海也遭到侵略者的炮火，全国人民爱国情绪高涨。崇明人民联想到明代中叶岛上军民抗倭的史迹，在园内造了一座唐一岑纪念碑，以激发保卫疆土抵御外寇的意志。唐一岑是广西人，明嘉靖三十二年（1553年）出任崇明知县。当时县城在平洋沙，倭寇几次侵入，烧杀掠劫。唐一岑率士兵抵抗，并组织民兵，加强防守。后由于熊氏弟兄及千户高某勾结敌人，暗将倭寇引入城内，唐一岑率众巷战，杀死数敌，身受重伤，捐躯战场。民众义愤填膺，誓为唐一岑复仇，一场血战，歼敌两百余，倭寇败走。明朝廷追封唐一岑为光禄寺丞，赐谥忠愍。地方上群众为之修墓立祠，原在平洋沙，因坍沉迁蟠龙镇。至20世纪80年代，因墓地一带兴修水利，县政府将墓迁至金鳌山附近，与学宫（内为崇明县博物馆）、瀛洲公园、寿安寺、金鳌山形成一条旅游线，前来瞻仰者渐多。

金鳌山在十年动乱时期也遭到一些破坏。1986年开始修复这一园林，加筑围墙，由著名历史学家周谷城题书园额，并加固镇海塔，重修大有亭，改名金鳌山公园。

金鳌山距崇明县城——城桥镇尚有2.5公里。1949年后，镇上兴建了三座园林。穿心街南，原玄武殿旧址，1959年建新崇花园。"文革"中荒废，1981年整修，园内多树木，茶室是退休老人活动场所。另一座瀛洲公园，在学宫对面，占地58亩，1982年建。金鳌山以山为主，此园则以水面为中心，广阔的湖心中有岛，可以荡舟，湖边有黑松山。园中还有蔷薇园、笠亭、荷花亭、望江亭，并设展览厅、儿童园等。园门外有两株古银杏，原是学宫棂星门前之物。此园多周谷城的墨迹，除园名之外，还书写了沧海亭、破浪桥之匾额。还有一处在北门路和东门路交会处，1983年兴建的澹园，仿苏州园林，古色古香。进园门入门厅，穿曲廊，则见一泓池水如镜，池之周围有亭、榭、小厅和玲珑的山石。一个城镇有四座园林，各具特色，人称美丽的崇明岛，并非过誉之词。

清江一曲说安亭

躲　斋

史事悠悠　翠荫深深

　　关于安亭，我并不陌生。它位于昆山、嘉定之交界处，今属上海嘉定区。早在新石器时代，我们的先人就在这里渔猎、耕耘了。秦汉时，则是个驿站，犹如松江之九亭亦古之驿站。秦始皇统一中国之后，筑驰道，每隔十里设一亭，用以换马喂草。"亭"者，停留休息之谓也。但由驿站而成集镇，约在西汉。汉承秦制，故依旧因袭"亭"的名称。西汉有位名叫马贤的将军，因征伐羌人有功，得封"安亭侯"，食禄千户，辖地即今天的安亭。可见那时已非小小驿站，而是个颇具规模的行政区域了。如今算来已逾千八百年。如此悠久的历史，自必留下古老的文化遗存，然而湮没久矣。现在的安亭镇，我只知道它已经成了工业城、"汽车城"，有国际级的赛车场，有汽车博物馆，有命名"魏玛"的德国式别墅群落。这样一个现代化的工业新城，能给人以怎样的感受呢？难道它还保持着江南的小桥流水？还遗留着汉末的寺宇浮屠？我所敬仰的明代大家归有光的"震川书院"，这安亭的明珠，现在是否早已废弃、被掩埋在历史的尘土中了？

　　然而，一到安亭镇，一踏上老街，这些谜全解开了；更值得惊

沪江游踪

水上林荫道

喜的,它居然还是一条品位颇高的"文化街"。

那是怎样的一条老街?放眼望去,一脉清流直贯南北,两岸绿树高耸,交柯成荫,俨然是一林荫水道,清幽可人。这条水道,就是往昔著名的"严泾"。明代诗人张名由笔下的"清江一曲",指的就是它,没想到依然在这儿汩汩地流淌,没有被现代工业的尘埃填塞。与严泾相交者,为东西向的"泗泾"。如今,始建于明洪武七年(1374年)的严泗桥也依然跨越在严泾之上,与泗泾左右两侧的中和桥、天成桥犄角相对,成为历史的见证。

闲步严泾河畔,石栏典雅,栏柱皆饰以青石小狮,又仿佛是卢沟桥的再现。循着小街前行,两侧民居,黛瓦粉墙,错落有致;街间则时有长廊、方亭,檐角起翘,既为老街增添了古韵,又可供游人休憩。如若荡舟河上,穿越六桥,又岂仅是"小桥流水人家"而已!

高塔巍巍　佛殿煌煌

最叫人惊异的是菩提寺和永安塔的复活。安亭的文化积淀首先体现在这一寺一塔之中。人谓上海古迹当推龙华寺和龙华塔，然龙华寺、塔建于三国赤乌十年（247年），而菩提寺与永安塔则建于赤乌二年（239年），较之龙华，犹早八年。虽至万历年间，已是一片荒凉，所谓"伤心原野外，处处是蒿莱"，但后来还是屡毁屡建，直到20世纪70年代才彻底废弃。然而，如今在游客眼前的，竟是巍巍高塔，煌煌宝殿。永安塔高达56.88米，九层六面，较40.64米的七层龙华塔还高出二层16.24米。每层有壶厅，塔顶有斗室，护栏均以铜艺装饰，风铃叮当，巍峨壮观；若与今存宋代的楼阁式佛塔相比，毫不逊色。

三桥映塔

菩提寺

沪江游踪

菩提寺与塔隔溪相望，占地18亩。大雄宝殿金碧辉煌，其左为观音殿与鼓楼，其右为钟楼以及天王殿、藏经楼等。可以想象，寺院的规模、气势，定然超越古人。而最值得欣慰的是，这里有六株乾隆年间的古银杏，距今已300余年，为菩提寺的复建创造了一种无以替代的历史氛围。

然而，当我们跨进菩提寺，或登上永安塔，不能不想起它的千年沧桑，想起明代僧人海月，想起那著名的"投钥井"。原来菩提寺的规模非常宏大，山门之后，一水横贯东西，犹如北京故宫之金水河，上跨贴水的"弥陀桥"。然后是位于南北中轴线上的三大殿，前为天王殿，中为观音殿，后为大雄宝殿。在高大的松柏银杏的荫翳之中，庄严肃穆，古朴雄伟。且自三国兴建时以迄于宋，不断修葺，不断扩展，确乎成了江南名刹，无愧于千古胜境。惜从北宋之初开宝年间（968—976）菩提寺作了一次较大的重修之后，数百年中无人修葺，日趋荒芜。到明万历二十年（1592年），大雄宝殿终于倒塌，佛像十毁其九。八年之后，嘉定知县陈一元到此巡视，不无感伤地吟道："半废菩提寺，柴门不正开。僧犹拥经卧，官为踏荒来。深柳鸟能语，当风蝉转哀。伤心原野外，处处是蒿莱。"可见古刹已破落不堪。时有杭州僧人法号海月者云游到此，见荒凉破败如此，泪下如雨。他让铁匠铸了一把100多斤重的铁锁，锁在自己的颈上，并将钥匙投入寺院的井中。然后发誓：如不修复大殿，决不卸下铁锁。从此，他不避严寒酷暑，身负铁锁，云游各地，以其苦行来乞募求捐，费时5年，始得成功。重建之殿，高8丈，深宽各20丈，神台阔9丈，有7级台阶，以铁为枢，以石为础，十分讲究；佛像也全部重塑金身。落成之日，轰动了嘉定、昆山，并远及苏杭。人们蜂拥而来，从井中取出钥匙，为海月开锁去链。这口井，后来就被称作"投钥井"。而今古井虽已湮没，井圈犹在。这次我到安亭，特地去寻访，它果然还保存在今天的安亭中学内，即昔日的菩提寺遗址上，同时见到的还有弥陀桥和古老的银杏树。只是没有了观音殿，那是1937年被日寇炸毁的；也不见大雄宝殿和天王殿。"天王殿"，终因年久失修，白蚁成群，于1976年被拆除。这就是菩提寺的遭际。也许寺也有寺的命运，如今菩提寺时来运转，被易地重建了。虽然从文物价值来说，是不能再生的，但它的复活，至少能唤起人们对安亭人文积淀的回忆，而且这个回忆是沉重的。

书院寂寂　古木翁翁

　　当然，重建寺、塔仅是凸显文化积淀的一个方面，更重要的方面是保护古迹。而安亭之出众，即体现于此。可举两例：

　　其一，震川书院。震川书院是明代大散文家归有光的讲学之

归有光雕塑

所。这位被誉为"唐宋八大家之后,一人而已"的震川先生,于嘉靖二十一年(1542年)由昆山迁居安亭,创书院以课徒达13年之久,名闻南北,影响弥远。

归有光在散文上的成就,可谓人尽皆知,前人评论他:"文章至于宋、元诸名家,其力足以追数千载之上而与之颉颃。"(《项思尧文集序》)我往年读他的《先妣事略》《寒花葬志》《项脊轩志》等篇,确是"以清淡之笔,抒真挚之情,写琐细之事,历历如在目前"。这似乎毋需多说。但是,震川先生在水利和军事上的贡献,恐怕知者就寥寥了。他曾经考察过三江,认为太湖入海之道,唯吴淞江。吴淞江窄而易淤,只要合力浚治,其他水道即可不劳而治。为此,他写下了《三吴水利录》。后来,海瑞兴修水利,就采用了他的见解,着力于疏通吴淞江。直到清代,林则徐也接受了他的卓见。在军事上,嘉靖三十三年（1554年）倭寇来犯，他不仅亲自到嘉定与军民共同守城，还写了《御倭议》。他当过县令，任过通判，最后在南京太仆寺丞任上去世。但他一生中最有影响的，还是在安亭的13年书院生涯，这对嘉定以至吴中的文化发展，贡献实在是太大了。可惜在他殁后，书院随之废弃。直到清道光八年（1828年），江苏巡抚陶澍为彰显归有光而重建震川书院。越七年，林则徐因兴修水利而过访书院，留下了有名的楹联，对震川先生称誉备至。联曰："儒术岂虚谈，水利书成，功在三江宜血食；经师偏晚达，专家论定，狂如七子也心降。"之后，书院绵延了73年，至科举废而改为学堂，直至今天成为安亭中学。那么，这书院的旧址，如今怎样了呢？

绕过严泾，不多远，即是安亭中学。那名为"因澍园"的书院旧址，竟然保存得十分完好。被著名画家宋文治命名的"松石斋"的正厅里，陈列着关于归有光的文物，有画像、有手迹、有《震川文集》。斋外是流水、是曲桥、是花木、是"樊轩"，而最重要的，则是碑亭。这里竖立着陶澍所撰《重建震川书院记》的道光原碑。它高踞在假山之巅，令人有高山仰止之感。我到这里，只见杂花生树，草长莺飞，一片幽寂，似乎忽而回到了嘉靖年间，又从那幽寂中传来了琅琅书声……

其二，上海01号古树。这是株银杏树，约植于唐代后期，已逾1 200年，位于安亭东北F1赛车场的入道口旁。树高24.5米，直径3米，周长9米，需5人合抱。1964年被列为市级文物，编号01，可见其地位与价值。而今安亭镇专为此树营建了"古银杏公园"，占地30亩，辅以假山湖石、花径水榭、小桥长廊，成为古镇的又一景点。我走近古树，那翁郁的树冠洒下一片清荫……

除此之外，安亭还以其独特的文化街而名噪一时，沿着严泾的东岸前行，从永安塔到和静路，在这约一华里的老街上，有展示书画的"中国艺术城"，珍藏奇石的"风水灵石馆"，巧夺天工的嘉定竹刻，清婉秀丽的三林刺绣，工艺精湛的东阳木雕，造型典雅的明式家具，琳琅满目的古玩商铺以及品茗休闲的"九羊茶庄"等等。

　　这，就是我所见到的安亭今貌，然仅仅只是一瞥。我还没有深入地寻访，譬如那众多的古桥——南市的井亭桥、因泉得名的六泉桥等。即使是严泾上的六桥，也因匆匆而未能充分领略它的水上风情。前往茶室品茶，环境优雅，茶汤清香，游览之余，小啜一杯，会让人顿生浸润在中国传统文化氛围里的感觉。这次安亭之行，改变了我对安亭的偏见：它决非仅是个工业城、"汽车城"，而是蕴藏着如许可圈、可点、可赏、可游之处。

骑着摩托车游览朱家角

树 棻

与徐锡麟侄儿骑着摩托游古镇

1952年，我跑到当时开设在陕西南路南昌路口的一家专门寄售二手自行车和摩托车的商店里，买下了一辆哈雷牌摩托车。

哈雷车是美国货，英文全名是 Harley Davidson。我买的那辆车是1947年型的，双汽缸容量为 1 200 C.C，最高时速可达185公里。

那时，我在华东政法学院上学，学校对学生的管理十分严格，所有学生必须在校住宿，星期六下午开过"民主生活会"，方可离校回家。这样，星期日便成了我在一星期中可以自由畅玩的一天。

当时我还未正式结交女友，因此极少去舞厅或家庭舞会，假日主要的游玩内容是和几位小学时的同学结伴去近郊的一些古镇逛逛。由于我们都住在愚园路的西段，因此选择出游的地点大多在市区西面，如真如、南翔、莘庄、诸翟、华漕、七宝……记得当时骑车去过最远的古镇是松江的泗泾。从买来那辆摩托车之后，路途远近便不在话下了，遗憾的是不再能四五人结伴出游，只能常与邻居徐学正作伴同行了。

徐学正也是我在中西小学的高班同学，他的伯父是清末革命团体光复会领袖、在安庆起义中殉难的革命先驱徐锡麟烈士。徐学正当时已从大同大学商学院毕业,在管理自己家族经营的一家药厂。他虽然比我年长三岁,但当时也未交上女友,因此每到星期天便和我同车郊游。他也考得了驾驶执照,于是和我轮流驾车,彼此都能减轻些驾驶的疲劳。

从此之后,当时还不属上海市辖区之内的宝山、松江、青浦、金山等地乃至浙江的平湖、嘉兴等地都被划进我们的旅游圈,那些县里的许多古镇,我们都不止去过一次。

在那几年里,我们去过次数最多的是青浦,而在青浦县中去过最多的古镇则是朱家角。

一条大河伴随我们来到朱家角

当时的朱家角当然不像现在这样闻名遐迩,但在上海周围的乡镇中却已十分有名,多年来一直有"三泾不如一角"的俗谚,这便是说这里的富足超过了松江的泗泾、金山的枫泾和朱泾那三座有名

朱家角侧畔的大淀湖(20世纪60年代)

的大镇。我们正是在青浦县城厢内的曲水园游玩时，听园中品茶的老者这样向我们介绍，才立即按他的指引驾车去朱家角的。

那时，从青浦县城厢到朱家角的18公里路途中，大部分都伴着一条宽阔的河流行驶，从现在印行的青浦区地图上看，那条河应该便是淀浦河。但当年那条河要比现在所能看到的淀浦河宽阔得多，气势也全然不同：最宽阔处的河面有十来丈，狭窄处也有六七丈。两岸边长满不甚高的芦苇，河面上不断有大大小小的船只驶过，大多是运输货物的二桅或三桅帆船。不少大型帆船的船帆上都用彩色油漆绘制着海浪、云彩等图案，有的还将高高翘起的船头雕刻成龙头或形似麒麟的兽头，有些船只甚至在张开的篷帆上也绘着传统戏文中的神将、仙女等彩色图像。这些机帆船的长度一般都有五六丈，甚至还有更大的。每条船上都有男性船工，有些船上还有妇女和孩子，看来是由一个家庭或一个家族共同经营的。出于好奇，我和徐学正曾不止一次停车走到岸边去，大声询问那些驶过来的帆船从哪里来、又往何处去，但大多没得到回答，即使回答也听不懂内容，猜测可能是福建或浙南某地乡音。

我们也曾向过路的农民请教这问题，可得到的回答也不得要领，只是听有人说这些运货的帆船是从太仓的浏河口驶进来的，去向应是浙江的某处，至于其间会驶过哪些河道或湖泊，那便谁也不知道了。

沿河行驶了十来公里，车子拐弯，再驶上一公里多路，便到了朱家角镇口。

市街民宅尽显古老和富庶

虽然朱家角当时早已是江南的著名古镇，但镇口处却十分平实朴素，并无牌坊等标识，只有一间门前挂着块"朱家角邮政所"牌

朱家角东湖街旧景（20世纪50年代）

子的平房和一幢两层楼的普通民居隔街对峙着。我们从中间那条麻石板路走进了镇区。

一走进镇里，便立刻发觉朱家角与我们已游览过的一些乡镇有很大不同。我们从脚下宽阔平整、雕凿精细的石板路和两厢排列着的民宅上的精致花式槅窗，感受到这座乡镇的古老和富庶。

向前走过不多几条街巷，便到了镇中的那条北大街上。这里是镇上的商业中心，平整的青石板路两边排列着茶馆、饭店、糖果食品店、药铺、米店、布庄、南货行、百货店等，凡一座乡镇中应有的各行业店铺俱全。有些店家如药铺、粮行、茶楼，从门面到店堂都显得古老而堂皇，看上去至少有百年以上历史。像这样气派的一条市街，在我们到过的上海周边地区乡镇中也是极为罕见的。

漕港上两座罕见的桥

这条市街是沿河而筑的，那条穿越古镇主要街道的漕港河是淀浦河的支流。当我们沿着这条大街由东向西走去时，首先进入视线的是那座横架在淀浦河面上的五孔石拱桥——放生桥，宏伟壮观，气势非凡。以后沿街看到的那些桥更是给我们带来了惊喜。我的初

漕港河里摇快船（1956年）

中时代是在"吴宫闲地少，水巷小桥多"的苏州度过的，可在那座当时有"东方威尼斯"之称的水乡城市中，我也没看到有哪条河道上有这么多座桥。这里几乎是走上二三十步便会有一座桥通向对岸的街道，其中大多是单孔或三孔的石拱桥，但也有木制的平桥，其中有两座桥更为罕见：一座是木质的平型廊桥，桥身、桥柱、檐廊全是本色木料，只涂上一层桐油；另一座则是铁质平桥，铁质桥架上镶嵌着木板，铁铸的桥栏上浇铸着各种图案。这两座桥架设在市河的一条较狭的汊港上，只为便利行人，桥下并无船只通行。这种式样和质地的桥，我在别处再也没有见过。

半斤重的蟹只卖三角六分一斤

此外，朱家角的美食也是不容忽略的。那时的镇上当然不会有装修豪华的饭店，也不大会有技艺高超的厨师，但来自当时尚未受到污染的湖泊、河流中的食品原料——鱼、虾、蟹、蚌、菱、藕、莼菜等都新鲜无比，而且价格便宜得使住在上海市区里的人吃惊。记得我和徐学正头一回到朱家角，正是深秋蟹肥之时，我俩在街上找了家门面最堂皇的饭店就餐，点一盘清炒蟹粉，分量十足，才八千元，即合不久后发行的新版人民币八角整。向堂倌询问当地蟹价，回答是每只重约半斤的蟹每斤三千六百元，即合新人民币三角六分。这样，当天我们便买了一大蒲包约六十斤蟹，带回市区去分赠亲友。

从这以后，我或是单独或是约了朋友到朱家角去游玩过不下三十次，每一次都给我带来不少的惊喜和快乐，至今难以忘怀。

沪江
游踪

淀山湖畔"三姐妹"

吴永甫

在青浦区淀山湖西面商榻镇的闹市中心，有四条公路交错，西有商周公路，直通昆山市周庄镇；北有锦商公路，通往昆山市的锦溪镇；南有金商公路，路过大观园，到达金泽镇；东面是商蔡公路，终点是本镇淀山湖边沿的蔡浜村，属于本乡本土的。周庄、锦溪、商榻三个镇，自古以来关系密切，人称淀山湖畔"三姐妹"。

同喝一壶阿婆茶

商榻镇是上海西北地区最边缘的集镇，是一个水网地区。据统计，这里有河道59条，湖荡18个，最大的是淀山湖，沿岸有10公里长，势如长堤卧虹，波澜壮阔。历史上就有八景之说，如淀湖晴景、雄风巨浪、溪桥夜月等，都是以水为题。

周庄镇是著名的江南水乡，镇区有不少"小桥流水人家"，粉墙黛瓦，曲水萦绕。境内有急水江，东流商榻镇，进入淀山湖，是苏湖之间的重要航道。1987年，商周公路建成，与沪青平公路连接，交通便捷，两地往来更多。

锦溪镇有好几个村在淀山湖边，更是水上亲邻，早有客轮与商榻镇通航。1994年，锦商公路开工建造，翌年竣工通车。锦溪、周庄、商榻三地的交通自此形成网络，开创三镇经济社会共同发展的新局面。

虽说如今周庄、锦溪两镇与商榻镇是江苏、上海之间的邻里关系，然而，它们在历史上本是同根生，同属昆山县的建制。1956年，昆山县撤区并乡，周庄、商榻为乡，锦溪称镇。到了1957年，商榻乡划归了上海市青浦县。可是，民俗风情、亲友关系依然如故。例如，商榻镇的居民，至今还有吃"阿婆茶"的习俗。那是农家妇女在农闲时，请邻家妇女在一起喝茶谈心，并佐以咸菜、糖果助兴。现在，这种生活习俗已在男性乡民和年轻人中间时兴开来，形式也多种多样。周庄、锦溪也是如此，只是有些地方，视不同内容，改称为"喜茶""春茶""满月茶"等。不仅风俗未变，方言也未变。有人说："商榻人讲话，好似苏州人。"这是有依据的。据光绪年间《青浦县志》分析，"青浦语音皆与松郡同""细分之，则四乡亦有不同""双塔以西类元和"。双塔是商榻的谐音，元和是苏州的古称。可见商榻人说苏州话，自古有之。

夜唤渡船到周庄

1988年初，我原本计划去锦溪的。当时上海去锦溪，要先到青浦县城，乘轮船，经朱家角，跨越淀山湖到商榻，再换小火轮前往锦溪。此行虽然麻烦，但有情趣。船到朱家角码头时，见到上上下下的客人很多，还有到码头来迎送客人的，那种情景犹如《青春之歌》影片中的一个镜头，很动人。可是，去锦溪的轮船，要到下午3点钟才开船，如果在商榻小镇上反复游荡，未免有些无聊。那天是休息日，派出所有警员在天井中擦自行车，我就与他攀谈起来。他

周庄云海塔

问我去哪里,我说去锦溪(那时叫陈墓镇)。他又问:去买东西?我说:去看看古镇的风景。这句话使他兴奋起来了,于是打开了话匣子。他说,他刚从周庄参加900年庆典活动回来,古镇的内容很多,很好看。我听了也心动,问他是怎么去的。回答是乘汽艇去的。我问要多少时间。他说,汽艇开了半个小时。我越听越兴奋,下决心步行过去。谁知因为不谙实情,这个决定过于冒失了。走了两三个小时,还走不到目的地,因为公路还在建设中,桥梁正开始搭建,只有架子而无桥面。如果绕道走,不知路有多远,如果扶着桥架子走,又太危险了。无奈之中,正好有农船经过,帮了大忙。再往前走,一路困难重重。

直到天黑了,我才走到周庄急水港码头,对岸就是历史古镇——周庄的中心。这里江宽无桥,夜间过河,要高呼对江的渡船,其景犹如宋代诗人孙觌写的:"渡口唤船人独立,一蓑烟雨湿黄昏。"我虽未遇到烟雨,黑夜却似烟似雾,楫舟过江,渐入佳景。

陈妃水冢映锦溪

我在锦溪镇观光时,当地有位干部问我:"你的感觉如何?锦溪有何特点?"我很难回答这个问题。简而言之,那就是锦溪有"三十六顶桥,七十二座窑"。桥多自然水多。锦溪镇地处水网地带,它南倚淀山湖,北临澄湖、万千湖,东有弋田荡,西靠明锦荡、长白荡。贯穿全镇的河流,清丽飘逸,形似锦带,"锦溪"之名即由此而来。镇之东南是烟波浩渺、波光粼粼的五保湖,湖边有莲池水阁等景观,风光旖旎,景色宜人。

"七十二座窑",反映了古代遗迹之多。在砖瓦博物馆内,珍藏的古砖瓦有850多个品种、1 000多件。还有一些博物馆,珍藏了古代的钱币、根雕、美术、金石等展品,展现了锦溪镇深厚的文化内涵。

最有影响的历史文物,是五保湖中陈妃水冢。南宋孝宗的陈妃死于锦溪,墓葬五保湖中。当时,镇名改为陈墓,在镇内外很有影响,一些文人墨客也写诗做文章。明代"吴中四才子"之一的文徵明写了《溪上有感》,诗曰:"谁见金凫水底纹,空怀香玉闭佳人。君王情爱随流尽,赢得寒溪尚姓陈。"至今,游客坐船去湖中观景的也很多。

古朴老街秀商榻

商榻镇的变化真大,新建的集市中心,商店林立,超市、酒家、宾馆、数码商店都有,还有为农民服务的小商品市场,以及银行、邮政、电信等单位。最新鲜的是街上有当地自办的金泽公交2号线,开往一个个村庄。如此热闹景象是我没有想到的。那么,我多次去过

商榻八字形码头

的老街怎么样呢？我已辨不清方向。幸得一位老先生的指点，才找到了当年的老街。这里古朴幽静，寂静无声。过去街上约有近百家商店，现在只有四家小杂货店。早些年，单说茶馆就有陶心园、一乐春、怡情阁、长乐园、西鑫园等六家。这是商榻的传统行业。商榻之名源于明代初年，因为来往于淀山湖的船舶，无论是渔民或客商，常在此避风休憩，故有"商榻"之称。其实，茶馆不仅是饮茶聊天的场所，还是了解市场信息、商品交易的地方。因而，茶馆的多少往往随市场渠道的变化而改变。

　　老街的店铺转移了，过去的古建筑倒显现出来了。街上的石板路锃亮发光，有的青砖铺的路面，留下了很深的脚印，这都是历史的痕迹。最显眼的是几幢大宅院。其中一幢，门前是巍峨的大门、跨街的长廊。过街向前，沿河有马鞍形的码头。我问河边洗衣的妇女："过去这房子是哪家的？"她回答，是粮管所。我说："粮管所之前是谁家的？"她说是薛家大院。我再问下去，似乎有些为难她了。过去的历史，不是三言两语能讲清楚的。这里周围的环境，清静优雅，对岸有石级码头，隐现在绿树丛中，后有白墙衬托，具有浓郁的水乡风情。

  老街22号是老年之家，第一进有左右对称的厢房，第二进是三间两层楼房。底层辟为老年人活动场所。两进之间是宽敞的天井，栽着与楼房一般高的枇杷树，枝头结有一串串黄澄澄毛茸茸的果子。几个孩子手拿摘钩，正在采摘，老人在旁观赏，笑容满面，童叟共乐。据《学圃杂疏》记载："枇杷出东洞庭者大。"商榻的枇杷也很可能与苏州东洞庭枇杷有缘，它俩本是同根生。

  在老街东端，即老街6弄，两旁房屋都是连绵的封火山墙，高低起伏，既安全又有韵律之美。山墙之内，环境幽静，清幽秀润，很有水乡的特点。

  商榻这块隽美、秀丽的土地，有的已经开发了，有的知者还不多。例如，商榻镇东北1.5公里的蔡浜村，原来是淀山湖中的一个小岛，形似菱状。1967年筑堤与西岸相连，成为半岛，三面环水，风景优美。我慕名前往，沿着商蔡公路走去。此时，麦穗已披盛装，公路两旁金光闪闪，远处桃园里一片浓绿，充满生机。路上行走时间不长，很快到达了目的地。蔡浜村的面积不大，仅0.42平方公里，但是筑的大堤却长达1 615米，经过加固和绿化，既能防涝抗洪，又可游览观光。我进入村子，村民热情好客，陪我去湖边参观，还介绍了许多情况。只因时间有限，我匆匆告别了蔡浜村，今后如有机会，我一定再去拜访。

江南桥乡金泽镇

王卫红

青浦的金泽古镇，北枕淀山湖，南依太浦河，境内江湖河港交织，水域面积占了全镇总面积的三分之一以上。镇区内明清建筑很多，且大多保存完好，尤以寺庙规模大、古桥集中而誉播海内外，有"金泽古桥甲天下"之说。

刘伯温金泽造"虹桥"

金泽古时称"白苎里"，在白米港畔，是古时运米的聚集之地。后来又名"金溪"，"金溪面上水漭洄"，就是形容此地多水。古时此地的湖泽面积达14万多亩，陆地面积仅1.2万多亩，四乡的田块地势较高，取水灌溉很是方便，故人们用《江南通志》中"穑人获泽如金"之句，定镇名为"金泽"。

金泽镇历史悠久，有"兴于宋盛于元"之说。据地方史志记载，早在唐末至五代时，北方战乱频频，江南一带相对平稳、安定。战乱中的人们南逃至青浦，发现西乡白苎里土地肥沃，气候温和，遂安家垦殖，由此人丁日众，公元960年左右形成集镇，算来距今已逾千年了。宋时又不断有人迁来，特别是北宋覆亡之后，跟随赵构南渡者极多。追定都临安后，宰相吕颐浩（字元直，山东乐陵人），选定此地建造府第，由此奠定了镇的规模。

宋时，金泽有"六观、一塔、十三坊、四十二虹桥"之说。这"四十二虹桥"，就是指金泽这个仅有0.6平方公里的镇区内曾有过42座古桥，堪称水镇桥梁密度之冠了。晚唐诗人杜牧曾以"二十四桥明月夜，玉人何处教吹箫"的诗句感叹扬州的桥多，可是扬州的桥比起金泽来，却是小巫见大巫了。这"四十二虹桥"中，著名的有20座。清道光年间（1821—1852），尚存十之六七。时至今日，还留存有普济桥、万安桥、迎祥桥、如意桥等十余座。

金泽的桥，大都建于宋、元两代，且有"庙庙有桥，桥桥有庙""庙里有桥，桥里有庙"的俗谚。这些古桥结构精巧，造型别致，风格迥异。有青石结构的，有砖、石、木结构的，也有纯紫石筑成的；有单孔的，有双孔的，也有连拱的；有跨于市河两岸的，也有横于两街之间的。

《上海滩》杂志专门介绍过金泽的善济、如意、迎祥等桥，本文就不再赘述。倒是有一座"百婆桥"值得一提。

金泽镇的下塘街有座桥，最早建于宋景定元年（1260年），清乾隆十三年（1748年）重建。这座桥原是石板桥，跨市河。关于此桥流传着这样一个故事：当年镇上有个告老还乡的官员，看到原先的一座总管桥坍了，便拿出做官时捞到的钱财修桥。岂料桥修好后，他将总管桥改为"众官桥"，并规定只有做官的才能过桥，平民百姓要绕很长的路去走别的桥过河。有一位老婆婆要过桥，硬是被他骂下桥去。老婆婆回家后，心中愤愤不平，发誓也要造一座桥。于是，她游说、集拢了四邻的一百个老婆婆，每夜纺纱织布，花了整整一年的时间，把卖掉布匹的钱积攒起来，选中了金泽镇的交通要道，请附近的石匠帮忙，修建了这座只有老百姓才能通行的"百婆桥"。清初，金泽有"后八景"，其中就有"百婆明月"一景。后来，"百婆桥"年久失修，终于毁圮。

百婆桥旧址

穿过"百婆桥"旧址，走到上塘街，这儿的街道狭窄如线，是江南水乡古镇所特有的。过轿子湾，就是北圣浜塔汇桥。此桥始建年代无考，据说原来桥旁有塔。明嘉靖三十六年（1557年）重建。过了北圣浜，沿上塘街再往北，有一座镇上最古老的石拱桥——万安桥。此桥建于宋景定年间（1260—1264），比普济桥早三四年，并成为姊妹桥。万安桥也采用紫石筑成，桥长29米，宽2.6米，横跨径9.8米，是青浦境内最早的拱形石桥，为宋代石桥典型结构。元至正二年（1342年）在桥上建廊亭，故又名"万安亭桥"，俗称"亭桥"。谚云："金泽四十二虹桥，万安为首。"万安桥为上海地区古桥之首。

从万安桥跨越市河向南，沿下塘街，在与塔汇桥东西相对的地方，有一座天王阁桥，因桥北原有托塔天王庙而得名。它是镇上唯一的三孔石拱桥，因港面较狭窄，无桥堍，全桥显得特别高耸，中孔大，两面边孔均按桥坡比例缩小，桥面薄而轻巧；一孔受载，三孔共同负担，既宜于大小船只通行，又便于泄洪，实为经济实用又美观的古桥。桥面上的浮雕，至今仍清晰可辨，有"轮回""宝幡""莲座"等佛教图案，还有暗藏着"八仙"图案的鼓板、宝剑、葫芦、扇子等，镂刻相当精细。此桥始建年代无考，清康熙三年（1664年）曾重修过。

一座湮没的大寺院

颐浩寺，也称颐浩禅寺。上海古籍出版社的杨震方（金泽人）先生曾在《一座湮没了的大寺院》中说：陈从周教授谈到北京赵朴初老人来上海，希望他陪同前去青浦金泽镇勘查颐浩寺遗址，因为那时的玉佛寺主持真禅法师发愿要重建颐浩寺。颐浩寺究竟是一座怎样的寺院，竟然使赵朴初老人如此关注、真禅法师这等萦怀？

颐浩寺建于700多年前的宋景定元年（1260年），位于当时金泽镇东，相传是宋朝宰相吕颐浩舍宅为寺，因而得名。旧为草庵，曰"永安寺"。后有巨族出资辅之，建经堂，命道崇主持。元至元二十五年（1288年），建大雄宝殿，构山门、翼西庑、楼客堂室。后又几经扩展，遂成江南名寺。元贞元年（1295年），奉旨更名为颐浩禅寺。

相传在鼎盛时期，颐浩寺中有永安寺、鸳鸯殿、大山门、天王殿、弥陀殿、祖师水火神庙、香乳堂、文昌祠、功课间、法器诸室楼、祖堂等，计5 048间，合成"一藏"之数，《松江府志》誉为"虽杭之灵隐，苏之承天，莫匹其伟"。

至明洪武中叶（1378—1387）颐浩寺大修，前后有赵孟頫、文徵明书额。万历五年（1577年），世居小蒸、曾任当朝宰相的徐阶，将御赐的蟒袍和自己珍藏的唐代画家吴道子画的观音大士像送给颐浩寺，颐浩寺造楼供奉，题名"有衮楼"。寺自大山门起至寺界桥，几及半个金泽。

颐浩寺

颐浩寺吸引了不少学者名流,他们或游览,或留寓于寺中,留下了不少书画墨迹、吟咏名篇及碑记、石刻。其中有赵孟頫书写的《金刚经》12部,由苏州马天游刻石存放于方丈室,并绘有《不断云》长卷,刻于大雄宝殿前香花池石栏上。他的夫人管道升(青浦小蒸人),也是位有名的书画家,擅长画墨竹,笃信佛教,曾拜中峰和尚为师,写有篆文《大悲咒》,藏于寺中。王世贞、唐顺之、陆兴绳等历代官宦、乡贤、文人、名僧所吟诗篇,难以数计。特别是西域僧人奔聂卜而纳,元初过金泽,见其地风景幽寂,遂有终老之意。他在颐浩寺左侧建茅屋三间,题名"宜静",让四众来皈依。他还手植银杏数株,一株在弥陀殿左前方,至今已有700余年,仍然生长旺盛,树高25米、围4.5米,枝叶繁茂,亭亭如盖,耸立在颐浩寺遗址。1984年,这株银杏被列入市级保护范围。

清代青浦邑人王浚(字宾竹)有一首《游金泽颐浩寺》诗,写得情景真切:"缥缈招提境,弥望寒云抱。同人拉三四,半与鸟争道。

已有700多年树龄的古银杏

一径石坛净，或者春风扫。问遇梅花枝，幽幽香不了。岿然瞻耳殿，突兀耸云表。传说灵光存，承弈犹狭小。创自景定年，触目多荒草。古额署文敏，赝鼎精光少。独有五老峰，千年长不老。"看来，那时的寺院已逐渐荒颓了。

在漫长的岁月中，颐浩寺屡遭破坏，最严重的有三次：第一次是在明嘉靖三十一年（1552年），由日本浪人、武士、走私商人纠集的倭寇，从金山卫登陆，入侵苏州、松江诸府，到处杀人放火，肆行抢掠。倭寇闯进金泽后纵火焚烧颐浩寺，火光冲天，数十里外都能望见。这场大火，把大殿全部烧光，仅有耳殿——观音殿、无梁殿幸存。第二次是清顺治十一年（1654年）五月，一个顾姓卖酒者，在大雄宝殿殿廊煨酒，酒热而引起余薪燃烧，把大殿烧成一片瓦砾。后颐浩寺虽几度修缮，但限于财力物力，正殿无法恢复，仅存偏殿，又迭经兵燹，屡建屡毁。第三次是1938年2月在抗日战争中，颐浩寺余址被日军全部焚毁，所存天王殿、大山门于1958年拆移，仅遗古银杏3株、元代牟巘撰的《颐浩禅寺记》碑1座、《不断云》断石14块、假山石多块、殿宇柱脚石16块仍保存在遗址。1959年，颐浩

尚存的石刻《不断云》

寺被列为县级文物保护单位。

现在的颐浩寺只剩下些残垣断壁、琉璃瓦砾，真禅法师的凤愿没有实现就圆寂了，想必是带着深深的遗憾。不过，即使是残垣断壁的颐浩寺，还保持着每年三月十八和九月初九的庙会。据说，这里的庙会已有500多年的历史，每次庙会前后延续一个月，附近浙江嘉善，江苏昆山、吴江等地的百姓都会前来赶庙会。届时，有自发的舞龙、打莲响、挑花篮、扎肉蹄香等活动项目。这样热闹的场面，使颐浩寺又有了些昔日江南名刹的风采。

金泽特产香飘江南

金泽的土特产有很多，一些产品还被列为国家旅游产品。其中最著名的要数状元糕和赵家豆腐干了。

金泽状元糕，原由金泽万昌生老店精心研制，色泽金黄，香气扑鼻，入口香甜，又松又脆，有130多年的历史。

相传，金泽镇上有一个穷秀才，要上京城赶考。为了省钱，其母为他做了一种糕片，烘干后用布袋装好，以备路上充饥之用。哪想这种烘干了的糕片，香味扑鼻，引得同路赶考的一位富家秀才为之垂涎，尝了此糕后连声叫好。二人结伴同行，同到京城参加了考试，结果都榜上有名。人们认为他们中榜与吃了那种烘干的糕片有关系，于是有人就在金泽镇上精心制作，称之为状元糕。状元糕出炉后，购者踊跃，销路长盛不衰。

中华人民共和国成立后，状元糕的制作在原有的基础上，增加了椒盐、桂花、奶油等系列品种。状元糕有促进消化、生津健脾的功能，既可当旅游食品，又可以馈赠亲友。

江南小镇都生产豆腐干，它是江南人最喜爱的副食品之一。而金泽赵家生产的豆腐干，风味独特，其品质细腻，咀嚼有味，又香又鲜，深受顾客喜爱，堪称江南之首。

江南民俗，劳作歇工后，喜欢喝点老酒。鲁迅笔下的孔乙己是一碗老酒，一碟茴香豆，而金泽人则是一碗老酒，几块豆腐干。因为这豆腐干价廉物美，嚼劲十足，且回味无穷。

金泽有两个香汛，即"念八汛"和"重阳汛"。香汛时，有成千上万的香客到金泽来进香，这些香客大都要购买品尝赵家的豆腐干。金泽的这一特产，就这样传遍了远近四方，延续至今已是第四代传人了。

师傅们正在制作"赵家豆腐干"

田歌、宣卷喜有传人

田歌与宣卷作为民间艺术的瑰宝几近绝迹,但在现今的青浦金泽镇境内仍然活跃着这样一支民间艺术队伍。

田歌(也称青浦田歌),又称田山歌、邀卖山歌、耘耥山歌,是青浦水乡的广大农民在劳动中抒发情感而自创的一种颇具乡情的民间歌谣。每逢夏秋之交,在插秧、耘稻、耥稻的人群中,或是在晚间纳凉时,都能听到那富有地方风韵的田歌声。现主要流行在青浦西乡即金泽镇一带。

田歌的演唱形式自成一格,不设舞台,不化妆,歌唱时有头歌、前买、前撩、长声、后声、后撩、赶老鸦、歇声等几个部分,演唱时人数也不限。田歌的音调高亢、嘹亮、明快,农民在演唱时可陶冶性情,解除疲劳,也能诉说痛苦、欢乐,许下美好愿望。

田歌的内容分为传统歌谣、即兴创作和新民歌三种。第一种有小山歌、古人歌、私情歌、劝人为善歌等,如《五

热闹的田歌表演

姑娘》《孟姜女》《绣荷包》等；第二种则是农民运用智慧的即兴创作，俗称"见花篮买花篮"，看见什么唱什么，当地有"山歌乱嚼，只要不脱韵脚"的谚语；第三种新民歌，如《太阳一出照四方》《一个石榴千个籽》等。1953年2月，在当时的中苏友好大厦（今上海展览中心）举行的青浦县第一届民间音乐舞蹈会演时，青浦田歌宽广的音域、独特的发音方法，受到了当时文化部和江苏省文化厅采风小组的高度评价。

宣卷，则又是一种古老的民间艺术形式。元、明时的寺庙中，每逢佛教节日，由和尚或信徒宣讲宝卷，称"宣卷"。源于唐代的"信讲"、宋代的"谈经"，至清代出现以唱宣卷为职业的艺人。演唱形式以一人主唱，众人伴唱应和。曲目由原来专唱佛教故事逐渐发展到以演唱民间传说故事为主。因流行地区不同，分苏州宣卷、四明宣卷等种类；又因所用伴奏乐器的不同，有木鱼宣卷和丝弦宣卷之分。

青浦的宣卷由苏州传入。20世纪二三十年代，在原商榻镇（2004年3月，原西岑、金泽、商榻三镇合并，组成新的金泽镇）地区相当流行，至1949年前日渐衰落。十一届三中全会后，商榻文化站曾组织以宣卷为主的宣传队，在全乡巡回演出两个月。1983年，由青年农民孙留云等7人组成的宣卷队，创作演出的宣卷《懒阿新遇仙》，在上海市业余曲艺创作节目交流演出中被评为优秀节目。1984年，在上海农村元宵灯会上，商榻的宣卷《螳螂娶亲》，受到了市委领导和文化界人士的重视，《新民晚报》曾以"春来又闻宣卷，古曲已有传人"为题对商榻宣卷作了报道。

时至今日，宣卷这种古老的文艺样式，仍活跃在今金泽镇商榻社区农村的广阔天地间。

物阜民丰三林塘

王继杰

如今上海的三林令人"眼热":毗邻2010年世界博览会的主会场,"世界第一拱"——卢浦大桥通车,从三林驱车到市中心也就是一会儿工夫,轨道交通8号线也使得三林居民往来市区更加方便。

不过,今天还是来说一说老三林——那一座已经消失了的江南小镇,那可是个物阜民丰的好地方。

三林镇新貌

三林镇建于明初

据说,宋代隐士林乐耕的后裔分居东林、西林、中林三个村庄,故有"三林"之名。故事真假不得而知,但北宋水利专家郏亶在《治田七论》中列举淞南七大浦,其中有三林浦。三林中又以西林最为有名,因南宋绍兴二十八年(1158年)师净和尚建积善教寺,百年后邑人高子凤撰《积善教寺记》,述及西林:"西林去邑不十里(疑为八十里),东越黄浦,又东而汇北,其南抵周浦,皆不及半舍。寺之在周浦者曰永定,在黄浦者曰宁国,而西林居其中,盖所谓江浦之聚也。"这里的"宁国",就是乌泥泾古镇的宁国寺。

明初形成的三林镇由东塘、西塘组成,两聚落相距3里,故名三林塘。三林浦横贯全镇,长街沿河北岸逶迤伸展,属上海县。弘治《上海志》称"民物丰茂,商贾鳞集"。明洪武六年(1373年)设三林庄巡检司,因遭倭乱,三林凋敝。清分置南汇县后,移三林庄巡检司驻周浦,职衔和印信都不变。后来叶凤毛在《西林杂记·序》中搞错了,以为一开始就设在周浦,因"三林"名字好听用作官名。

清时西塘更加繁盛,东塘渐渐地衰落。三林镇所在的三林乡,历史上地域多有变化,曾包括陈行、杨思,倒是和今天的大三林地区相仿。

"玉玲珑"原存三林塘

上海豫园有一块镇园之宝,名曰"玉玲珑",与苏州瑞云峰、杭州绉云峰,并称江南三大名峰。该石峰高约3米,宽约1.5米,厚约0.8米,重量3吨左右,具有太湖石的皱、漏、瘦、透之美。明代文学家王世贞有诗赞美:"压尽千峰耸碧空,佳名谁并玉玲珑。梵音阁下眠三日,要看缭天吐白虹。"

　　不过,玉玲珑之前曾"落户"三林。据记载,宋徽宗赵佶为在首都汴梁建造花园艮岳,从全国各地搜罗名花奇石,即"花石纲",其中有的奇峰因种种原因没能运走,史称"艮岳遗石",玉玲珑即其中之一。《上海县竹枝词》中"玉玲珑石最玲珑,品冠江南窍内通。花石纲中曾采入,幸逃艮岳劫灰红"讲的就是这段故事。明代,玉玲珑到了上海浦东三林塘人、官至江西参议储昱的私人花园中。万历年间,储昱的女儿嫁给尚书潘允端的弟弟潘允亮。后来潘家建造豫园时,便把玉玲珑移来。相传,船过黄浦江时,江面突然起风,舟石俱沉。潘家认为这不是个好兆头,一定要设法补救,重金请善水者打捞上岸,而且同时又捞起了另一块石头。说也奇怪,两块石头竟然珠联璧合,那块同时捞起的石头就是现在玉玲珑石的底座。还有传说,船从董家渡泊岸后,索性就近在城墙上开了个洞,把玉玲珑搬进城内,开洞处成为小南门。

三林标布进京城

　　三林塘标布是"名牌产品"。清代作为棉纺织重镇的上海地区,优质棉布品种繁多,不胜枚举。徐蔚南先生认为主要是四大类:一种是标布,又名套布;一种是稀布,有名的如龙华稀;一种叫扣布,还叫小布、短头布;最后一种是高丽布。其中以标布质量为佳,纱支匀细、布身坚密、结实耐穿,而三林塘、周浦一带出产的标布又是最好的。"乌泥泾庙祀黄婆,标布三林出数多",盛销北京、天津、山西、牛庄、关东、山东等地,在那里染色或漂白后,可做成外套、马褂、靴面、缠脚带等。"三林塘标布进京城"家喻户晓,上海祥泰布号便索性在牌子上印有"上海三林塘套布"字样。当然,三林地区也出产稀布等其他布种。

纺织业是三林的"支柱产业",四乡家家纺纱织布。当地俗谚有"一个布不到夜,一个锭子不消黑",说的是一整个白天,可以织一段布,或纺半斤纱。有一位三林织户回忆:民国年间"我们一家人,除农忙种田外,农闲时节都纺纱织布。日常生活全靠'卖布',一年之中每人要织十多机(每机16匹)标布,合200多匹。其中自用布只有两三匹"。

棉布贸易也是盛极一时。清末,三里长街布庄毗连,作坊工场遍布市梢。著名的布庄有汤义兴号、陆万丰号、亿大号等,上海县城的名号如祥泰、启成玉、恒乾仁等也在镇上设座庄收购土布,最多时一年有200多万匹销往全国各地。

"浦东财神"汤学钊

清末民初三林流传着一首民谣,开头便是"汤家的房子,火家的银子"。汤姓、火姓都是三林的大族,富甲一方。特别是曾任三林商会商董的汤学钊,善于理财,有"浦东财神"之誉。陈行的秦锡田夸他"遴择严而精,配置匀而密,交易诚而信"。

汤学钊(1854—1929),字蕴斋,三林乡荻山村人。家中拥有许多良田,但他不愿像祖辈那样仅仅靠土地积聚财富,还想到商界去搏击一番,便迁居三林镇,开设米

三林中学创始人之一汤学钊

行、布庄、当铺等，前面提到的汤义兴号布庄就是他开设的，称雄三林。

然而，此时洋布洋纱在市场已占得上风，土布因质粗色暗，卖不出去，乡民生计窘困，汤学钊很是不安。他觉得土布虽不如洋布细洁美观，但厚实耐穿，还应有一定销路，不过洋布的优点也要尽量吸取，于是订定土布规格，把经纬粗细、布匹长短阔狭都规定好，告知乡民，收购时凡合乎标准的价格从优。经过这样的努力，土布质量大为提高，果然销路大增，织户的生活稍得保障。清宣统元年（1909年），汤学钊将改良后的"扣布"送去参加全国比赛，获两江总督、江苏巡抚颁给的二等奖状和二等银质奖章。次年，冠以元大牌商标的尖布、格子布，在南洋劝业会上再获农商部银质奖章。1915年，京庄白套布参加农商部国货展览会，获金质绘马奖章。

汤学钊乐善好施，热心公益事业。清光绪二十二年（1896年），

汤学钊故居——走马楼

他与陈行秦荣光、杨思周希濂一起创办三林书院于镇上的文昌阁，教学方面仿照上海县城内敬业、龙门书院。1902年按朝廷新政要求，书院须改为学堂，头等难题是校舍，因学堂要让四乡子弟入学，得有宿舍。于是汤学钊领头捐募田款，四方筹措，最后把文昌阁附近的慈悲阁、城隍庙、慈善场所"和衷堂"、张氏宗祠改为教室、宿舍、膳房、操场等，新建的学堂颇为像样。可惜1912年暑假校舍毁于火灾。后来的新校舍另建于天池北的桑园里，有楼房11幢、平屋11间，现在这里是三林中学。校园内青砖红墙的图书馆、功能完备的体育馆、草亭、仰高亭与圆天池等，都是20世纪二三十年代的建筑、景观，虽都历经沧桑，但却保存完好。

汤学钊70大寿时，子弟准备大办特办，他坚决不许，用省下来的钱把杨思港上的薛家木桥改建为三孔石桥。据说，他出资在家乡建造的石桥共有十五六座呢！

最后还得说说汤家的房子，它位于三林镇上的中外合资上海吉列有限公司内，是一幢中西合璧的两层住宅，外观为明清传统建筑风格，中式走马楼雕梁画栋，然而阳台却是西式风格的券形，水泥栏杆，西方文化的影响显而易见。

三林崩瓜成绝响

曾听一位老先生夸赞，昔日上海市面上有一种白瓤西瓜煞是好吃，可后来却看不见了。我在清同治《上海县志》中找到了出处："沪郊西瓜以三林塘雪瓤西瓜为最，味甜、质脆、水多，为西瓜中上品。"

看来，三林西瓜也是一绝。当然，最有名的还数三林塘崩瓜。该瓜形长圆，中部略粗，皮呈浅绿色，有浅色花网纹，个不大，三四斤左右，皮特薄，味极甜。

传说每当雷雨过后,该瓜常破裂满地,故名崩瓜或迸瓜;又因为形状如马铃,人称"马铃瓜"。也有写成"浜瓜"的,是否因种在河浜边而得名,这要请教当地老农了。

崩瓜的身世也是众说纷纭。据说川沙麦家圈中种得更早,后才引至三林塘,种源

三林崩瓜

在浙江绍兴一带,可从没听说过绍兴历史上有如此名品;或说引自遥远的新疆,还有洋西瓜和本土瓜杂交而成的讲法,可都找不到确凿的史料,暂时只好诸说并存。后来崩瓜漂洋过海传到日本,改称"嘉宝"。

大凡名贵品种总显得有些"娇气",命运多舛。因为皮薄瓜脆,崩瓜在搬运过程中极易破裂,损耗率高,所以售价要比一般西瓜高许多,只有富裕人家才享用得起。1949年后一度种得很多,可后来实行计划种植,瓜田面积越缩越小,1958年人民公社的生产计划中已然没有了崩瓜种植。眼见为三林争得名气的崩瓜面临绝境,老瓜农很是心疼,千方百计觅来瓜籽,交给生产队继续种植。可在当时情况下,崩瓜的收购价只能和其他瓜差不多,这不成了赔本的买卖?终于,三林塘崩瓜在1976年彻底绝了种。1978年,上海农业科学院从日本引回"嘉宝"原种300粒,交三林公社种籽站,由老瓜农试种0.7亩,1979年试种2.1亩,当年上市32担,特供锦江饭店。后来产量多了,超市也曾见过供应,但似乎并不如想象中那样甜,也许是变种的缘故,昔日据说甜度达17度的"妙物"已成为"广陵散"。

酱菜是三林塘的又一名产。万泰酱园首创,用料精细,做工考究。以三林酱瓜为例,所选用的黄瓜,采摘的全是50克左右的童子

小黄瓜，又称乳瓜，肚小嫩绿。腌制时，每条瓜胚上都要用针刺眼打洞，几经卤浸日晒，味道都渍入瓜内。而所用的酱料是用上好的面粉掺入黄豆粉加工而成，兼配有白糖、桂花和甘草等作料，因此色香味鲜。三林酱菜厂的大头菜、乳瓜、桂花大头菜，适合上海市民口味，闻名沪上，还远销到日本、东南亚等国家和地区。

沪江游踪

真如：都市里的古镇

黄晓明

真如，古称桃溪，因桃浦得名。元代迁建真如寺，缘寺发展成镇，遂名真如。明代正德年间称市，万历年间称镇。真如建镇后隶属嘉定县，至清雍正二年（1724年）归属宝山县。民国十七年（1928年），建上海特别市真如区。上海解放后，先后隶属真如、西郊、普陀等区；1950年2月，成立镇人民政府；1965年为嘉定县属

真如古镇

镇；1984年11月，划入普陀区，为区属镇。2014年，撤销真如镇建制，设立真如镇街道办事处。

具有近700年历史的上海古镇真如，如今已湮没在大都市快速发展的浪潮之中，人们只能从兰溪路高高的牌坊上、两边的仿古店铺群以及北大街、南大街等地名中依稀探寻到古镇当年的风姿。

宋朝名刹移真如

真如寺，宋代建于官场（即今宝山区大场附近），嘉定年间（1208—1224）改建，名真如院，取佛经《成唯识论》中"真实""如常"之义。元延祐七年（1320年），移建于桃浦边今址（后山门5号），请额改名真如寺。如今寺内大殿额枋下保留着移建时的旧墨字题记："旹（时）大元岁次庚申延祐七年癸未季夏月乙巳二十乙日巽时鼎建。"

该寺在明初曾称万寿寺、宝华教寺，俗称大寺、大庙。明洪武、弘治、崇祯年间曾3次重修。清康熙八年（1669年），延请湖州道场山高僧本源来寺开法。清咸丰十年（1860年）遭兵燹。清光绪二十一年（1895年）由真如镇米商杨氏发起，同上海寿圣庵僧徒募捐重建，将原寺的单檐3间改修为双檐5间，原梁架等主体结构仍保留元代款式，今寺内大殿正梁上有光绪年间重修墨迹。大殿东西两梁有楹联一副，曰："皇风祥辑衍遐龄万姓同跻仁寿""佛日光辉崇盛世群山咸悟真如"。大殿内有16根棱状柏木柱，其中金柱6.45米高，直径40厘米，檐柱4.28米高，直径32厘米。正间的柱身都略向内侧倾斜，金柱内倾16厘米，檐柱内倾8厘米。这与全国著名的元代建筑山西芮城永乐宫龙虎殿相同。地基以柱础为中心所浇，各不相连，在柱础周围1.8米×3米的范围内，施浇了深达1.8—2米的黄土和炼铁的渣滓，分层夯筑，最下为铁滓，表现了宋元木结构建筑的典型风格。大殿不仅为上海现存最早的寺庙建筑，且是上海地区唯一的元代木建筑，是我国古代建筑的重要文物。

新中国成立后，人民政府十分重视该寺的保护。1950年6月21日，拆除前山门残墙时，对两侧全貌、雕刻题字均摄影留档，并延请古建筑专家刘敦桢教授前来勘查鉴定，确认金柱、柱础、部分斗拱都是元代旧物，其平棊草架构筑法也是元代特征。1959年5月26日，真如寺被定为市级文物保护单位。1963年至1964年，市政府重新拨款，大殿内外整修一新，并恢复元代式样。这次修缮进一步发现木柱的柱头、柱底都是弧形的，在诸如柱、斗拱、梁、枋等元代构件的榫卯隐蔽处，都有工匠所书的墨字，标明构件的部位与名称，所书又多为行话俗语，更增加了该殿的文物价值。

1977年12月7日，真如寺再次被列为市级文物保护单位。1987年10月，经上海市规划委员会批准的《真如居住区整理规划》明确规定，真如寺作为旅游景点对外开放。1992年2月4日，正式恢复佛事。1996年11月，真如寺大殿被国务院列为全国重点文物保护单位。

浴血真如抗日寇

真如，古处沪渎口，位于吴淞江侧。后介上海、嘉定、宝山三县要冲，为上海市西北门户，苏南腹地屏障。近代以来，沪宁铁路、沪宜公路相继构筑，铁路真如站、无线电发讯台随之建设，战略地位更显重要，是上海的军事要地之一。两次淞沪抗战中，真如地区均成为前线，尤其是"一·二八"淞沪抗战中，十九路军的临时军部设在范庄，使真如之战更为惨烈。

1932年1月28日23时40分，侵华日军向天通庵车站进攻，第十九路军奋起抗击，淞沪战争爆发。军长蔡廷锴立即发出总动员令，并立刻与蒋光鼐、戴戟从市区步行至真如范庄临时军部，拂晓始到。

十九路军七十八师一五五旅第三团进驻真如。29日，六十师自苏州、无锡、常州、丹阳一线援沪，先头第一团抵真如。原驻真如的宪兵第六团第一营赴北火车站增援；12时，参谋处长率部分总部人员抵范庄。30日，六十师黄茂权团于真如至中山北路一线布防，以卫侧背。之后，十九路军及第五军将士与日军展开多次激战，歼敌颇多。

3月1日23时，侵华日军在太仓浏河口登陆，十九路军及第五军退出真如防地，由邓志才旅梁佐勋团负责收容。梁佐勋团在真如车站阻击日军追击部队，战斗甚烈，伤亡颇重，后退至江桥。3月2日，侵华日军进占真如。

十九路军临时军部——范庄，位于真如火车站西南，今车站路口、桃浦公路105号西侧。原为广东富商范肖之别墅。建于民国九年（1920年），占地约6亩，主建筑为1幢西式平房，前有80平方米的草坪，周围广植花草树木；东侧有50平方米的玻璃暖房，暖房前凿有水潭，潭边一水亭；庄周竹篱为墙。廊芜下有一联："把酒涤胸襟，任世界变乱纷乘，地似桃源堪息影；凭栏舒画眼，喜风月留连共语，园非金谷也陶情。"环境十分幽雅。"一·二八"抗战期间，宋庆龄、杨杏佛、宋子文等曾来此慰问抗敌将士。后毁于"八一三"战火，现为车站新村一部分。1990年8月，真如镇人民政府立碑纪念。

羊肉香飘二百年

真如羊肉是闻名苏浙沪的传统风味小吃，始于18世纪，已有200多年历史。

上海人食羊肉自立秋至立春，用于驱寒。嘉定农民却有伏天食羊肉的传统。旧时，每天凌晨3时半，农民上街泡茶馆，4时半许，进羊肉馆要上一碟羊肉，酌一二两白干，嗣后吃一碗羊肉汤面，即下田劳作。

真如羊肉品种有白切、红烧两种。白切羊肉，又称"阿桂羊肉"，以北石村人王阿桂的独特制作方法得名。活宰山羊，连皮切成小方块，先焯白水，再在陈年老汤中焖熟，呈粉红色，有色、香、鲜、酥的特点。当年日售量在150公斤以上。其子在朱家湾、北新泾还设分摊。

红烧羊肉，又称"生糟羊肉"。民国初，扶栏桥东有赵群林、赵云山兄弟，每天清晨在北大街固定摊位出售自制的红烧羊肉，咸淡适宜；另一家以红烧羊肉著名的是李润强的余庆祥羊肉店。其制作方法是，活宰山羊，带骨切成小方块，按小、中、大的规格用丝草紧扎入锅，再放入配以糖、黄酒、酱油、葱、姜的老汤中焖成。有卤浓、肥甜、鲜糯的特点，且肥而不腻，酥而不碎。食时须热锅热吃。

1949年前，真如有6家羊肉馆，1958年合并为一家，名真如羊肉馆。1987年12月，"古镇牌白切羊肉"被市饮食服务公司、上海新亚集团联营公司评为"上海市局级优质产品"。1988年10月，被国家商业部评为"商业部系统优质产品"。

每天，都有许多顾客从市区各地慕名来真如享用羊肉。1986年4月20日，中共中央政治局委员、国务院副总理吴学谦来真如视察，谈起少年时随祖父来镇上食羊肉的趣事，临行还特地购买了1.5公斤白切羊肉带回北京，与家人一起品尝。

西站创建近百年

真如地介上海、嘉定要冲，是上海客运的一个重要窗口和货运的重要集散地。

上海西站位于真如镇北部杨家桥东。清光绪二十九年（1903年）八月沪宁铁路动工，光绪三十一年始设车站。光绪三十四年二月沪宁铁路建成，全长308公里，镇境内长约2公里，同年10月16日通车镇江时启用。初名真茹站，1946年改名真如站，1989年1月1日改今名。

　　初建时仅2股轨线、1座简易月台和1间简易站屋，为慢车停靠的三等客运站，俗称小炮台车站。因地僻车少，易于保安，重要专列停靠颇多。民国三十三年（1944年），侵华日军筑真西支线，是连接沪宁、沪杭两铁路的货运支线。自今上海西站至长宁站，全长5.4公里，镇境内长约1.7公里。1956年扩建太平桥货场，1960年又建成石泉路货场，使该站成为上海铁路枢纽的主要货运站。1982年被核准为一等站，1981年9月再度扩建，有420米长站台3座，390米雨棚1座，1 560平方米的候车室1幢，长50.4米、宽4.05米、高2.6米的地道1条，其他建筑4 000平方米，广场3 000平方米，从而满足了编发29辆客车组的需要。现今，上海西站有往烟台、北京、长春、沈阳等始发快车6次，始发慢车2次。有发自沈阳、南宁、长春、北京、贵阳、西宁等17次车的终到，有往贵阳、南宁、西宁等5次快车停靠。1986年起，营业额年年超过亿元，为上海铁路局二级企业。

　　至2002年末，上海西站完成运输收入24 849.6万元，实现安全行车2 652天，创建站以来最高纪录，连续14年7次获上海市文明单位称号。

远东最大发讯台

　　真如地区邮政电信事业起步较早。明初即设真如铺；清光绪末年，沪宁铁路局安装电话于真如车站；电报亦与电话同步，始于光绪年间。近代邮政始于清宣统三年（1911年）五月，设邮政代办支局于大顺洽京货店，隶上海邮政总局。民国时期设立的国际无线电台真如发讯台，曾是远东最大的无线电发讯台，至21世纪初，仍是国内较大的短波发讯台。

该台兴建于1929年,为国际无线电通信大电台之发报台,另在市区枫林桥设发报台、在刘行设收报台,外滩沙逊大厦(今和平饭店)内设中央控制室和营业处。1920年12月6日,国际无线电通信大电台揭幕典礼在真如发讯台举行。该台与枫林桥电台、刘行发讯台,同属国际电台,隶属国民政府交通部,担负国际电报业务。1921年2月,改名国际电台,简称"CGRA"。建台后首先开通中美电路,后又开通中法、中德等电路。至1935年,开启电路13条,包括欧、亚、美三洲12个国家和地区。1937年,有发讯机11部。国际电台为中国当时唯一由国家经营的国际电信通讯机构,其直达电路数一度居世界第四位。"一·二八"和"八一三"两次战争中,该台均是侵华日军轰炸与破坏的重点目标。1947年,可与亚、欧、美、澳、非五洲40多个国家和地区进行通信。

国际无线电真如发讯台

1949年后,真如国际电台仍然为中国和欧美等国家通信的枢纽。1951年,国际电台并入上海电信局,对外简称仍为"CGRA"。真如发讯台亦有很大发展,主要承担国内外的长途电话、电报、传真、广播,以及气象、航海、石油、渔业等专业通信。1990年拥有发讯机59部,天线64副,开启电路35条。该台多次在完成国际会议、国家领导人出访、卫星发射等重大通讯任务中立功受奖。

暨南大学在真如

暨南大学前身为清光绪三十二年(1906年)创建于南京的暨南学堂,后改称学校。

1921年2月,暨南学校商科由南京迁至上海徐家汇,并着手筹备商科大学。是年,校董会决定在真如车站南盈圩紧沿沪宁铁路地段,勘定200余亩土地为校址,次年6月动工建新校。1923年夏,将在南京的师范科和中学科、在上海徐家汇的商科分别迁进真如新校址,于秋季开学上课,取名国立暨南学校。设有商科大学部,专门招收华侨学生和有志去南洋从商的学生,培养高级工商管理人才,这是该校成为华侨高等学府的开端。1927年,郑洪年任校长时,经过改组、升格,改名为国立暨南大学。扩增文学、教育、法学三院,改商科为商学院,共有商、文、理、法、教5个学院16个系和2个科。

"一·二八"淞沪抗战中,该校校舍毁于战火者甚多,乃将中学部迁往苏州工专,大学侨生亦迁苏州借东吴大学上课,后又迁往广州中山大学。战事平息后返回。"八一三"抗战爆发,校舍尽毁于战火。沦陷期间,内迁福建建阳。1946年重返上海,因校舍难复,遂分借体育会路、宝山路等几处上课。新中国成立后,该院各系科分别并入复旦、北大等校。1958年,经国务院决定在广州石牌重建暨南大学,仍保持华侨最高学府的特色。

暨南大学自1923年9月至1937年7月在真如时期，系科设置得到扩充，教学质量有较大提高。鲁迅曾两次到校演讲，蔡元培、郑振铎、马叙伦、徐志摩、夏丏尊、李仲彝、曾朴等都开过讲座，一时声名鹊起。该校有经济研究会、中国文学研究会、教育研究会等学术团体，活动频繁，并发行多种出版物，在当时学术界、文艺界颇具影响。该校学生因多系侨生，寄宿校内，课余文艺体育活动丰富多彩，尤其是足球运动为暨南最出色的一项体育活动。该校足球队堪称沪上足坛劲旅，在抗战前的连续10届江南（沪苏浙）8所大学足球锦标赛中，夺得9届冠军、1届亚军。1927年，有4名暨南学生参加中华足球队，以4：3力挫保持14年冠军称号的英格兰队，轰动上海。1920年，有暨南学生7人入中华队参加上海足球联赛，初赛时以4：0大胜德国队，复赛时又以3：0淘汰上届冠军葡萄牙队，决赛时以1：0击败英格兰队，国人为之扬眉吐气。暨南足球队还曾于1928年前后参加球王李惠堂率领的东华足球队三次远征爪哇、英属马来亚等地，雄风远飏，使南洋华侨欢欣鼓舞。

暨南大学对真如的社会风气和民众生活影响很大。曹聚仁在《真如》一文中讲道："一到真如，仿佛进了南洋博览会，那乌黑的皮肤，那饱满的青春，那畅快的笑声，那花花绿绿的衣衫，那奇形怪状的帽子，就把真如乡民看得眼花缭乱了……"

重振雄风"铜真如"

真如镇，谚称"铜真如"。元末明初，每年农历四月初八佛诞节，真如寺前"悬灯演剧，赛神迎会，士女进香，填塞道路"。四乡之民蜂拥而来，商贾匠人设摊售物。真如庙会名闻遐迩，真如商业由此兴盛数百年。

自元明始，真如周围农村以植棉为主。市镇形成后，出现了纺纱、织布、榨油、豆腐、酿酒、锻铁、竹木器等手工业。其中手工纺织最为大宗，并形成以收购棉花、土纱、土布为特点的商业、服务业网络，成为环周农村物资交流集散地。

清陆立《真如里志》即记纱、标布为本镇物产，农妇纺纱"一手捻三线，以足运输，人劳工敏"；标布有"紫白二色，比户织作，昼夜不辍，暮成匹布，晨易钱米，以资日用"。其杜布、翔套柔软耐用，缜密为全邑之冠。每当行商来镇，"附近三十里内，均不惮远道，抱布争售"，年收购量达100多万匹，行销东北、广东、南洋等地。

清代中叶，镇东西2里，南北1里，有店肆200多家。商业区以南大街、北大街、寺前街、穿心街（市街区）为最早发展的区域，乾隆年间已发展到西港埭，旧志称镇为"中界桃树浦"。随着经济的发展，市街区店铺不断扩大，东至水塘街、北弄，南至南横街，北至梨园浜、庄家弄及车站路，西至糖坊街。上海开埠通商后，洋布倾销，土布业渐衰。近代租界日兴，植棉代以种菜，棉商代以菜商，真如成为上海西北蔬菜中转集散地。新中国成立后，一承传统，设有上海蔬菜公司第五经营部、种籽商店等，为农村蔬菜种植服务。计划经济时代，为上海主要的物资流通基地。改革开放后，真如镇利用地理优势，商业贸易发展很快。1985年，开设了全市最大的瓜果交易市场——沪西果品市场；1987年恢复举办真如庙会；1988年，兴办曹安路农贸市场，为全市最大的葱姜交易市场。20世纪90年代后，各类交易批发市场如雨后春笋般纷纷建立，市场经济与商贸活动成为真如镇新的经济支柱产业。昔日客商云集的"铜真如"重又生机勃勃，活力四射。

2000年5月，普陀区人民政府迁至真如镇境内大渡河路1668号，使真如镇成为普陀区政治、文化中心。根据《上海市城市发展总体规划》，真如镇被规划为上海市城市（西北部）商业副中心。随着普陀区行政中心迁入以及真如镇行政区划的调整，真如镇对新真如未来发展的功能定位作了相应调整，制定了"十五"发展总体规划。总目标是加快社区"四化"（现代化、生态化、学习化、民主法制化）建设，重点建设"四大功能区"——曹阳路现代物流园地，兰溪路仿古商业旅游区，大渡河路区政府周边政治、体育、文化中心区，真光生态社区。

金山嘴：上海最后的渔村

沈永昌

杭州湾畔东海之滨的金山嘴，一道古海塘、一个小渔村、一条老街坊，是金山区山阳镇渔业村的所在地。这个小渔村，拥有6 000多年的历史，海渔文化源远流长。

渔具馆里的镇馆之宝

在金山嘴街口，有个"金山嘴渔具馆"，展出的内容浓缩着渔民们千百年来与海相伴、以海为生的艰辛而动人的故事。

早在五六千年前，这里就有人生活在海边，他们靠的是海，吃的是海，但怨的也是海；一旦风烈潮涌，泥海塘挡不住势如万马奔腾的海浪时，房屋冲坍、田地尽淹、人畜逃亡，海边的人们吃足了海水的苦头。我们在渔具馆内看到，金山嘴海塘边，多的是茅草屋，几根竹片、几捆茅草，渔民们就此赖以栖身。

直到民国二十三年（1934年），金山嘴海域才重修海塘。海塘边还立有碑石，碑文称"松江县为西塘，第一二三段计长二六三五公尺……"这一1934年设立的碑石，现存在渔具馆内。1961年，国家水利部时任副部长钱正英在视察金山海塘时将这块石碑视若珍宝，如今这块石碑已成为镇馆之宝。游客们站在渔具馆内的石塘前，波

金山嘴老街

光粼粼，金山三岛依稀可见，小街石板路、马头房、小鱼摊……仿佛又回到了近百年前的金山嘴渔村。

渔民在海边生存，走的是靠海吃海之路。人们在渔具馆内可以看到，上百年前渔民捕鱼，用的是简单的插网、推网和草绳编织的草绳网，随着潮起潮落，渔网内捕到的只能是小鱼和小虾。之后有了竹排、小划子和舢板船，捕鱼的渔具也不断得到了改进。渔民以海域划定自己的桁地，在那里打根作业，放入海里的有捕大鱼的网簖，有捕海蜇的绳婆，还有捕小花鱼的篾袋等。那些网簖其实很简单，四周扎以毛竹为框，框上系有长度和网眼大小不同的网，再和一个出网口相连。这种网簖系在用毛竹打的根上，随着一天两次潮水的起落，海民们就从网兜中捞出各种海鲜来。

新中国成立后，渔业生产得到飞速发展，特别是渔民组织起来后，渔民捕鱼用上了机帆船，从近海捕捞发展到远洋捕捞。金山区

沪江游踪

泊在渔村河中的渔船

渔货大丰收

山阳镇渔业村，那时有17对机帆船、400多名渔民出海捕鱼。渔民用上了鱼探器、底拖网等新设备，不仅出海捕鱼，还能造船修船。渔具馆内有着大小数百种渔具，其中不乏渔具中的"古董"，有上百年修补渔船用的石臼和桐油桶，有渔民自制的冰鱼桶，还有拣鱼钓、小鱼扒等小渔具。此外，制作渔具用的配件，如绞索用的三心头、猪脚骱、打柴榔头等，不下上百种；渔民把鱼捉上岸后用的器具，也有板篮、脚篮、冰桶等林林总总；存放海货的又有醉鱼甏、咸鱼缸、海蜇缸等。

小渔村变成旅游村

过去，金山嘴渔业村是上海地区有名的渔港，历史上海洋渔业十分兴旺。每逢春、秋两汛，大鱼、海蜇旺发，来观潮或买鱼的游客、商贾云集，海塘上的人摩肩接踵，热闹非凡。20世纪80年代，金山嘴渔村渔民有800多人，拥有大小渔船45条，年产渔货116万担，捕鱼范围也从杭州湾走向远洋，南至钓鱼岛，北近韩国济州岛，是上海市渔业战线上的一面红旗。1981年曾荣获上海市模范先进集体称号。

作为上海最后一个渔村，金山嘴渔村历经了千余年的潮涨潮落。自20世纪80年代后期起，由于杭州湾海域渔业资源的逐步衰竭，大部分渔民不得不告别了赖以生存的大海。1996年以后，随着渔业资源进一步萎缩，这个靠捕鱼为生的村子开始落入困境。不少村民不得不弃船上陆，寻找别的营生。由于没有耕地，除了少数村民经营酒店外，大多数选择了进厂或者外出务工。

走下了渔船，村民们突然发现，学历和知识一下子变得重要起来，对他们年轻的子女而言更是如此。没有文化，就只能干体力活，一个月挣不了几个钱。村民们逐渐领悟到，只有好好念书才是渔业村下一代村民的唯一出路。

　　找到了出路,也就有了干劲。据村领导介绍,"失水"以后的这些年,渔业村的村民开始重视对子女的培养和教育。之后,从渔业村陆续走出了几十名大学本科生和众多的大、中专生。眼下,他们中有的在上海市区大公司就职,有的已经成为专业领域的行家里手,还有的在遥远的大洋彼岸留学深造。

　　更可喜的是,2010年初,在市、区、镇三级政府的重视和支持下,金山嘴渔村开始村庄改造,他们利用频临大海的优势,寻找新的经济增长点,努力让居民有事干、能就业。据村干部介绍,为了保留上海最后一个渔村的海渔文化,同时秉顾老街居住环境的改善,仿古修缮以白墙、黑瓦、观音兜的风格为主,最终展现为"移步有景,处处看景"的老街风光。修缮后的渔村基本保留了当地原始的建筑特色,力求展现老街渔村的古韵,充分展示金山独特的海洋文

渔村新貌

化和民俗风貌。由此,渔村实现了从传统渔业向旅游服务业的转型。

2012年,改造后的金山嘴渔村引入了文化元素,老街上开设了渔民老宅、渔具馆等颇具海洋文化特色的展馆;同时还引进了李山、陆永忠、张建军、赵以夫、唐建平等众多艺术家先后入驻金山嘴,成立工作室。中国书法家协会会员唐建平的书法工作室,就坐落于一条幽静蜿蜒的青石岔路上。金山嘴渔村无偿提供创作场所给有声望的艺术家,他们可以在这里开设工作室,也可以设立书画展览厅,甚至可以开辟一部分空间作为私人生活区域。

渔村还利用居民的空余房源,自2013年第一家民宿"渔家客栈"开张以来,目前渔村共拥有十几家民宿、100多间客房。民宿环境优雅清静,每个房间的装修风格各不相同。到了节假日,更是一房难求。游客们纷纷从海内外慕名而来,或观光,或休假,面朝大海,心旷神怡。

离渔村不远处的金山嘴小镇上,还有远近闻名的海鲜一条街。那里开有大小30多家海鲜酒家,配以60余家大小商铺,临近夜晚,霓虹灯闪烁,车水马龙,吃海鲜、看海景,游客们流连忘返。

云师傅成了造船非遗传承人

金山嘴渔村有句俗话:"船真屋假。"什么意思?因为造的船要出海,载着十几条生命和十几户人家的希望,一点也不能含糊,任何一个环节都不能马虎,否则就会船毁人亡。而屋是在陆地上的,虽然也住着一家老小,但稍有破损,不会出什么大问题。

希望自己能有一条出海的船,这是每个渔民都向往的,但往往可想而不可即。就是在1949年后,稍有积蓄的渔民也只能四五个人合起来造一条近海作业的小划子,至于舢板,连想都不敢想!

一个渔村能造船,要追溯到20世纪70年代。那时,渔业走合作社道路，出海捕鱼的小划子逐步换成了大舢板，像模像样的舢板船20米长，4至5米宽，载重量20吨。当年的修船匠就是凭着自己的手艺，照样子比比划划，造出了这些大舢板。渔业村一个叫姜品云的船工，跟着师傅学艺，1957年造出了金山渔业村第一艘舢板船，着实让渔民们高兴了一阵子。但舢板船只能在杭州湾的近海作业，20世纪70年代海洋渔业开始涉足远洋生产，姜品云和他的师傅们，造出了上海郊区第一艘机帆船，船长31米、宽度6米、吃水深2.5米，载重量达60吨，配上150匹马力的发动机，劳动模范吴效良驾驶这"大家伙"直抵东海渔场，成了东海渔场中有名的带头船。

姜品云现年已七十开外，渔村人习惯尊称他为"云师傅"。据云师傅回忆，自1979年起，他们凭着集体生产的积累，每年能打造一两条大船。到80年代初，已能打造载重80吨、动力250匹的网船，配上一艘畏船形成对船，在远洋生产中搞大拖网作业，鱼产量成倍增长。到90年代初，渔村自己打造的机帆船有20多艘，最大的远洋运输船载重达到100吨，动力250匹，驰骋在东海渔场上。每当造船师傅们看着自己打造的渔船满载而归，都倍感自豪。

星移斗转，日月如梭。当年的造船师傅，现今都已入古稀之年，当年的辉煌渔业已成为历史。为让后辈能了解渔村的过去，在建造金山嘴渔具馆时，大家请云师傅造一艘渔船模型展出。云师傅非常高兴，找出工具，翻出图纸，很快以1：10的比例画出了草图。

打造一艘船模，需要数百个部件，麻雀虽小，五脏俱全。云师傅从打造龙骨开始，刨锯拼接两侧船体，再造船头、船尾，船上还竖起了主桅，桅杆顶部配有神仙葫芦，十多根横档撑起篷帆，船艄还安装有舵杆。一艘舢板船内有头舱、中舱、回门舱、大舱、前连环舱、后连环舱等，连每块甲板都盖得平平整整，像模像样。船模展出后，成了渔具馆内最受参观者青睐的展品之一。

不久，当地政府把造渔船这一绝活作为非物质文化遗产项目进行了申报，姜品云师傅也被金山区授予"非物质文化遗产项目代表性传承人"称号。

此外，在金山嘴渔村中游览，还有一座金山嘴妈祖文化馆值得参观。笔者已有专文在2016年第4期《上海滩》介绍，这里不赘。

一湖三镇:名动海内外的江南明珠

曹伟明

在拥有300多平方公里的上海淀山湖地区,紧连着3个国家级的历史文化名镇、200多个文物古迹点、20多项非物质文化遗产,这在我国都是绝无仅有的。它们是新江南水乡建设的有效载体,古镇更新和创新的文化条件,也是打造世界著名湖区的源头活水和魅力所在。

淀山湖有11个西湖那么大

淀山湖位于上海西部的青浦境内,可说是"上海的西湖"。因湖中有淀山而得名。西南连接元荡,与江苏昆山毗邻,是上海地区最大的天然湖泊。淀山湖呈葫芦状,面积62平方公里,相当于11个西湖那么大。

1958年,当地渔民无意中在淀山湖底打捞出一批新石器时代与春秋战国时期的文物。每当天气晴朗时,还能看到淀山湖底古街石坊等建筑。上海考古工作者也在淀山湖周边的金泽、商榻、西岑地区调查发掘出一批印纹硬陶、铜镞等文物。这些发现和考古证实了淀山湖至少在距今两千年前曾是陆地,因为地壳运动下沉而成为湖。

朱家角的上海市级非遗项目"摇快船"

淀山湖的美丽,在于水之美,因为水造就了淀山湖的灵性,更馈赠了丰富的物产。湖水浩瀚,清澄如镜,烟树迷蒙,水天一色。它以盛产鱼、虾、蟹、蚬等久负盛名,尤以鲈、鳗、甲鱼、白鱼等著称,是上海地区著名的生态水源地。

淀山湖西纳太湖水,东达吴淞江入黄浦江。在宋代,淀山湖上通苏州、湖州、秀州"三州"之水,是江浙皖的航运要道;下通大、小石浦,出吴淞江入海。湖面广阔,渔民渡湖要用一天时间。到了清代,湖面大幅收缩,较之宋、元两代不过十分之三的水面。

这浩瀚的湖水,也是上海重要的水文化资源。智慧的青浦人,还顺应自然,凭借一泓湖水,做足水文章,在湖区的滨水岸线建起了景色旖旎的沿湖风光带。如今,每当节假日,许多上海市民来到这里,悠闲地在湖岸散步,成为人们"洗肺"的天然氧吧。在娓娓动听的波涛声中,感悟着历史的回响,吟诵历代文人骚客咏淀山湖的美丽诗篇。淀山湖已成为上海市民喜爱的"上海西湖"。

朱家角双套晒油荣获巴拿马世博会金奖

都市水乡朱家角是全国历史文化名镇，全国民间藏书之乡。

古镇朱家角，是2010年上海世博会的主题实践区，2015年中国城市更新的示范区。当年，那带有崧泽文化基因的朱家角人陆士谔，在《新中国》里畅想了世博会召开的百年梦想。张艺谋的世博申博片里有不少镜头，就是取自朱家角——那些从放生桥上飞奔而下的水乡女子，那些从水乡慢慢升空到上海高楼大厦、东方明珠的镜头语言，都直观地告诉人们：现代的上海与古老的朱家角有着某种渊源关系。

据史料记载，朱家角是上海工商业的发源地，早在宋、元时已形成集市，完成了从朱家村落到朱家角集市的迤逦转变。贯穿整个朱家角的漕港河，当地人称之为"漕港滩"。与"上海滩"有着某种默契。依河而筑的北大街，得益于水路运输的便利，店铺林立，前店后工场，商业日盛，烟火万家。

朱家角曾是"长三角"地区经济发展的龙头。在明代，它已完成了由乡村到城镇脱胎换骨的嬗变，成为一个独立完备的市镇了。

朱家角五孔放生桥

到了明末清初，北大街这一上海最早的"南京路"，已经具备"长街百里，店铺千家"的盛况。

到了清代，朱家角米市兴起，米业在北大街一跃成为百业之首。漕港河上米船络绎不绝，北大街上米行林立，江浙沪"长三角"地区都要摇船到朱家角北大街，看这里的米市牌价，北大街俨然成为米市的"信息中心""价格枢纽"。朱家角盛产的"青香薄稻"大米，成为全国米市的"领头羊"，并作为贡品，身价百倍。朱家角北大街上的米市，每逢稻谷登场，最高峰每天交易量达二三万石（约1 500至2 250吨），可谓人潮涌动，商贾云集。商号中既有经营特色商品的百年老店，又有上海、苏州、杭州大店名店的分号。北大街上经营的特产，如清水梅皮、玉露柿霜、麻酥糖、豆腐干、爆鱼等，素享盛誉。手工作坊、钱庄、典当、碾米厂、油脂厂、发电厂、邮局等星罗棋布，首开上海经济、商贸之先河。而北大街上涵大隆酱园生产的双套晒油，更是在1915年首届巴拿马太平洋万国博览会上一举获得金质奖。

从漕港滩到上海滩，从北大街到南京路，演绎了上海商贸发生和发展的历史，也体现了一脉相承的上海城市精神。

练塘镇走出共和国的"大掌柜"

练塘不仅是"人家尽枕河，水巷小桥多"的古镇，更具有"绿色练塘、红色古镇"的风采。一踏上练塘，便感觉不到其他古镇的嘈杂和纷乱，而是能听到那悠扬的江南丝弦，软糯的评弹吴语，还有国家非遗项目"田山歌"的演唱，领略到一番迷人的水乡风情。

练塘在所有的江南古镇中，数不上最繁华，但它以人杰地灵的历史、湖光水色的秀丽、民风民俗的淳厚、水生物产的丰饶而著称于世。相传在春秋时代练塘已有街市，而在东汉末年，孙权曾派大

练塘泖甸镇田歌队在演唱国家非遗项目"田山歌"

将周瑜在这河网纵横、濒临三泖九峰的胜地,建造战舰,张帆击橹,操练水军。所以,后人称这个小镇为张练塘。据说,当时操练水军用的一面大皮鼓,曾被留存下来,供在练塘的天光寺殿上,名为"吴王鼓"。当年,四乡八邻的善男信女经常光顾天光寺,在吴王鼓前踯躅流连,缅怀祖先,聆听生命激越的回响。

在这里,听书说书已有100多年的传统。如今,镇上的茶馆故事会、苗苗评弹演唱依然兴旺。伴随着丝弦悠悠,走在练塘的古街上,白墙黑瓦格外醒目。斑驳的石板路,隐隐地泛出青青的光泽。清澈的河水,闪耀着粼粼的浮光,弯弯的石拱桥,更显得古朴宁静。坐落于下塘街朝真桥畔,一座砖木结构的青瓦白墙小屋上,刻有"陈云同志故居"的木牌。在陈云同志诞辰95周年时,"陈云故居暨青浦革命历史纪念馆"落成开馆。这俭素、洁白的小屋,象征着陈云同志这位共和国的"大掌柜"求真务实的高风亮节。

坐落在练塘的陈云故居

金泽镇办起了文化创意园区

江南古镇金泽,犹如一幅千年铺染的水墨画。金泽是上海淀山湖畔的一颗璀璨的明珠,它因古代"穑人获泽如金"而得名。这是一块风水宝地,四面环水,水网密布,享有"江南第一桥庙之乡"的美名。唐宋以来,金泽古镇因拥有"六观、一塔、十三坊、四十二虹桥"而久负盛名。

金泽不仅桥多,庙宇也多。"桥桥有庙,庙庙有桥",桥庙相连,便是它的一大特色。

据史书记载,金泽"兴于宋而盛于元"。行走于金泽古街,眼前掠过的万安桥、普济桥、迎祥桥、如意桥、天皇阁桥、放生桥等不仅有寄托理想的桥名,而且工艺高超,具有很高的历史价值和审美价值。说起金泽的"物质遗产",还有一座建于南宋景定年间(1260—

金泽如意桥

1264）的颐浩禅寺古遗址，当时香火旺盛，"乡脚"遥远，有4 080间的规模。如今，遗址上那具有700多年历史的银杏树与不断云的石雕，依然透露出沧桑的古意。当年，赵孟頫、管道升夫妇及其他文人墨客，均在古寺内留下诗篇与墨宝。国家级非物质文化遗产青浦"田山歌"在这里世代传唱，众多的民间文化遗产，如商榻宣卷、水乡民俗、民间舞蹈、民间故事等，像淀山湖水一样源远流长，富有活力。

  近年来，随着青浦区文化建设的繁荣，在金泽古镇的迎祥桥畔，一个集传统工艺设计制作与当代艺术创作展示为一体的文化创意产业园正在崛起，把传统厂房改造成时尚空间。乡土旅游、传统饮食、民族婚礼、会务会展、民俗研究，包罗万象，成为上海市文化创意产业园区，深受文化专家和旅游观光者的喜爱。上海世博会后，金泽古镇吸引了不少国内外友人和游客光顾，文化产品也走出了国门。

灵动蓬勃的文化原创力，由"做园区"向"做品牌"转型，带动了"书香门第"、"文化名人工作室"、高校创意实践基地的纷至沓来，驻足于这块风水宝地，提升了金泽古镇的文化品质。

沪江游踪

外滩公园：见证中国人的屈辱史

杨嘉祐

工部局强占涨滩建公园

今日的黄浦公园，150多年前建成时，叫做公家花园或公花园，后来才改称为外滩公园。近百年间，这座公园见证了中国人受欺凌受侮辱的痛苦历史。当年在尚未动工之前，就发生了争端。

如今外滩公园鲜花怒放

1860年，在黄浦江与吴淞江（苏州河）交汇处，有一艘满载黄沙的货船在西南角沉没，不久形成了浅滩。这个湾口原本就是危险地带，上海开埠前，已有不少舢板船沉入水底。公共租界工部局准备填滩扩充土地，恰巧那时跑马总会卖掉了泥城浜东、浙江路西第二个跑马场的土地，得银10万两，愿资助1万两给工部局营建公园。工部局认为滩地在英国领事馆前，有权使用。而中国的法律规定：凡水道及海边涨滩，均属官地。上海道台得知工部局的打算，遂照会英国领事，要求尊重中国主权，然而工部局强调滩地在领馆范围内，不予理睬。两年后，因洋泾浜积满淤泥和垃圾，工部局便雇工挑泥，用以填滩筑岸，种上花木。既成事实后，英领事温斯达才致函上海道台，谓这块土地面积30亩4分7厘3毫，拟作为公众娱乐用，并不造屋牟利，要求豁免地税钱粮。道台应宝时知道与洋人打交道，十有八九是有理讲不清，为了维护他本人的体面，复文谓：其地虽为工部局填屯，但属中国官地，论理应征钱粮，因其地位于

外滩公园旧景

英领馆前,填滩为娱乐之所,设亭建阁,不属营利性质,故以洋商不得或租或赁、造屋牟利为条件,准其豁免钱粮。如不遵守,此文作废,衡情行事。

1868年公园建成。此园初名公家花园,而长期使用的园名是外滩公园,还有浦滩公园、黄浦滩公园、白渡公园、大桥公园等,英文是Public Park。以上一连串名称,都少不了一个"公"字,但这座公园的"不公"怪象却有60年之久。

"华人与狗不得入内"起风波

公园既成,由六人组成公花园委员会,日常经费从市政经费中支出。据说初开放时,没有不准华人入园的牌子,也未公开入园规则,但主管者吩咐看门巡捕,不许下等华人入内。看门巡捕如何识别上等人和下等人,无非是"看衣衫",西装革履、衣冠楚楚者可扬长而入,陋衫粗衣、穿着俭朴者一律拒之门外。由于园内不断发生随地吐痰、采摘花卉、攀树掏鸟巢等事件,管园人便认定都是华人所为,遂以此为借口禁止华人入园。其实外国人有随意摘花、踏坏草木的行为,上树掏鸟巢更以外国小孩居多,管园的不敢呵斥,而主管却将这一切一股脑儿推到华人身上。

不准中国人入园,但来的人却很多,还有大量外地人。管门人一一阻挡,不免要费许多口舌,有时还挨骂。据说就从此时起,公园挂出了"华人与狗,不得入内"的牌子。这种侮辱国人之举,引起了上海人的愤怒,纷纷提出抗议。1885年工部局订了入园规则,立牌于草地上。其第一条是脚踏车、犬不准入园;第五条是除西人佣仆外,华人不得入内;另有一条指出,凡小孩之父母及保姆格外留心,以免有不规则之事(如破坏草木花卉、爬树捉鸟等),可见外国小孩在园内闯祸的事也不少。这一规则并没有平息中国人的愤怒:

为什么规定华人不准入内，而印度人、日本人以及其他亚洲人都不在禁止之列，分明是有意贬低华人。

早在1881年4月6日，有颜永京、唐茂枝等七人，用英文致函工部局秘书长韬朋，对此事提出抗议，指出土地是中国人的，公园经费得之中外人士的纳税，而他们前往一游，却为管门巡捕所阻。这七人都是上海滩头面人物，颜永京是虹口医院院长、上海慈善事业的带头人，唐茂枝是怡和洋行买办。韬朋不得不给予答复，谓工部局董事会有令，此园面积有限，不能尽容华人入游，但衣冠清洁的华人仍允许入园，偶有被管门巡捕所阻，系出于误会。韬朋的这一复函，使工部局有些人认为不妥，于是韬朋于5月后再次给颜永京等写信，说容华人入园，乃优待地主之所处理，出于西人善意，而非华人固有之权利，工部局不欲承认华人有享用公园之任何权利。

1885年11月25日，上海绅商陈咏南、吴虹玉、颜永京、唐茂枝、唐景星（即唐廷枢，轮船招商局总办）、陈辉庭等，具函请工部局取消不平等待遇，并提出三种办法：一是发放华人游园证，由华洋著名人士介绍领证；二是将浦滩草坪、花木划入园内，扩大面积；三是将跑马厅旷地辟为公园。对于这些善意的建议，工部局交纳税西人会议仅同意发放华人游园证一项，并限定每证以一星期为限，于规定时间入园。如此限制，统计一年中领证情况是：一月无人，二月两张，五、六月十几张，七月三十五张，八月最多，六十五张，此后几个月，多则十余张，十二月两张。每张限4人，全年仅700人，平均每天2人。工部局称园小人挤，全是推诿诡辩之词。至于商绅们建议在跑马厅旷地开辟公园一事，则被跑马总会所拒绝。其实跑马厅内确有不少空地，一直到抗战胜利后也没有使用。

在外滩公园之后，工部局又造了昆山公园、极司菲尔公园（兆丰公园，今中山公园）、虹口公园（今鲁迅公园），当时的法租界也有顾家宅公园（俗称法国公园，今复兴公园），也是不许中国人入

昔日外滩公园内的淑女绅士

游,其入园规则第1条就是"本园专供外侨游园之用"。

直到60年后,1927年12月租界纳税人会议才决议让华人入园。1928年正式宣布对中国人民开放。这个时期,中国的形势不同了。1925年发生五卅运动,1927年3月上海工人举行了第三次武装起义,显示了中国人民的力量。北伐战争开始后,"打倒列强除军阀"的歌声,也在上海的大街小巷中响起。英国外交官、工部局的洋人,生怕不准华人入公园的规定,会引起中国人民"收回租界"的抗争,因此只得作了让步。

20世纪后期,有人曾怀疑"华人与狗,不准入内"的牌子是否真的存在过。我认为,在中国人民饱受奴役和欺凌的旧时代,这类侮辱中国人的事件是经常在世界各地和中国境内发生的。在外滩公园入园规则的文本上,虽然将"狗与华人不得入内"分条而列,但其意是非常明确的。上海当时居住了许多国家的居民,为什么入园规则单指华人不得入园,而上海当时除了狗以外,还有其他许多动物也是不准入园的，为什么入园规则上只写狗不得入内呢？"洋大人"的用意不是很清楚地表达出来了吗？人们只要稍微翻阅郭沫若、周作人等作家的文章，就可以看到他们与友人到外滩公园游览而被无理拒之于园外的事情。此外，作家曹聚仁在其《浦滩公园》一文中也曾写道：一个乡下人误入公园草地上，看门的印度巡捕将他赶去看"狗与华人不准入内"的木牌。曹先生在文后特地加了一句："列位看官这绝对不是虚话。"外国人的著作也记有此事，《中国的发展》一书中说租界内外（租界外越界筑路地方）的公园，除华人公园外，其余均不许中国人入内，甚至在公园前面悬有"华人与狗不得入内"的牌示。

"洋大人"占地造"华人公园"

下面再来看所谓的"华人公园"。

就在上海人民向工部局不断地提出抗议、要求向中国人开放公园时，工部局却在策划另建一座专供华人游憩的公园，地点在苏州河南岸的滩地，于是又引起一番纠葛。上海道台邵友濂派员察看，认为涨滩应属官地，然而1885年工部局已开始动工。邵友濂致函领袖领事鲁尔儒，称工部局填滩筑园，侵占苏州河面一丈有余，必须停工，而工部局却予以否认。三年后，道台龚照瑗会同英领事及工部局人员来现场，亲自丈量勘定界至，但工部局仍不依从，更由纳税人会授权，宣称此处滩岸是英国人殷司的产权。其实，这块地皮早在1881年道台刘瑞芬就派员丈量，发现面积较道契上多出十亩，声明此十亩为官地，双方交涉历经数月，结果由新任道台聂缉椝致函领袖领事，允准"官地"改建公园。信中还说："予同时认为重要者，即该地与其余官有滩岸情形不同，并请贵领袖领事转知工部局不得以此为据处置滩岸。"这是官场的阿Q精神。

1890年11月公园落成,规模很小,取名"华人公园"。12月18日下午二时,由聂缉椝宣告公园开放,园内悬挂他题的匾额"寰海联欢"。此园不受华人欢迎,游客稀少。更使人感叹的是,前后有五个道台与工部局交涉滩地事件,结果连一寸土地的地权也未得到。

外滩公园沧桑巨变

　　早期的外滩公园,具有鲜明的西洋风格,布局简单,景物不多。临浦江的一面,围以铁链式的栏杆,放了一排长椅,可观江上风光。园中央是音乐亭,常有西乐演奏。游人感兴趣的是两座喷水池。一座在石山前,1888年西人何德赠款所置,两童子撑伞立在池中,水自伞淋下,水花四溅,夏日颇有凉爽之意;另一座在音乐亭西北,假山顶上有水潺潺流下,汇入池中。

　　园内还有两座纪念碑,是中国人耻辱的标记。东南角的"常胜军纪念碑",那是清政府为镇压太平天国革命勾结英国侵略者组织常胜军,有个头目华尔在慈溪为太平军击毙,李鸿章为之立碑。东北角的"马加礼纪念碑",则起因于1875年英国与印度的武装探险队,由缅甸深入云南,遭到当地军民阻止,英领馆翻译马加礼与地方上的都司李珍国交涉,归途中被当地人打死。英国人遂以此为借口,威胁清政府订立不平等的《烟台条约》,上海的英侨为马加礼立碑。太平洋战争后,日军占领租界,出于反英美的需要,将两个纪念碑砸了,汪伪政府也跟着说这是消除侵略遗迹,但上海人民对此十分冷漠,嗤之以鼻。抗战胜利后,国民党部队和美军一度占用此园,后在上海市民的强烈要求下,外滩公园才得以向广大群众开放,曾改名为春申公园。

　　新中国成立后,外滩公园易名为黄浦公园,重新布置园景。入园处置假山一座,起屏风作用,以免游人初入园,即将园内布局一览无余。假山上一挂飞瀑，注入清澈的水池中，并塑有手举鲜花的男女少年雕像。进园的甬道两侧，绿树成荫。临江建有一座古典式望江亭，南北间筑临江长廊。

1950年，上海市人民政府接受各界人民代表的建议，在园内建立"上海人民英雄纪念碑"，但奠基后由于种种原因，没有施工。直到"文革"结束，拨乱反正，百废俱兴，上海市民及人民代表、政协委员提出完成建立纪念碑的工作。1987年，设计方案得到批准，即行施工。

"上海人民英雄纪念碑"，又称纪念塔，矗立在沉床式圆岛广场中央，由高达60米的三根花岗石碑体组成。旁置1950年8月的奠基碑，上有时任正副市长陈毅、潘汉年、盛丕华的名字，而潘汉年之名于1955年被凿去，"文革"后再重新补上。此外，还有建塔大事记，上海市人民政府1995年5月的题词："伟大的人民解放战争中，在上海牺牲的人民英雄们永垂不朽。伟大的五四运动以来英勇的人民革命斗争中，在上海殉难的人民英雄们永垂不朽。由此上溯到一八四〇年鸦片战争以来，为了反对内外敌人，争取民族独立解放，争取人民自由幸福，在上海历次斗争中牺牲的人民英雄们永垂不朽。"此外还有一组石刻画，内容包括：抗英斗争和小刀会、传播民主革命思想、上海工人运动和罢工罢课罢市斗争、中共一大会址、抗日救亡运动、第二条战线护校护厂、上海解放等。

虹口公园百年风雨录

杨嘉祐

上海第一座近代化公园——外滩公园于1868年建成后,公共租界工部局又陆续造了华人公园和昆山公园。造的第四座公园是虹口公园,1905年开园。然观其面貌,与其称为公园,毋宁说是运动场,或是体育游戏场。

虹口公园的碧波虹影

原名竟叫新靶子场公园

欲说虹口公园的来历，先要说一下今武进路的靶子场。当时这地方是华界与租界的交界处，工部局为了商团和巡捕房的演习打靶，造了一座靶子场，这条路也就叫做靶子路，后称老靶子路。1896年，因万国商团、巡捕以及外国侨民来练打靶的人数大增，此靶子场不敷使用，工部局便到宝山县金家库，从农民手里强购土地28公顷，声称用作开辟新靶子场。其实只需要9公顷，还多近20公顷，另建公园。同时，工部局借口新靶场来往人多，又进行越界筑路，目的是扩张租界。从老靶子路直到江湾路，连接19世纪初南面已筑成的一段马路，当时与苏州河对岸的四川路有渡口相通，便命名为北四川路，1946年改称四川北路。

工部局初定名为"新靶子场公园"，事实上是造体育场。先建了60余处草地网球场，这是最能吸引外侨的娱乐性健身场所，还有高尔夫球场、滚球场，接着开辟较大的棒球场、篮球场、足球场以及田径场，体操器械也较齐全，还有酒吧间多处。另以8亩地辟虹口游

音乐台

泳池，单独开放。1904年基本完工，次年开放。门前高挂牌子，上书"本园专供外侨娱乐活动之用"，又是华人不得入内。

1917年，公园增地30亩，添了不少园景。进园是一条宽广的通道，夹道种木兰花。前面大草坪上的草，是远东最精细的品种。草坪被一条小河分隔，河上架乡村式的小桥。草地一端是一座穹窿式的音乐台，周边林木翁郁，夏夜常见工部局乐队来演奏。草地另一边种有英国种的槐树、夹竹桃、桃树以及上海少见的植物。北面篱笆边，种着常青的荚莲，五月里开花，蔚为奇观。东面有湖，与靶场分界。

这是一座英国式园林，由苏格兰园艺和植物专家麦克利（Macgregor）设计，此君为上海租界的绿化工作了25年。

举办了两届远东运动会

1911年，菲律宾体育协会发起组织远东体育协会，邀中国与日本参加，宗旨是促进三国外交和国民体育，规定每隔一年在东亚的大都市举行运动会。第一届远东运动会在菲律宾首都马尼拉举行。当时中国的北洋政府政治紊乱，经济靠借外债维持，对体育运动毫不关心。因此，只得由上海基督教青年会率队赴马尼拉参加远东运动会，虽然没有得到锦标，却是中国第一次参加国际性的体育竞赛。1915年，第二届远东运动会在上海举行。可当时上海却连一所完备的体育场也没有，只有虹口公园能容纳较多的比赛项目和一定数量的观众。5月15日至21日，是中国体育史上光荣的一页，中国运动员获得足球、排球、游泳和田径四项冠军总分第一。这一次远东运动会激发了中国国民参加体育运动的热情，也引起政府的重视。如江苏省教育会在上海（当时上海属江苏省）开办体育传习所，上海县也在1917年辟南市公共体育场，规模虽不大，却使上海中小学生有了培训和举行运动会的场所。1921年5月30日至6月4日，第五届远东运动会在虹口公园举行，中国没有一项夺魁。

1927年，第八届远东运动会又将轮到上海举办，远东体育协会要求找一个适合的场所，由远东运动会中国委办兼名誉干事葛雷博士向洛克菲勒基金会联系，因为这位石油大王在当时上海法租界劳神父路（原名天文台路，今合肥路）有一块137亩的空地，可建体育场。征得同意后，在1924年先辟了网球场、篮球房、田径场、足球场，但因经费短缺而停工。1925年10月，由中华全国体育协进会向地产大王程贻泽募得巨款，收下原有五个运动场，又得洛克菲勒基金会无条件租用地皮若干年，遂着手建成中华运动场。

第八届远东运动会1927年8月27日的开幕式和9月3日的闭幕式，都在中华运动场内的棒球场举行。适逢南京国民政府成立，蒋介石为了在国际性的场合露面，担任了第八届远东运动会的名誉主席，政府投入不少经费，因而较前两次隆重。结果冠军为日本所得。

远东运动会共举行十次，马尼拉四次，上海三次，东京两次，大阪一次。中国仅在第二届夺魁，除第十次结果没有裁定外，菲律宾和日本各获四次优胜。

发生了惊天动地的大爆炸

日本帝国主义在上海没有开辟租界，但在虹口一带，名义上属公共租界，实际上却是日本人的势力范围。百老汇路（今大名路）是日本人在上海最早的聚居区，曾有"东洋街"之称。此后则推向北四川路北段，黄陆路（今黄渡路）、江湾路、狄思威路（今溧阳路）一带。1907年，日本侨民在日本领事及军人的操纵下，成立居留民团，拥有行政、立法之权力，处理日侨事务，办学校、医院、报刊，还成立日本义勇队。日本军队也驻在这一带，比工部局拥有更大的权势。

当年的虹口公园,也是日本居民的活动中心,经常在园内集会。公园虽于1917年开始向中国民众开放,但入游者不多,主要是担心与日本人发生纠葛,受到侮辱。19世纪末20世纪前期,上海租界内的四大公园,以法国公园(今复兴公园)和兆丰公园(今中山公园)的中国游客较多。

1931年"九一八"事变,日军侵占东北。翌年1月,日本军队及浪人又在上海寻衅,于28日晚向闸北进攻,遭到十九路军奋勇抵抗。相持一个多月,日军受到沉重打击,三易其帅,死伤万余人。我军因兵力不足,武器较差,又无增援,经美英法意等国调停,3月3日宣布停战,准备签订淞沪停战协定。日本人为大肆宣扬获得胜利,遂于4月29日庆祝天长节(即日本天皇的生辰之日),驻沪日军筹备的淞沪战争祝捷大会,也在虹口公园举行。中国军民得知,无不义愤填膺。十九路军将士更为气愤,向他们的上级京沪卫戍司令陈铭枢(当时任代理行政院长)提出应当设法阻止日本人的行动。陈铭枢知道与日方交涉,定然受辱,便来到上海,找到有"暗杀大王"之称的王亚樵商量,能否采取一些行动,给日本人的庆祝会制造点麻烦。王亚樵也很为难,因为那天中国人是一定不准进入公园的。但他得知韩国独立党领袖安昌浩和上海的大韩民国临时政府负责人金九都有意于是日采取行动,杀一下日本人的

朝鲜抗日志士尹奉吉

威风。"一·二八"战役,韩国友人曾支持十九路军。金九有丰富的政治斗争经验,认为当日寇疯狂的时候,能采取行动,暗杀几个头目,必然增强朝鲜人民争取复国的信心,对中国人民也有鼓舞作用。但要找到一个有勇有谋、不怕牺牲的人,既能准确地击中日酋,又不伤及无辜,却不是一件容易的事。最后,金九想到了前不久来到上海的朝鲜青年尹奉吉。

陈铭枢得到金九、安昌浩等承诺后,便与十九路军军官筹款5万元,由王亚樵交给安昌浩,作为行动经费和处理善后之用。4月26日,尹奉吉参加朝鲜人爱国团,由金九指导,在太极旗下庄严宣誓:"以赤诚恢复祖国之独立自由,为朝鲜人爱国团之一员图刺此次侵略中国之敌方将校,特此盟誓。"

金九、安昌浩积极进行准备工作,他们请上海兵工厂兵器主任、韩国独立党人王雄,联系化学工程专家林继庸,制造炸弹两枚,一枚仿军用水壶形状,另一枚仿日本人的饭盒形状。举事前几天,尹奉吉到虹口公园看了搭建检阅台的情况,因有许多日本兵监视工人操作,只得用目测、步测方法确定下手之处。他又买了一面日本国旗,作为掩护。一切准备妥当,在深夜写下了给父亲妻儿的诀别书。

4月29日清晨,尹奉吉向金九告别。7时,他顺利地进入虹口公园。8时起,日本公使重光葵与驻沪总领事村井先在日领馆招待各国领事与商人,然后乘汽车进入虹口公园。此时,司令白川义则大将、师团长植田谦吉、海军舰队司令野村,趾高气扬地检阅海陆军上万人。检阅后,一群人登上检阅台。这时天空下着小雨,一片阴沉,英美等外国官员都去躲雨了。鸣炮开始,18架飞机盘旋于天空。尹奉吉抓住机会,将"水壶"扔向检阅台,直落在白川等人脚下,轰然一声巨响,检阅台坍了。全场顿时大乱,礼炮也未放完。日本宪兵呆了片刻,才清醒过来,蜂拥而上,抢救伤员,先将主要人物送往医院。日军将虹口公园二里范围内重重包围,严密搜查,当场逮捕朝鲜人8名，中国人和苏联人各数名，带到司令部严加审问。尹奉吉也在内，为了避免牵连他人，即挺身而出，承认是他所为。当年12月，他被日军押到日本金泽，英勇就义。

如今在尹奉吉当年义举的地方，立有一块大石，上刻文字："尹奉吉，号梅轩，韩国人。1908年6月21日生。早年便投身抗日复国活动。1930年流亡中国。1932年4月29日，日本侵略军在此举行淞沪战役祝捷阅兵大会，尹奉吉乔装入场，投弹炸毙日本侵沪派遣军司令白川义则大将军，炸伤多名重要官员。尹当场被捕。1932年12月9日，尹奉吉在日本金泽英勇就义。"

日军虽获得作案人，但仍不罢休，又到法租界搜查韩国的地下组织。金九事前得到情报，先在美国友人费尔斯家中躲避，然后在中国法学界人士褚辅成掩护下，到浙江嘉兴乡下隐蔽。安昌浩虽化名李裕弼，仍被日军逮捕，因找不到真凭实据，他被押往汉城（今首尔）监狱，后病死狱中。

日方头目中，白川经抢救无效，于5月23日死亡。野村双目失明，植田炸断大腿，重光葵的腿也被炸断，换上假肢。二战结束，美国密苏里号战列舰在东京湾举行受降典礼，就是重光葵拖着跛足呈上降书的。

老公园更名为鲁迅公园

1937年全面抗战开始，日军就占领了虹口公园，在园内设地下火药库，筑钢骨水泥的防空壕，毁坏树木近2 000株。抗战胜利后，改名中正公园。

1949年后，恢复虹口公园之名，这座老公园发生了脱胎换骨的变化。后由于鲁迅墓的迁入，鲁迅纪念馆的建立，被命名为鲁迅公园。以名人的名字命名公园的，在上海恐怕这是第一座。

将鲁迅墓从万国公墓迁葬至虹口公园，文化界早就有人提出过建议。1951年，上海市园林处着手将此园重建为中国式的公园。1956年1月，国务院决定迁葬鲁迅墓，由上海市文化局负责制订规划，园林部门配合公园改造的设计。这年是鲁迅逝世20周年，迁墓仪式定于10月19日前举行，全市有很多纪念活动。

虹口公园的改造方案，将全园划成三个区：一是纪念瞻仰区；二是风景游览区；三是文娱活动区。

粉墙倒影

纪念瞻仰区于1956年1月开始进行第一期工程。为鲁迅迁葬，在10月14日举行隆重的仪式。是日，上海市时任副市长金仲华代表市人民委员会向鲁迅献旗、献花圈，旗是当年鲁迅逝世时民众代表所献的盖在棺上的"民族魂"锦旗。扶柩入葬的有宋庆龄、柯庆施、茅盾、周扬、巴金等，参加仪式的有2 000人。

鲁迅墓和公园内的鲁迅纪念馆都是建筑大师陈植主持设计的。墓地踞全园的中部主轴线上，前后分三层。前面是小广场，中央一块天鹅绒草地，矗立鲁迅铜像。拾级而上，在方形的平台上，两端立石柱成花廊，植紫藤，架下设长椅。最上层，一面屏风式大墓碑，宽10.02米，高5.38米，碑上是毛泽东所题的"鲁迅先生之墓"。墓穴在碑前，石椁上盖石板，碑后有土山。这一带遍种松柏、香樟、桂花、腊梅等，还有日本友人所赠的樱花。墓穴两旁有许广平、周海婴种的桧柏。墓南土山上，耸立着鲁迅纪念亭，三面环水。鲁迅纪念馆在园之东南部，是上海第一家名人纪念馆。

风景游览区在北半园，半为大湖，湖中有岛，湖畔亭榭屹立，还有一条柳堤。天柱山是一座大土山，高22米，占地1.5万平方米。山顶有平台，南通一道黄石堆成的崖壁，一条人工瀑布如白练飘入池中。北面尚有百鸟峰，高约9米。

文娱活动区内有儿童园，备有大型游艺机。展览馆经常有花卉、盆景、书画、手工艺品展出。在这样的园林中，茶室自然是少不了的。

鲁迅塑像

复兴公园百年沧桑

马淑培

位于复兴中路上的复兴公园,是上海乃至全国范围内保存较为完好的一座法国式公园,有上海"卢森堡公园"之美誉。在十里洋场的老上海,复兴公园以时尚和优雅而著称。今天,它仍在都市的中心,是人们休憩的乐园。

前身是一座法国兵营

复兴公园的前身为顾家宅村顾姓私人园林和农田。1900年,法租界公董局以7.6万两规银购入152亩民田,将其中112亩租给法军建造兵营,即顾家宅兵营,驻扎了一支参加八国联军侵华之战的法国军队。后来于1904至1907年间,法军陆续撤走。1908年7月1日,公董局董事会才开始计划在兵营旧址上建造一座顾家宅公园。同年,造园工程正式开工,法国园艺家柏勃(Papot)受聘主持园林设计,兼任工程助理监督。由中国园艺家郁锡麟负责设计,并责成公务处提出建设方案。公园于1909年6月建成,7月14日即法国国庆之日正式对外开放。外国人称其为顾家宅公园,中国人则称之为法国公园。

早期的法国公园只占有现在复兴公园的中部位置,面积不大。1917年,公董局聘法籍专家少默(Jousseaume)负责公园的大规模

1918年，法国公园一景

沪江游踪

扩建和全面整改，因工程量很大，所以直到1926年才基本建成。改建后的公园，面积扩大许多，达136亩。其主体风格是法式的，但局部也有中国传统园林的特色，亭台水榭，景色迷人。它的中心部分，由南边的大草坪和北部图案大花坛组成。大草坪约8 000平方米，空间开阔，四周树木繁茂，浓郁苍劲，花团锦簇，娇艳多姿，形成欧洲风格的规则式布置。法国梧桐遍布每个角落，另有儿童游戏场、环龙纪念碑等建筑，整个景观设计带有浓郁的法国风格。

公园开放之初，其公布的章程第一条第一项便明文规定：不许华人入内，但是照顾外国小孩和侍候外国三人的华仆，可跟随其主人入园。同时，又规定了狗不得入内。所以中国人与狗一样没有入园游览的权利。这种歧视中国人的规定，激起了许多爱国志士的愤怒和谴责。革命烈士方志敏曾在《可爱的中国》一文中，以自己1922年在法国公园的亲身经历对此作了控诉。

随着这种抗议日益强烈，社会上要求公园对华人开放的呼声也愈来愈高。1928年，公共租界公园取消了对华人的门禁。迫于压力，法租界公董局董事会于4月16日决议，由施维泽、利荣、魏廷荣组成特别委员会，讨论修改法国公园的章程。修改后的《法国公园规则》于当年7月1日开始实行，取消了禁止华人入内的规定，采用门票入园的办法，华人从此开始以一元的代价，享受常年游玩法国公园的权利。后来门票发展为两种：一种为每张售价为一元的常年门票，一年内可进入游玩；另一种是每张售价为一角的临时门票，可游玩一次。

  法国公园地处上海喧闹的市中心，这里不仅是个闹中取静的去处，而且也是一个可以暂时让人忘记烦恼的世外桃源。特别在炎热的夏季，法国公园更是成了市民的避暑胜地。1929年7月14日的《申报》上曾有人这样叙述：

  天气是这样容易使人出汗，坐在家中一刻也不能舒服，空间的微风渗杂着暑热扑在人身上，一些也感不到凉爽的意味。坐卧的家具似乎内藏着火炕，浮起一层热意。要在这样烦热的天气找一个比较凉爽的处所，我的思念终于投在"到公园去"的计划上。这提议应声地得到我表妹的同意，我们乘便带了些编织物去消磨那有闲的时间。那是个充满着法兰西风的公园。游人是非常的众多，阵阵的风吹来，清香的花草气掩盖了可厌的暑气。眼前的景物展开着一种织巧的淡雅的朗爽的美化，使人常有不尽的眷恋。

  这段叙述反映了当时上海市民喜欢去法国公园避暑游玩的情景。

飞行英雄环龙纪念碑立于园中

  年长的上海人也许还记得，今天雁荡路以西的南昌路旧名叫环龙路，在法国公园里也有一座环龙纪念碑。这些都是为纪念法国飞行家环龙而设立的。

1911年，法国飞行家环龙（Rene Vallon）应邀来上海作商业性飞行表演，他携带"山麻式"（Sommer）单引擎单翼和双翼飞机各一架，按既定计划于5月6日作正式飞行表演。这天，上海万人空巷，人们竞相争睹飞机的神奇。环龙驾驶着双翼飞机从江湾跑马厅起飞，途经上海半个城区后抵达市中心的跑马厅时，突然飞机在空中盘旋时熄火。按常规环龙可以弃机自救，但是他看到下面方圆一公里的地方全是仰首观望的人群，弃机可能造成数百人的伤亡事故。于是他尽力将飞机迫降到跑马厅的中央，结果机毁人亡。当时上海各报对环龙的献身精神给予高度赞扬，法租界公董局更视环龙为法国的英雄。为纪念环龙，1912年公董局决定把在建中的今南昌路定名为环龙路，并在法国公园北部建环龙纪念碑。

纪念碑的两旁，雕刻纪念文字：

纪念环龙君！君生于一八八〇年三月十二日（清光绪六年二月二日），籍贯法京巴黎，于一九一一年五月六日（清宣统三年四月八日）殁于上海。

君为中国第一飞行家，君之奋勇及死义，实增法国之光荣。

纪念碑正面镌有法国诗人埃德蒙·罗斯坦德（Edmond Rostand）作的法文诗赞道：

有了死亡，才有产生；有了跌，才有了飞；法国是身受了这种痛苦，使得它认得命运是在那儿！

荣福呵！跌烂在平地的人！或没入怒涛的人！荣福呵！火蛾似

的烧死的人！荣福呵！一切亡过的人！

抗战期间该碑被拆除，后未重建。

霞飞将军手植一株"自由树"

当时的法国公园是法租界内最大的公园，它是法国将西方市政建设和生活方式引入中国的标志。法式的布置容易让远在他乡的法国人引发思乡之情。所以，此园建成后，一直是法租界节庆活动的中心，不少庆典和其他大型活动经常在此举行。

1922年3月8日至12日，法国霞飞将军（J. J. C. Joffre）访沪。霞飞来访，法国公园理所当然成为一个很好的欢迎和接待场所。3月9日晚上7点，各界人士欢迎霞飞将军的提灯会在法国公园举行，盛况不亚于历年法国国庆的纪念活动。当晚，旅沪法国绅商在公园宴请霞飞将军及其夫人女儿，法国总领事夫人还举办舞会，出席者约有百人，来宾非常尽兴。

在霞飞将军来访的四天当中，在法国公园举行的另一个很重要的活动就是植树礼。在第一次世界大战中，霞飞将军为恢复世界和平做出了巨大贡献，所以这次来到上海，中外人士联袂请他手植一株"自由树"，以此表达人们对他的敬意和对和平的憧憬。于是在3月10日下午，霞飞将军在法国公园内亲手种植了一棵意义深远的"自由树"。

毛岸英三兄弟常在园中玩耍

在当时的白色恐怖中，租界比华界似乎要安全一些，所以中国共产党不少领导干部居住在此。法国公园也就成了许多中共党员子女的生活游乐场所，园中曾留下他们的身影与笑声。

1931年三、四月间，大同幼稚园迁往南昌路324号一幢三开间的楼房（现雁荡路小学校址）内。此处比原来的地方环境好，因为附近有法国公园可供孩子们游玩。当时这所幼稚园收养的小孩，主要是中国共产党干部以及与中国共产党有关系的同志的子女，其中包括毛岸英三兄弟，还有澎湃、恽代英、李立三、杨殷等同志的孩子。幼稚园的保育员，多为中国共产党干部的家属，其中有李立三、李求实同志的爱人。幼稚园的负责人，是在党中央机关特科工作的董健吾同志。园中所需经费，由党组织供给。

1931年端午节前后，毛泽民、钱希钧同志离开上海去苏区以前，曾和毛岸英的外祖母一起，趁孩子们游园的机会，到法国公园附近看望毛岸英三兄弟。见面后，毛岸英向叔叔毛泽民等讲了他们在幼稚园的生活，说他们每天在园内念书，晚上兄弟三人睡在一起；岸英还讲了妈妈杨开慧牺牲的情景，表示以后长大了要给妈妈报仇。他还问叔叔，爸爸毛泽东是否在上海？

毛岸英兄弟三人，在这所幼稚园内生活了有一年左右的时间。其间，1931年的四、五月间，他们在法国公园同全体师生拍了合影照。合影不久，约在同年的5月底或6月初的一天夜里，毛岸龙突然生病，腹泻、高烧，由保育员陈凤英（又名秦怡君，李求实同志的爱人）抱到附近的广慈医院就诊。医院诊断为噤口痢，经救治无效当夜病亡。次日，由幼稚园负责行政事务工作的姚亚夫买棺入殓办理了丧事。

日军侵华期间，法国公园也难逃劫难。1943年，汪精卫在上海建立的伪市政府以所谓收回租界主权的名义，改园名为大兴公园。抗战胜利前夕，日军因防空能力薄弱，便打算把法租界辟为"不设防城市（地区）"，以避免美国飞机轰炸。因为当时日本在沪人口集中在虹口区，军用仓库集中在杨树浦一带，轰炸目标非常显露，因此日本侵略者就想利用法租界作为其"最后的一根稻草",以保障日本物资的安全。大兴公园成了日军的练兵场和仓库。

1946年,中华民国国民政府为了庆祝抗日战争的伟大胜利,自元旦起将该公园更名为复兴公园,并一直沿用至今。

"战绩展览会"盛况空前

上海解放后,上海市政府多次对复兴公园进行改造和整修,并注意保护原有的艺术风格和景观特点,使其成为上海唯一一座保留法国古典式风格的园林,也是近代上海中西园林文化交融的一个杰作。

法国公园自建园起,就一直是上海重要的群众活动场所。从1914年开始,这里几乎年年举行花卉盆景展览,成为公园的传统活动项目。其中规模较大的一次,是1946年11月工务局在复兴公园举办的菊花展览会,参展的有园场管理处各苗圃、私有园艺农场和艺菊团体,并有各私家名菊如满天星斗、秋阳寒梅等,共有400多个品种4万余盆菊花。当时,公园内游人如织,川流不息,赏花处的游人大多围上三四重,后至者延颈伸首,仍然看不到菊花。展览会门票共售出22.76万张。另外,1974年这里曾展出一株大立菊,绽开了2 227朵花,真是一大奇观。

新中国成立初期,这里先后举行过许多大型的群众活动,其中有1949年8月上海文艺界拥军大会、1950年8月全市劳军大会、1951年抗美援朝文艺晚会等。1989年、1991年、1993年,这里举行过集科技与民俗于一体的大型灯展。1993年卢湾区文化艺术节游园大会,更成为全市首场广场文化活动。其中最值得我们回忆的一次是1950年5月到6月间,中国人民解放军第三野战军驻沪部队为庆祝上海解放一周年,在复兴公园举办的战绩展览会。5月29日下午二时,在

沪江游踪

20世纪50年代复兴公园景色如画

复兴公园举行展览会揭幕式,到会有人民解放军陆、海、空军代表,战斗英雄、各界代表及外侨来宾等约3 000人。整个展览会,共分照片、立体战役模型、台湾全岛立体模型、兵器及战役图表等几部分,还有被我防空部队击落的美制蒋机,这架飞机就置于搭建在喷泉鱼池的平台上,吸引了许多参观者。照片共有511帧,分为渡海作战、练兵、警备、生产、部队生活、军民关系、"七七"大游行、反银圆贩子斗争、五一劳动节、三野驻沪部队欢迎苏联文化艺术科学工作者与青年代表团等11个部分;立体战役模型是以立体的模型表现淞沪战役中最为典型的一个实例;台湾全岛立体模型布置在复兴公园西南角的大池里，与之对应的是台湾知识图表的介绍；兵器可分为各式各样的枪炮和战车两个部分；战役图表主要包括"淞沪战役经过要图"与"京沪杭战役攻势图"。展览会举办期间，数十万市民参观了展览，公园里每天都是人山人海，络绎不绝。在那架飞机前，不少青少年看了又看，久久不愿离去，为人民解放军的英勇善战而自豪。这个展览会让上海人民对当时的形势有了更清楚的了解，从而更加积极地支援前线，为解放全中国、建设新中国而努力奋斗。

马克思、恩格斯纪念像揭幕式

1983年3月14日是马克思逝世一百周年纪念日，中宣部在北京和上海同时塑建马克思、恩格斯雕像。上海城市规划部门广泛征求了美术界、建筑界、文化局、园林局和同济大学等单位专家、学者的意见，最后选定在复兴公园塑建。因为复兴公园地处市中心，附近有中共一大会址、中山故居、周公馆及规划中的革命历史纪念馆。园内绿化基础好，有大面积的草坪和花坛烘托，环境幽雅，能为塑像提供较为开阔的视觉空间和理想的光线效果。1985年8月5日正值恩格斯逝世九十周年纪念日，为了表达对革命导师的崇

矗立在复兴公园里的马克思、恩格斯纪念像

高敬意和永恒纪念，中共上海市委、市政府在复兴公园隆重举行马克思、恩格斯纪念像揭幕仪式。时任上海市长的江泽民主持了揭幕仪式。复兴公园格局是典型的欧式公园，纪念像及其环境设计既歌颂了伟大人物的崇高形象，又自然贴切地融入公园的氛围中，表达了中国人民对马克思和恩格斯的崇敬之情，也为公园增加了几分厚重的文化底蕴。

如今，每天都有近万人到复兴公园参加体育锻炼，"英语角""戏曲角""交谊舞角""大家唱"等群众自发性文娱体育活动在公园内活泼健康地开展；在园中举行的"玫瑰婚典"，曾是卢湾区（今并入黄浦区）的一个主要旅游品牌项目。

复兴公园是历史的见证者，近百年来，她目睹了上海乃至中国所发生的翻天覆地的变化。走进复兴公园，就仿佛走进了历史，令人感叹，但也令人振奋。

宋公园今昔

顾延培

宋公园今称闸北公园，位于闸北区东南部、共和新路1555号，东至平型关路，西临共和新路，南沿洛川东路，北近延长路。全园呈东西向长方形，按原有自然地理布局，总面积近14万平方米。

此公园有三大景区，形成三个特色。其西南部以宋教仁墓为特色；中部以园湖为特色；还有一个特色为茶文化，其内容分布在园内外各处。

宋教仁火车站遭暗杀

闸北公园是由宋教仁墓扩展而成的。建园至今虽只有100多年历史，但跨越了新旧两个社会。园中有近代著名民主革命家宋教仁的墓地，为市级文物保护单位。因此，该公园是先有墓后有园，为申城所罕见。

宋教仁，字遁初，号渔父，1882年生，湖南省桃源县人。青年时便投身革命，清光绪三十年（1904年）在长沙与黄兴、陈天华等组织华兴会，因策动武装起义未成，受到清政府追捕，遂流亡日本。1905年加入同盟会，任《民报》撰述。1910年在上海《民主报》任职。1911年7月，与谭人凤、陈其美等人在上海闸北创建同盟会中部总会，以长江流域的江、浙、皖、赣、鄂、湘、川、陕8省为中心策动武装起义。1911年武昌起义胜利后，他又积极策动沪、江、浙等省市起义并组建临时政府。1912年，以孙中山为首的南京临时政府成立，宋教仁任法制院总裁，并参加南北议和。同年8月，同盟会改组为国民党并在北京正式成立，宋教仁任代理理事长。由于国民党在国会选举中取得绝对多数的席位，宋教仁便满怀信心地准备组建政党内阁，以制约袁世凯的独裁专制。

然而，天有不测风云。就在国会开会前夕，1913年3月20日，宋教仁从《民主报》报社出发，在黄兴、廖仲恺、于右任等陪同下，赴铁路沪宁车站乘车北上参加会议。晚上10时45分，当宋教仁一行来到检票处时，突然遇到枪击，宋教仁被击中腹部受了重伤。于右任等速将他送往铁路沪宁医院救治。虽经医生进行剖腹手术抢救，但终因伤势太重，于22日晨4时与世长辞，年仅32岁。英年遇害，令人惋惜不已。

显然，这是袁世凯为铲除异己而对宋教仁下的毒手。噩耗传到南京，孙中山十分悲痛，赞扬他是"为宪法流血，公真第一人"。

王一亭受命建造宋墓

宋教仁被刺后，海内外震惊。著名画家、时任沪军都督府商务部长并兼任国民政府赈务委员会委员的王一亭被推选出来，负责建造宋教仁墓园。王一亭受命后，一切皆亲力亲为，精心操办。墓地初选在徐家汇附近，后觉得该处离宋教仁被刺地点较远，于是改择离北火车站较近的宝山县象仪巷乡间，此举得到社会各界、特别是闸北商界的一致赞成。王一亭便在该处购地近百亩，其中用于墓园的有43亩。墓园建成后，于1913年6月26日将原置于湖南会馆的宋教仁灵柩移葬于墓园中央。宋教仁墓由墓台、墓碑等组成，墓南不远建宋教仁的石雕坐像，四周植树，人称"宋公园"。为方便进出，特自湖州会馆起北至墓地，专门辟一条长约2.5公里的道路，命名"宋园路"。

据史志记载，宋公园建成后不久，由国民党左派和共产党人领导的国民党江苏省党部在上海成立，省党部成员柳亚子、宛希俨、杨明暄、糜辉、王春林等15人，于1925年8月前往宋教仁墓地进行凭吊并合影留念。

宋教仁墓园后因无人养护而荒芜，杂草丛生。1929年9月，上海特别市政府拨款对宋公园进行全面修葺，使墓园整洁，又栽花种草，并作为公园对外开放。1946年6月5日至11月18日，市工务局对该园又进行规划整修，植树500株，建茅亭2座，重新开放，并更名为"教仁公园"。

抗日战争胜利后，教仁公园曾作为处决日军战犯的处所；上海解放前夕，这里竟成为屠杀革命志士的刑场。中华人民共和国成立后，市人民政府拨专款对该公园作了大规模整修，并于1950年5月

20世纪70年代整修后的宋教仁墓园

28日改名为"闸北公园"。之后，该公园面积逐年扩大，至1979年总面积达205.39亩，成为闸北区最大的一个园林。1981年8月15日，宋教仁墓区被市人民政府批准为"上海市文物保护单位"。上海市时任市委第一书记陈国栋等市领导及各界人士百余人前往宋教仁墓瞻仰。

宋教仁塑像

笔者曾与友人一起专程去闸北公园瞻仰宋教仁墓地，但见墓区在绿树掩映下更显得庄重肃穆。墓地位于该园西部，占地面积6 000平方米，由两部分组成：一为墓地，一为雕像。墓地有墓台、台阶、石栏。宋教仁墓位于墓台中央，呈半球体形，外覆混凝土，墓顶饰有脚踩恶蛇的雄鹰，以示墓主人敢于向封建恶势力作顽强斗争的大无畏精神。墓前立有一块紫色花岗石墓碑，上刻"宋教仁先生之墓"七字，系孙中山之墨迹。宋教仁雕像在距墓南10多米处，为石雕坐像。他身穿大衣，左手拿着一卷书，右手握拳支撑着下巴，头部略向下呈沉思状，显现智者的神态。雕像下的基座由正方形三级大理石组成，总高约1米。基座正面刻有章炳麟手书的篆书"渔父"两字。"渔父"为宋教仁之号。基座背面刻有于右任撰写的铭文："先生之死，天下惜之。先生之行，天下知之。吾又何记？为直笔乎？直笔人戮！为曲笔乎？曲笔天诛！于乎！九原之泪，天下之血。老友之笔，贼人之铁！勒之空山，期之良史。铭诸心肝，质诸天地。"铭文虽短，却强烈表现出于右任先生对宋教仁被害的满腔愤慨。

墓台南的广场与墓道皆用花岗石铺砌。墓道口两边各立一根灯柱。墓区四周植有龙柏、广玉兰、香樟、罗汉松、月桂等多种乔木和灌木。笔者与友人去墓区瞻仰时,恰逢市民在这里早锻炼,打拳的、舞剑的、跳舞的……一派生气勃勃的景象。

七亭八桥一池荷花香

闸北公园的整体布局,以自然式为主。主景区在园中部,是一个天然形成的、一万多平方米的湖泊,水面有宽有窄,呈横"品"字形,因而岸线曲折多变。湖中有两个大岛、一个半岛,岛上假山高低错落。园中植树造林、栽花种草和供游人观光而建的亭台楼阁等设施,都是依湖而筑,因湖制宜。"七亭八桥"就是一道突出的风景线。

亭是一种敞开式的小型建筑物,多用竹、木、石等材料建成,一般有圆形、方形、六角形、八角形和扇形等,常设在园林中或风景名胜等处,供游客眺望、观赏和休息。该园中的七座亭子分别为四方亭、双亭、蘑菇亭、鸣凤亭、鹤亭、六角亭、石亭。它们如七颗宝石镶嵌在园湖四周,既是园湖的制高点,又是游园人观景小憩处。

双亭筑于园湖南部前岛偏东南的一座土山上,系混合结构,平面六角菱形,顶部为绿色琉璃瓦攒尖顶,亭内朱红立柱,周边设扶王靠,面积计18平方米,四周配植罗汉松、侧柏和狭叶十大功劳。入亭眺望,北侧是五老峰,东边为小假山,山坡上栽有广玉兰、白玉兰、月桂、花桃、海棠、柳杉、瓜子黄杨等乔、灌木。亭西小山上种了石榴、女贞、三角枫、蚊母树等,山下沿湖边栽一排樱花,花开时节,倒映水中,分外好看。亭北小山上植有龙柏、青桐、紫薇、

湖边的方亭与仿西湖的三潭印月

山下沿湖栽黑松、茶花、迎春,别有一番景象。

再说方亭,建于园湖东南岸,隔湖与双亭相望。亭为混合结构,单檐,蓝色琉璃瓦歇山顶,面积31平方米。亭内磨石子地坪,放置两组石桌石凳。亭北为临水平台,面积34平方米,三面设有栏杆。距平台不远的湖中置放3只瓶形花岗石石塔,组成仿杭州西湖中的三潭印月式景观,倒也十分别致。亭四周敦放石笋、湖石,并植广玉兰、枫杨、罗汉松、阔叶十大功劳等树木。湖边栽有垂柳、合欢,大有西湖风味。其他各亭都各有韵味,不身临其境是很难体会的。

桥在园林中是别具风韵的建筑物。闸北公园湖泊多,因而桥也多。园中八桥分别为天光桥、平桥、云影桥、曲桥(两座)、拱桥(三座)。这八座桥是连接园中各景点的通道,也是园中不同景观间的"纽带"。

云影桥建在该公园后岛东部,与药物园相连。药物园建于1960年,占地3 000平方米,内种中草药如杜仲、喜树、花椒、月桂、胡颓子、山楂、木香、醉鱼草、枣等数百种。这在上海的公园中是罕见的。

天光桥筑于后岛西部，为联系宋教仁墓园的通道，是单孔石拱桥。再往南有钢筋混凝土拱桥和前岛相通。

三曲桥在前岛西部，为联系松园的通道。其东、南、北三方设有钢筋混凝土的平桥、拱桥与园路和后岛相通。前岛上有土山三峰、双亭、五老峰以及众多花草树木，是该园的一大游览区。

此园西北部还有一个近20 000平方米的荷花池。池中植荷花、睡莲，池边植垂柳。池西北设一座由四方亭和长方亭组合而成的水榭，三面围栏，上置石桌石凳。每年荷花、睡莲盛开时节，别样的红，别样的白，成为园中最生动的风景线。

茶文化专辟十大景点

闸北公园的诱人特色是它的茶文化。自1994年起，在闸北区（现已并入静安区）人民政府的大力支持下，园内率先举办了国际茶文化节，受到了中外茶客茶商的喜爱。自那以后，每年举办一次，成为闸北公园吸引游人的一个显著特色。

为加强茶文化气氛，近年来在园内已形成富有中国茶文化内涵的十大景点。

壶王迎客，一把高3.1米、直径2.5米的特大提梁铜茶壶，安放于该公园西南大门外广场呈圆形的花坛中央。该壶耗用0.5毫米厚的黄铜板1.5吨，壶体上镶嵌有已故大书法家赵冷月题写的、紫铜制成的"壶王迎客"四个大字。在铜壶嘴下面的铜茶碟上（直径1.9米，高0.25米），安放着一个高1米、直径1.25米的大铜茶杯。此套特大茶具的基座外贴黑色瓷砖，长6.53米，阔3.35米，正面刻有"云海壶王，以茶会友"的金字铭文。基座上的杯底与壶底成倾斜状，形成茶壶正面向茶杯倒茶的形态，真是惟妙惟肖，常引得过往游人驻

公园大门口的"壶王迎客"

足观赏，啧啧称赞。

晚清砖雕门楼，在该公园西北部，是从七浦路342号原著名中医徐少甫医室兼寓所迁来重建的。整座门楼上置有精致的镂雕戏文，可谓丝竹并闻，缤纷炫目，为同类门楼中所罕见。

其余千壶塔、陆羽雕塑、春来茶馆、古戏台、古商贸街、茶科普长廊、李时珍雕塑、神农雕塑等八个景点，有序地分布在园中各处，成为公园以茶会友的象征，也是中国茶文化精髓的体现。

动物园与植物园

叶 辛

动物园和植物园虽然不在一个方向,但在我看来,两者联系非常密切。因为过去的上海人,被问及如何到这两个地方去,往往都会说:"到植物园去,得坐56路公共汽车;而到动物园去呢,要坐57路公共汽车。"我们这一代人几乎都知道,57路公共汽车的起点站在静安寺,56路公共汽车的起点站则在徐家汇。相当长的一段时间里,这两处不仅仅是闹市区,还是很多公共汽车和电车的换乘点。

原上海动物园大门,由徐匡迪题名

动物园旧称西郊公园

西郊公园更名为上海动物园,是1980年元旦的事。直到如今,很多老上海人讲起动物园,仍习惯称其为西郊公园。那么西郊公园又是何时开放的呢?

如今从静安寺坐上57路公共汽车,到西郊公园大门口,总共只有7.5公里,用司机的话来说就是"一脚就到了的地方"。然而120年前,那里还是河溪弯弯、芳草绿荫的江南水乡美景地。

赚够了钱的殖民者,不但要在上海滩建高楼、在租界建别墅,也需要休闲娱乐的场所。于是他们选中了西郊这块地方,于1900年开始拟建高尔夫球场。1904年,经过三年多筹建的"虹桥高尔夫球场"就此挂牌。

1954年在原址上建起的西郊公园,面积增大到了1 050亩。自开办以来,就成为上海市民蜂拥而至的一个游览地。在这里,既能游玩嬉戏,又能增长见识。佳木葱茏、花儿朵朵的园林里,栖息着300

20世纪50年代,西郊公园大门

多种珍禽异兽。游览过的市民们回到弄堂里,眉飞色舞地争相说着景色美丽的天鹅湖、别处见不到的"四不像"、远方来的大象、国宝大熊猫……养金鱼的朋友还会由衷地佩服道:"到底是政府办的公园,里面有那么多品种的金鱼!"尤其是儿童,去了一趟还嫌不够,还要闹着多去几次。家长则把去西郊公园当作激励孩子的手段:"你这一次要是考得好,我就带你到西郊公园去。"

当年去一趟西郊公园累得够呛

在过去,去一趟西郊公园实在是太不容易了。不冷不热,最好是阳光明媚的日子,首先得从市区各处赶到静安寺。杨浦区、虹口区等离静安寺较远的地方,光是到静安寺就得一个多钟头。等到了57路公交车站,就会发现排队等车的队伍,少说也要沿着人行道拐两三个弯。几分钟来一辆车,乘客们依次上车,总得把车厢塞得满满当当,公交车才开出站去。

从小学到中学,这队伍我排过不止一次。半小时能上车算是快的,基本上每次都要排上一个小时左右。来的车也分两种,每站都停的叫"站站停";只停几站的先是叫"跳站车",后来统一称为"大站车"。等上了车,还要像沙丁鱼罐头似的挤在车厢里。到了终点站,也就是西郊公园大门口的对面,一下车,大家就得冲锋打仗般冲向售票口。这时售票口不是排着长队,就是挤成一堆,买几张票还要等不少时间。

买好票进了公园,一个个景点走过来,人们从大象表演到种类繁多的鸟雀金鱼,都想要看周全。到了午饭时间,自带了点心盒饭的游客聚在一起吃,没带饭的花三角五分钱去公园餐厅里买一份盖浇饭,味道也十分鲜美。吃饭时,人们还要互相打听:"猴山的猴子表演看了没有?海狮顶球、海豹潜水看到了吗?"

没有看过的游客，吃完饭后就会去"补课"，把上午没看到的动物尽量看完，也得抓紧时间。因为最晚三点钟，就得在公园门口集合，毕竟回去坐车还得排队呢。到家后，所有人都像瘫倒了一般，坐下来就不想动了。只要是上海人，当时几乎家家户户都有过这样的经历和体会。

曾以盆景著称的上海植物园

植物园和动物园的情况差不多，只不过56路公共汽车是在徐家汇发车。到西郊公园是看动物，到植物园则是看花卉和盆景。

上海植物园到了改革开放前夕才正式对外开放，比动物园开放要晚24年。以前这地方叫龙华苗圃，以盆景园著称，面积和动物园差不多大。自向大众开放以来，盆景一直是植物园的主要部分。千姿百态的树桩盆景、以小见大的微型盆景、名山胜水尽在盆中的山

上海植物园繁花似锦

水灵动盆景、全国各地风格异彩纷呈的盆景……让喜欢盆景的游客往往能逗留一整天。

近十几年来,上海人对花卉的兴趣越来越浓,进植物园就是为了来看美不胜收的花卉,对植物园里的盆景自然是一掠而过。园内每年按季节举办梅花、樱花、梨花、桃花等花展、花卉节,人们往往会在双休日和节日期间涌进园内,一睹为快。

去年春天樱花节期间,我也入园参观了,人流盛况比之当年去动物园游玩也有过之而无不及。看来植物园和动物园,真的成了上海市民生活中的一个重要组成部分。

沪江游踪

上海第一座儿童公园
——昆山公园

朱亚夫

您知道上海第一座儿童公园在哪里吗？据1980年出版的《上海指南》介绍，1953年竣工的海伦儿童公园（今爱思儿童公园）是上海最早的儿童公园。然事实并非如此。海伦儿童公园是上海解放后最早为儿童开辟的公园。据上海《虹口区志》记载，上海最早的儿童公园是始建于光绪二十四年（1898年）的昆山儿童公园（今昆山公园）。它很可能也是中国最早的儿童公园。

上海爱思儿童公园

英国人托马斯·汉璧礼捐建

公园是都市中的公共绿地，是城市的绿肺，历来深受居民的喜爱。虹口地区的昆山公园地处闹市，在其100多年的历史中，几经变迁，历尽坎坷，很有一些故事。

据《虹口区志》记载，昆山公园"园址原为养鸭塘，清光绪十九年（1893年）租界辟建公园，光绪二十四年六月对外侨开放，民国二十三年（1934年）7月对华人开放。最早名虹口公园，后改称儿童公园、昆山广场，俗称昆山公园。民国二十六年改名为昆山儿童广场公园"。"1979年后，重新整理，到1983年5月修复开放。1989年，公园中部建高1.8米小萝卜头铜塑像。塑像根据小说《红岩》中宋振中烈士形象制作。天真无邪的小萝卜头，右手放飞蝴蝶，表现他对美好生活的向往，也使人联想反动派的残暴，为对青少年进行革命传统教育的场所。"

这座儿童公园的落成与一位英国人有关。此人名叫托马斯·汉璧礼（Sir Thomas Hanbury），商人、慈善家、园林设计师，年轻时就显露经营才能。1853年，20岁出头的汉璧礼远渡重洋，来到上海淘金，在这个冒险家的乐园中如鱼得水，先后与人合开汉璧礼洋行及宝威汉璧礼洋行，经营丝绸、茶叶、棉花及房地产等，不到十年便富甲一方。1865年，汉璧礼当选为公共租界工部局董事，成为上海滩炙手可热的人物。1867年，他出资托其兄在意大利靠近地中海的一处半岛上购建汉璧礼庄园，此庄园规模宏大，建筑精巧，多奇花异草，1882年曾接待维多利亚女王的造访，现成为一处自然保护区，对外开放。

汉璧礼对其财富与声望的发祥地上海的公共事业也十分关注，他创办了近代上海第一家小菜场——"中央菜市场"，他是中国第一条铁路——吴淞铁路的执行董事,中国第一封电报(从上海到香港)也是从他的办公室发出的。他还投资兴学,多次捐助各类私立与公立学校,创办"汉璧礼蒙养学堂",接收侨民孤儿和无国籍侨民子女。1892年,汉璧礼向公共租界工部局捐款5万元用于文化事业,公共租界工部局遂于次年成立上海西童公学,在蓬路(即文监师路,今塘沽路)和乍浦路口征地,于是就有了上海西童公学和昆山儿童公园。

上海昆山儿童公园位于昆山路13号。上海开埠前,这里原为一块荒地,中间有一个无主养鸭塘,周围居民也在此倾倒垃圾。清光绪十九年(1893年),公共租界工部局买下土地建造公园,成为对面西童公学的配套工程。起初,公园不对华人儿童开放,时隔30多年后,才对华人开放。

昆山公园坐东朝西,东至乍浦路,南到塘沽路,西临百官街,北界昆山路,约占地10亩。建园之初,公园四周木栅栏封闭,环园植乔木38株;园中央大草坪边建凉亭4个,各亭之间有园路相通。当年,公园的大门开在现在的乍浦路、塘沽路转角处,正好与马路对面的西童公学相对。初时公园规定,成人必须携带幼童才能入园,但因为公园位于市中心,居民比较稠密,成人要求入园游憩者较多,所以从民国十九年(1930年)开始,规定每天上午7时至12时,成人可以购票入园。

鲁迅和许广平曾携海婴游此园

网上流传着这样一张明信片,右上角红墙黛瓦的西童公学隐约可见,公园道路纵横,草地平坦,有两个头戴草帽、下穿短裤的男童正在玩耍。明信片上面赫然写着"Quisan Garden, Playing Ground",意思是"昆山花园,儿童乐园"。当时公园本不多,儿童公园更是罕见,这昆山公园自然成了儿童乐园,鲁迅当年曾带海婴游览过此园。

儿童公园

据《鲁迅日记》1932年10月9日记载:"晴。上午同广平携海婴往篠崎医院诊,付泉八元六角,并游儿童公园。"这里的儿童公园就是指昆山儿童公园。原来篠崎医院在蓬路300号,离昆山儿童公园不远,鲁迅携海婴就诊之余,趁十月秋高气爽,进入昆山儿童公园游览观光,让孩子呼吸新鲜空气,体现了鲁迅"回眸时看小於菟"的慈父情怀。

昆山公园曾经历了多次毁灭性的破坏:1941年沦陷时期,日本侵略军将其占为临时集中营,关押过300多名中国人;1949年上海解放前夕,国民党军又把这里作为停车场,地下沟管大部断裂,园内积水,花木也大多被毁;1958年"大跃进"期间,园内建窑烧砖,继而开挖地下防空工事,树木破坏殆尽,一度被迫闭园。之后,邻近塘沽路、乍浦路两面,又相继建起了区少年科技站(后改为区少年宫)、区图书馆,这样公园面积被腰斩了一半。

如今的昆山公园是2016年春经过整体改造后重新开放的。昆山公园的入口设在西面昆山花园路口,迈进公园,但见曲径逶迤,花木扶疏，高大的合欢树直冲蓝天，整齐的遛鸟廊架中传来清脆的鸟鸣声，花丛中的小萝卜头铜像也换成了一对憨趣十足的小鹿塑像。

　　现在，昔日的儿童公园已经变成了社区休闲公园，几位银发长者悠然地坐在花边长椅上，闲谈着当年的故事……

沪江游踪

稻谷飘香的农业园林

杨嘉祐

近年来许多城市在郊区兴建农业公园,这是建设社会主义新农村、改善生态环境、普及农业科学技术的新举措,也是发展旅游的新途径。

如今上海郊区也已出现不少农业园林,奉贤区在五四农场内筹建了占地50公顷的蔬菜主题公园,既是都市居民观光游览的新景点,又是农业院校师生培植蔬菜的实验园地。该区的钱桥、奉城间,有个申隆生态园,园内有森林、花圃、果园以及人工湖泊,供人休闲游览,又是森林养殖场、树木苗圃。闵行区纪王镇红卫村,辟城市园艺场,培植各种蔬菜、香料作物。在市区延安路绿化地带,也建造了一个果实园。南汇区发展上海鲜花港,在东海之滨建立郁金香主题公园,每年3月花开,对外开放。

其实,类似这样的农业园林在上海古已有之,到了近现代就更多了。下面就笔者所知,叙述一二。

徐光启花园:栽桑植麻种稻忙

我国自古以农立国,以农为本已是传统。当官的卸任回乡,称作归田。有些士大夫返归故里后,就着手造大宅、筑园林,园中不仅有山石池沼、亭台楼阁，还留下一隅之地，构茅屋竹篱、种植农作物，名曰"稻香村""又一村"，甚至园名亦取"农家乐""瓜豆园"之类，其实只是点缀景物而已。但明代科学家徐光启则与众不同。上海是他的家乡，他在上海有双园和农庄别业两座园林。双园在大南门外，距其故居九间楼不远，有南北两园，种桑植麻，这是他的农作物试验场所，至今老城厢尚有一条桑园街。后又在蒲汇塘畔造了农庄别业，园中大部分试种稻谷、棉花以及救灾的植物如甘薯、芜青等。别业内有后乐堂，藏崇祯帝赐书的"儒宗人表""文武元勋"匾额，还有瀼西草堂、春及堂，是他藏书、著述之处。他在此将农业实践的心得与成果写成初稿，去世后，由陈子龙、徐孚远等整理编纂成有"古代农业百科全书"之称的《农政全书》。这两座园林可算是上海最早的农业园林了。

冠生园农场：养花养鸟盖厂房

近代以来，上海出现了很多农业化的园林，性质不同，有官办公立的，有私人经营的，规模大小参差不齐，叫法也不一，有园艺场、农业试验场、植物园、农场等，而多数都是作为园林开放的。

市立园艺场是上海县植物园。1922年由浦东塘工善后局在东沟二里外琵琶湾开辟，面积约140亩，实属苗圃性质。1928年上海建为特别市，由市社会局接办，改名市立园艺场。按公园布局，除栽培各种树木花卉外，也有高高的土山，深郁的丛林，以及茅亭温室，供游人观光，但主要是作为农业试验场所。同时在浦东陆行设农业试验场，培育很多菊花，不乏名种，每年秋季举行菊花赛会，爱菊者种菊者纷至沓来。

1933年，市教育局在龙华路新桥路口、原格致书院藏书楼旧址上又办了一个上海市植物园，虽仅有8亩地，却包罗公园、园艺场、苗圃等。分为8个植物区，有观光植物、工艺植物、热带植物、食用植物、水生植物、药用植物、沙漠植物。另有盆花、盆景区，标本区。植物园不收门票，次年观众达7万人次。

20世纪30年代，以私人财力所办的农业园林中，规模最大的莫过于冠生园农场了。1933年，冠生园主人冼冠生在漕河泾杨家巷购地4公顷，建4层楼的食品厂厂房，将大片土地辟为园林，有树木丛林、花坛果栏，也有山石曲径、小桥流水。列入八景者为望梅轩、鱼乐天、望云桥、米苏亭、菊径、果园、绿荫山庄、勤农草坪。另有鸡乐园，饲养白毛来克亨鸡；鱼游天是金鱼世界，有名种金鱼百余缸，如蛋种、堆玉、虎头、龙种、美鳞等。这里所种的树木花卉，饲养的家禽和动物，大部分属冠生园食品生产的原料，故称为农场。鱼游天旁有草堂，檐下挂七八只鸟笼，构成鸟语花香、鱼跃鸡鸣的场景。农场内出售盆花、盆景、鲜花和各种农产品。饮食处供应本场所产面包、饼干、蛋糕、西点、糖果以及各色果子露等饮料。那时农场每年举行食品比赛会，招待批发商零售店等客户，还常招待新闻记者游园，以扩大宣传广告作用。抗战期间，生产一度停顿，抗战胜利后才恢复。新中国成立后，1970年前仍照常生产，1973年改组为益民五厂，厂迁漕宝路，农场则改作上海感光胶片厂。改革开放后，又恢复冠生园之名，名牌产品有大白兔奶糖、蜂蜜等。

商家花园：种树养花生意旺

上海人素来爱种花养花，明清时期，江桥梅花源、龙华桃花、法华牡丹等，都为人所乐道。上海开埠后，花市兴旺，租界里外侨日增，他们在生活中不能没有鲜花：日常家居，客厅里放盆花，卧室内置瓶花，庭院里栽树种花；逢节日送花，探亲访友赠花，青年男女求爱、订婚、结婚更需要花；公司商店开张，举办音乐会，戏剧演出，要送花篮和献花；亲人去世后，灵堂中布满鲜花和花圈。中国人本爱花，西风吹来，又受了一定影响，上海成了全国花卉消费量最大的城市，郊区本有不少花农与花田，但供不应求。从清末开始，龙华、漕河泾、梅陇、虹桥等乡镇，出现了许多经营花卉树木的花园，其中有原以种花为业的花农，有见花市兴盛弃种粮棉改事花木业的农民，也有专做花木生意的商人，在近郊购买地皮，辟为花园。在这些花园里，也有小山、小池、小桥、小亭、小厅作为点缀，供人游憩。

当时，比较著名的花园有凌家花园和赵家花园。在浦东高桥镇北，有凌家木桥，附近有集市，后来发展成镇。明末清初，有个姓凌的商人，在桥北造了一幢凌大庵，留出20余亩地种花，庵之四周，遍种桃、李、杏、梅和松柏，拿到上海斜桥（后为南阳桥）等花市出售，也有小贩批购后挑到城镇上叫卖。获利较丰的办法则是经营树苗，当地人称此处为凌家花园。清中叶，凌姓之外，邻近村落里有罗、徐、金、沈四姓，也开始种植花卉树木。五家皆种花，以桂花最佳，并种天竺、蜡梅，春节时旺销。五姓共有百户莳花，品种达百余。抗战前夕，凌桥乡发展到有花农200余户，花田450亩，品类200多种。他们组织了"浦东凌家花园花神会"，加入上海花木园业公会，其中也有若干户到上海开了花店。抗战爆发，上海一带花业日渐萧条。20世纪50年代末，凌家花园花农组成合作化的花木园艺场。1966年在"以粮为纲"的口号下，上海有人提出"菜农不吃商品粮"，花农们也只得响应，将大半土地上的花木砍掉，改种粮食、蔬菜。1979年园艺场恢复，80年代又开始兴盛，花田达900亩，销路扩大到全国各大城市，仅香港销量就占到上海总产量的百分之十四。

赵家花园原在今普陀区沪太路中山北路的赵家宅。清乾隆年间，有赵氏一族，以种花为业，各户的花田形成一个大花圃，产品销至上海一带，人称赵家花园。当时此处属宝山县彭浦乡，赵家花园及邻近地区种花土地多至700余亩，以梅、菊为优良品种，民国时则以康乃馨驰名。1949年后，赵家花园产品几占上海花卉市场销售量的半壁江山，并销至海外。1953年，赵家花园大部分土地被征用建造宜川新村，这里的花农或加入其他地区的苗圃农场，或为园林部门聘用。

此外还有一座黄岳渊花园值得一提。这是一位园艺家以毕生精力构筑的园圃，是研究栽培花木的园地。黄岳渊（1881—1964），浙江仁湖郯源乡人，18岁去日本谋生，加入同盟会，辛亥革命前后，随陈英士搞情报工作。后弃政从农，定居上海，在真如三千里宅购地10余亩，经营园圃，栽种名贵花卉，移植古木，仅菊类就有3 000种、月季300种，植树70余株，牡丹有名种姚黄、魏紫、绿荷等，常邀宾客来观赏，人称黄家花园。蔡元培酷爱此园，经常驱车前来。座上客还有于右任、王伯群、叶恭绰、王一亭、严独鹤等。"八一三"抗战，真如成为战场，黄岳渊、德邻父子将园中最珍贵的花木移至当时的法租界，在高恩路、麦尼尼路（今高安路康平路）口租赁一幢住宅，庭院较大，经精心设计，成为一座精致的园林，并举行黄园菊会。黄岳渊经营花卉，皆名贵品种，还为荣德生、沈楣庭、蒋寿宣等企业家、商人建造花园，与当时的日商万国花圃等竞争，致使万国花圃等停办，遂成园艺界权威。他曾任上海花树同业公会会长，著有《花经》一书。

农业花园：大多筑造在西郊

这里所说的"农业花园"，既具观赏性，又具商业性，以营利为目的。这类花园，从清末到20世纪40年代，都集中在上海的西郊，以龙华、漕河泾、梅陇、虹桥等乡镇最多，北新泾和浦东三林塘也有几家。名称多为某家花园或种植者本人的名字。

19世纪70年代，龙华镇南方板桥有陆永茂花园，资金1万元，

龙华园

占地17亩，主要种桃、兰、梅、菊，经销出售，后来造了暖房、花棚，培育名种，享誉沪上。1929年，上海市菊花会上，陆永茂的"绿荷"等获奖。1937年，日军占领龙华，为扩建机场，征用陆永茂花园土地，致使花园只剩下5亩地，从此一蹶不振。1949年后，此处造了居民新村。

民国时期，在龙华一带，此类花园日增。1917年，吴晋康在吴家宅建园，种月季、蔷薇、象牙红、石榴红、梅、菊等出售，后毁于日军炮火。20世纪20年代，俞家湾计桂华在6.4亩地上，造花棚24间，种白兰、茉莉、象牙红、杜鹃、梅，亦于抗战时被毁。龙华路西华容路南，清末有曹南花园，占地10亩，四周围以竹篱。后因附近有曹氏墓园，改名龙华园，有屋二间、亭二翼，种紫罗兰、桃、李、柳、柏。之后转售给六合公司，成了营业性的花园，30年代停业。还有杨根南于1924年所建茂兴花园，以种康乃馨为主。

说到康乃馨之类的洋品种，本是从国外进口，以满足外国侨民所需，但进口货毕竟有限。早在光绪二十年（1894年），梅家弄（今梅陇镇）牌楼乡艾家库的花农张阿五，引进种子试植，获得成功。后来，不少营业性花园，几乎家家都栽植康乃馨。张阿五又试种大丽花、郁金香，接着波斯菊、葛兰等洋花也被引进，销路蒸蒸日上，几乎家家都有玻璃花房、温室。

新中国成立后，这些花园走向合作化，生产集中，花园旧址上都造起了新公房。放眼今日兴起的农业公园，则具有理念新、规模大、品种多等优势，是昔日之农业花园、植物园等所不可比拟的。

豫园春秋

杨嘉祐

沪上"潘半城"

历经400余年沧桑、多次兴废的豫园，为明代上海望族潘氏所建。据其家谱，潘氏始祖是周朝开国十大功臣之一的毕公，武王封其子季孙于潘邑，遂以潘为姓氏。元末，潘彦章从常州避乱来上海定居，传至第六代潘恩及子允哲、允端，一门三进士，显赫于乡里。潘恩初任河南祁州知州，崇尚节俭，对百姓谦和，夫人曹氏亲授妇女纺纱织布，有"祁州黄道婆"之称。潘恩后擢升为河南、山东、云南等佥事、巡抚等职。地方上有跋扈的藩王残害百姓，潘恩不畏强梁，依法抑制此辈的气焰，搜集其不法罪行，上奏朝廷，致使洛阳的徽王废为庶民，昆明的靖江王罚减俸禄。他也曾弹劾权臣严嵩，却被谪往广东河阳县为典史。由于他为官声誉卓著，后又复原职，几次升擢，至刑部尚书。潘允哲、允端为孪生兄弟。潘允哲曾任义乌知县、陕西学政等，64岁卒。潘允端任工部主事，管理榷货收税的龙江关（南京下关），后升参政，督漕运事，皆为所谓的"肥缺"。未久，擢升为四川右布政使，掌管财帛。万历五年（1577年），因与藩王矛盾日深，辞官回乡，一意经营豫园。潘恩幼子允亮，任南京后军都督府都事，爱好书法篆刻，摹刻宋拓本《淳化阁帖》，官不大而入名士之林。

潘允端建成70余亩的豫园，颇为江南人士瞩目。潘氏家产之多列为上海首富，有"潘半城"之称。潘家在东城有许多华丽的住宅。安仁里（今老城厢安仁街东、方浜中路福佑路之间），有潘允端的世春堂。毗邻为慈保堂，潘恩夫妇所居。南有四老堂，潘恩八十岁时，弟潘惠、忠、恕皆七十有余，建此堂以便老兄弟经常聚会。潘恩八十大寿时，有同榜进士、后来当过宰辅的徐阶和原吏部尚书吴鹏前来祝寿，却不愿进城，潘家便择南门外筑三寿堂款待。此外潘允哲宅在东门内，允亮居北门，潘恩三个弟弟及子孙则另有住宅。

至于田产，潘允端拥有北庄、三林塘、龙华以及青浦、金山、昆山境内大片土地。每次收租，都携仆前往，亲自核算，并拜会地方官吏及缙绅，这样做无非是因款项巨大之故。潘允端还从事商业，住宅外沿街建市房开店，又有得力的奴仆经营棉布。后因亲信的仆人涉及官布事，官府勒令他出售田产赔偿，以致忧愤成疾，至67岁亡故。

造园为"豫亲"

潘允端造园，始于明嘉靖三十八年（1559年）。他因会试落第，便在住宅西侧的菜畦上，聚石凿池，构亭艺竹。三年后，考中进士，外出做官。至万历五年，解职回里，遂致力于园事，约十年后，大体完成。其后每年都增添一些园景，栽种花木，在离世前一年，还造了素心斋。

当年潘允端建园，最有利的条件是"物力既易，工费不惜"，就是说建筑材料价廉，而人工几乎不用花钱。明代中叶，天灾人祸频繁，造成社会上贫富极端不均。农民出卖土地、房屋，终至无立锥之地，只得卖身给富家为奴，即所谓"投靠"；也有一些工匠、小商贩，不堪负担捐税徭役，也投靠富家。这些奴仆，只给身价几两纹银，平时供给衣食。潘允端《玉华堂兴居记》就记有木匠某来靠、泥水匠某夫妇来靠等内容。豫园能大兴土木，就得力于奴仆中有各行的工匠，到外地购买材料，不怕路远，为叠那座重峦叠嶂的大假山，至浙江武唐采购黄石，用多艘船只装载，船工及上、下货的劳力，皆由奴仆担当。

潘允端在《豫园记》中谓造园乃是"愉悦老亲"。古文"豫"与"愉"同义，园名即含此意。然园未成其父潘恩已离人世，而潘允端则在园中度过了近20年的奢侈享乐生活。

玉玲珑

明末上海人吴履震在《五茸志逸》中写道："吾松士大夫归，一味美宫室、广田地、蓄金银、豢妻妾、宠辟幸、多僮仆、受投靠、负粮税、结官府、穷宴馈而已。"潘允端在园内上述十事可谓俱全。园中主厅乐寿堂，是潘家宴请地方官吏、士绅耆老、名士及亲友之所。设宴时必有戏曲演出，潘允端有"本宅戏班"，到苏州买了一批小厮，每人身价仅一二两，能演唱的至多十余人，取名呈春、呈清、呈翰等。其中以呈春为佼佼者，然未满一年，即因窃玉饰件被送官府治罪。本家戏班尚不满足，还请苏州、浙江戏班来演唱昆腔、弋阳腔、海盐腔，几乎是夜夜笙歌，闹到三更半夜是常事。他也撰写曲本，由自家班子排演。他与当时的名士王世贞、文徵明、王穉登、董其昌、陈继儒相互宴馈。

园成后，潘允端每日必至，之后则住入园中，而姬妾、孪童等也各据轩室，时常争宠相诟。

潘允端笃信扶乩，有事便扶乩请仙，以卜吉凶。门客中有专司扶乩者。每逢他乘舟外出，先扶乩定行程，若在舟中遇风浪，一日扶乩数次。

豫园多兴废

潘允端于万历二十九年（1601年）亡故，家道式微。偌大豫园，乏人管理养护。潘允端的孙婿张肇林有意豢管此园。明亡，清兵南下，张肇林是明朝的通政司参议，自身难保。为防止清兵占领，他在园内主要厅堂置佛像，改作寺庙，还请来僧人当住持。不久，张肇林病逝。瞬息繁华，已成过眼云烟。清康熙四年（1665年），上海有几个士子，在几座厅堂中设清和书院，还摆了松江知府张升衢的长生禄位，借张升衢之名募款。此阿谀之举直到张升衢罢官后才结束。此后，豫园成为文人墨客凭吊的遗迹。清初曹汴诗云："瞬息繁华几变迁，湖光山色尚依然。香消罗绮花边妓，梦冷笙歌月下船。画阁遗钿侵暮雨，断桥衰柳拂秋烟。游人莫漫嗟兴废，金谷当年更可怜。"

清康熙二十四年（1685年）开放海禁，上海本是贸易港口，于是又活跃了起来，形成一个商业城市。各地商人纷纷结成行会，建立会馆公所，造屋作为议事办公之所。有一部分本地商人，却看上了豫园的厅堂，如布业商人就在得月楼聚会，豆业则使用萃秀堂。乾隆二十五年（1760年），由上海士绅发起，富商解囊输财，重建破落的豫园。约20余年始告竣工，交给城隍后道士管理，因庙东已有东园（今内园）而名之西园。此园虽亭台堂室更换了名称，其布局仍

点春堂

沪江游踪

不脱豫园的模式。一个大变化就是向公众开放了。每逢年节及初一、十五，任人进园游览。官府也利用大厅，向商人们宣讲圣谕，并在此宴客。遇荒年旱灾，地方人士搭坛求雨，官吏也来拜祭。每年七月，还在园内举行盂兰盆会。

又经过数十年的风风雨雨，景物不免有损毁，道士无力维修。道光年间，官府见有不少行业公所在园内议事、请客、演戏，便招商承修。同治七年（1868年），经过清理丈量，出告示确定户名、面积等，勒石永志。其中占地最大的豆业公所，得十一亩七分余，柴业三亩余，糖业二亩八分。小者如羊肉业设在游廊，仅一分五毫。各业公所皆绕以高墙，各有门户。

鸦片战争后，豫园在二十年间迭遭三次破坏。道光二十二年（1842年），英军侵入上海城，强占豫园和城隍庙，大肆蹂躏，出现

"一望凄然……园亭风光如洗,泉石无色"的情景。咸丰三年(1853年),上海小刀会起义,以陈阿林为首的队伍在点春堂设公馆(即公署),在清兵猛攻下,坚守17个月。突围后,清兵入城,点春堂遭劫。咸丰十年(1860年),太平军进军上海。城内并未作战,而清政府却请求英法驻华公使派军队入城,在几个大公所内造营房,拆毁不少园景。事后竟不肯撤离,清政府只得令各业出钱赔偿方始离去。

同治年间,被毁的建筑先后修葺,也有拆除残余、另行设计布局的。如点春堂建筑群,除留一些假山池塘外,另建厅堂,尤其是出现了一条中轴线,有大厅歌舞台,前为和煦堂,后建藏宝楼,带有会馆公所建筑的规格。此后,在荷花池以南,原来的公所都不重建,而改造市房,开设商店。如清芬堂遗址成了桂花厅点心店,绿波廊改为乐圃阆茶馆,飞丹阁设菜馆,池西的濠乐舫是今南翔馒头店。摊贩的木板房,遍布荷花池周围。豆业、粮业公所门前,连同城隍庙大殿前的饮食店摊,于20世纪二三十年代形成邑庙市场。荷花池南,三穗堂、仰山堂内,开设了豆米业小学,点春堂为糖业小

萃秀堂堂匾

仰山堂

学。从大假山至藏宝楼,后沿福佑路,原是一道白粉高墙,而破墙开了照相馆、酒店、洗衣作等。邑庙市场的游人,都不知这里原有秀丽的花园,即使是附近的老居民,虽听到有大假山、萃秀堂、点春堂等,但因长期封闭在高墙内,也不知其存亡。

20世纪50年代,在社会主义工商业改造的高潮中,上海文化部门拟订了修复豫园的十二年规划,与改造邑庙市场的方案结合起来,并经上级批准。由于市场的改造、商业网点的调整,有关方面将那些与园景交错在一起的商店、摊户、学校、居民等陆续迁出。1956年秋,先从点春堂开始施工,由古建筑专家陈从周任顾问,上海市民用建筑设计院乔舒祺作复原设计,老牌营造厂江裕记施工。点春堂、三穗堂、大假山、萃秀堂、万花楼、得月楼、会景楼等次第修复,又重建玉华堂、九狮轩等。除湖心亭、九曲桥未能按规划纳入园内外,仅以五年工夫,于1961年9月就完工开放了。东南的内园,始建于康熙四十八年(1709年),原作为城隍灵苑,未久就归钱业公所。因平时保护得好，上海市工商局将内园连同各厅堂的家具、摆设交市文化局，使内园得以与豫园连成一片。1987年，修复东部的积玉廊、积玉峰等山景水色。2003年，在豫园东北角重建了涵碧楼、听涛阁等。

奇闻说不尽

豫园的景物都有一番来历，更有说不尽的轶闻和传说。

比如仰山堂堂后不施屏门，而有槛栏吴王靠，可仰望隔池巍峨的大假山，建于同治五年（1866年）。堂上建卷雨楼，蒙蒙细雨中，山色隐约如画。光绪二十四年（1898年）四月，德国亨利亲王来沪，上海地方官招待他游龙华寺、静安寺，并在仰山堂设宴，坐在池畔，观看山光水色。

明代园林多黄石假山，气势雄伟，大假山为当时叠石高手张南阳的杰作。据说潘允端请他时，他提出施工时主人不得干预。他带了一批工匠入园后，迟迟不开工，每日观察地形，又将每块黄石仔细琢磨。半月有余，心中有了丘壑，方始动工，没有多少日子就完成了。1937年上海南市区（上海原辖区）沦陷后，日军听说潘家在大假山下藏有大量金银财宝，便来搜索，并在山麓下钻探，结果一无所获。

另有龙墙，也是游客感兴趣的。从点春堂仪门内墙上的双龙戏珠开始，巨龙在粉墙上蜿蜒，又有穿云龙，直到大假山西，有几段因造屋拆去，龙身以瓦片组成，酷似鳞片。传说潘允端造龙墙是为了孝顺母亲。潘母一生有个愿望，即能到皇宫去游览一次，但终因各种原因未能如愿。所以他将豫园造得似皇宫一般，并建有龙墙。事为仇家得知，上奏皇帝，谓他有反意。朝廷派校尉去查问。幸有潘恩门生通报，潘允端急中生智，在几个大厅里塑了神像，并请道

钓鱼台

士在内念经。校尉见是道观庙宇，又得潘家贿赂，回去便为潘允端开脱。此事纯属子虚，但明末豫园内确曾改为寺庙状，故事出有因。更有说豫园是奸臣严嵩府，严兰贞盘夫索夫就在这里，那更是"戏说"之类的传闻了。

萃秀堂在大假山东北，山石流水三面环抱，嘉庆十一年（1806年）建，1922年因地势低洼，升高四尺。光绪五年（1879年），美国前总统格兰特（Ulysses Simpson Grant）周游列国，将来上海，提出要慈禧太后接待总统夫人，两江总督来沪迎接。清政府答复是太后素不接待外国后妃，两江总督有病，予以回绝。五月十七日由江苏巡抚刘瑞芬在萃秀堂设宴，用绿呢黄幔五鹤朝天八人大轿，并配有执洋枪的22人护卫迎接，以示隆重。

此外，尚有万花楼、玉玲珑、点春堂、钓鱼台等，均有许多美丽的传说，这里就不一一叙述了。

朱家角有座课植园

吴玉泉

早就听说朱家角有三景：在一线天北大街可以闻到石板的气味，在五孔石拱桥放生桥可以看到石孔的美景，在迷你园林课植园可听到石栏的回声。我一直想亲到这个江南文化古镇游览一番，终于在初秋的一个雨日，有机会游览了朱家角，纵情玩赏了三景的美妙，尤其是聆听了课植园的回声，令我至今仍陶醉不已。

原是"马家花园"

课植园位于朱家角北首西井街，环境幽静，风光独好，占地虽只有96.7亩，但在江南已算是一座不小的私家花园了。因园主姓马，故又称为"马家花园"。

花园的主人马文卿，祖籍江西，1853年生于盐商之家。他一面继承祖业，一面又经营起铜锡生意，甚至把生意做到了国外，成为朱家角的巨富。清末，马文卿捐了个虚职道台衔，并先后置地8 000多亩。1911年，58岁的他，选中了背靠大淀湖、面对井亭巷、与朱家角古镇隔江相望的一块宝地，建造私家宅院。当年，风水先生曾对他讲："大淀湖是聚宝盆，背靠此湖，必藏金纳宝；面对黄金水道井亭巷，恰如滚滚财源四海来；隔江（漕江）与古镇相望，宛如虎

小巧玲珑的课植桥

踞龙盘，实在是天下难觅的风水宝地。"马文卿听了，觉得选址此处营造庄园，确实是他颐养天年、兴盛家业的好地方。

为了建造这座园林，马文卿曾游遍江南园林，见到胜景决不放过，必命人着意仿建。如上海豫园风格的"荷花池""九曲桥"，苏州狮子林中的"倒挂狮子亭"等，都能在园中找到。如此集江南园林精华于一园的马家花园，规模恢宏，风格各异，在上海地区实属罕见。

妙在"中西合璧"

民国元年（1912年），马文卿开始兴建马家花园。停停建建，前后历时15年之久，耗银30余万两，直至马文卿去世时，该园还未全部建成。商人出身的马文卿为了让人感觉多一点书卷气，便把花园

沪江游踪

水榭台是看戏消遣的场所

望月楼

定名为课植园,乃寓"课读之余,不忘耕植"之意。故而园内既建有书城,又辟有稻香村,以应园名。

由于马文卿喝过洋酒,吃过洋菜,故对西洋建筑颇为欣赏。他在课植园里专门修建了一幢小洋房,虽然目前已不复存在,但见过小洋房并在其中读过书的众多学子,至今仍记忆犹新。在课植园里,马文卿崇尚中式"厅堂",头厅、二厅、三厅和迎贵厅的四埭进深的厅堂建筑,采用精致的手工艺,雕梁画栋,工艺精细。屋顶面采用双层瓦片行板结构,有冬暖夏凉之奇效。在迎贵厅东侧建有书城,有仿城墙、城垛,上书"月洞门"三字。进洞门,内筑有一拱形岸桥,桥扶手栏杆饰以翠绿琉璃瓦筒,显得古色古香。踏步上桥,可进入藏书楼,乃当时"课读"之用。迎贵厅南侧为假山区,有一条长约20米的碑廊,碑廊内镶嵌着明清著名书画家的碑刻,有明代文徵明的《游西山寺》、祝枝山的《梅花诗》、唐寅的手札及周天球诗笺等。

都说中国的古建筑只有走廊没有阳台，但在课植园却有阳台，这正是它"中西合璧"的特点。从阳台上往前看，就能看到对面有座五层楼的建筑，它是四方形结构，四面开窗，楼顶又建一小小的四角亭。在当时，那是朱家角的最高建筑，取名"望月楼"。当年马文卿造此楼，登高远眺，不但可以赏月，又可以饱览淀山湖、大淀湖、漕港河的三河胜景，他拥有的8 000多亩土地也尽收眼底。可是，后来他发觉洋人在朱家角镇西建造的天主教堂，比望月楼高出一截，心里很不舒服。他想：在中国的土地上，洋人的建筑怎么可以是最高的呢？所以，他特意在屋顶又加建了一个四角形亭子，使望月楼的高度超过天主教堂，取名为"冠云擎月"，意思是高得以云为冠，伸手可以擎月。

趣在"奇思异想"

课植园跟一般江南园林比，有许多不同之处，其中有些是园主的奇思异想。在园西南角的小山坡上有座五角亭，名为"倒挂狮子亭"。这在亭台建筑中堪称一奇。在中国古建筑中，亭子一般为四角、六角或八角，而这亭子独树一帜，飞翘着五角。据说这是讲究阴阳五行的平衡，金、木、水、火、土都全了，又寓意五谷丰登，希望8 000多亩良田年年丰收。抬头看亭顶，斗拱拼搭起来正好是一个"米"字，正中是"云中鹤"文官的标志，辐射出来的小木拱，分别是"福、禄、财、寿、喜"。在亭子的五个翘角上，雕刻着五只倒挂的狮子，意为"全倒了"（权到了）。

在碧波荡漾的荷花池边，有一幅几经磨难才保留下来的"五老图"石碑。图中央有两位老人在弈棋，左边是园主人马文卿，右边是当年朱家角的巨富之一、"菜油大王"蔡一隅，他是马文卿的姻亲，又是当年创办私立一隅学校的校长。另外三位老人都是当年朱

倒挂狮子亭,又名五角亭

家角德高望重的名人。这一年(1926年)马文卿已经73岁,垂暮之年,自然难免有生命易逝的感觉。他请来了华亭文人张汝蛎,为自己与镇上四位有名望的老人一同作序,请人书写以传后世。序文介绍了五老的生平业绩,还记载了这一天五老相聚课植园弈棋、抚琴、论画、吟诗并游览园中胜景之况,堪称园中一绝。

  古代园林建筑多廊,可在园中设复廊的却不多见。这种复廊也称封建廊。因为当时男人和女人不能同行,太阳照得到的一边称阳廊,供男人行走;另一边就是供女人行走的阴廊。阳廊这边希望男子能步步高升,所以设有台阶;阴廊这边是让身着罗裙、"金莲"款款的女人走的,所以走廊呈平坡状。廊墙上的15幅真迹碑刻,是马文卿聘请当时著名的金石专家依照真迹雕凿而成,字体苍劲有力,笔锋勾丝毕露,令人叹为观止,是极为珍贵的历史文物。

  沿着雨丝轻轻点击的卵石小路,穿过"碑廊"拾阶而上,登上足有五层楼高的四方亭子。放眼烟雾蒙蒙的整个课植园，倾听雨点敲打着打唱台、演戏楼、观戏厅的飞檐，一阵阵荷香从百米长的荷花池中飘来，好一番景致！我不由想起北宋进士王禹偁写过的那首《点绛唇》——"雨恨云愁，江南依旧称佳丽。"江南多雨，容易引起人的愁闷。然而，苦雨愁云都无损这佳丽之地的天然秀色。"水村渔市，一缕孤烟细。"站在亭上极目远眺，古镇朱家角尽在眼底。小桥流水，傍水而建的民宅，不时透出一缕缕烟丝，正向半空袅袅而上，显现极佳的田园风光。"天际征鸿，遥认行如缀。"仰望天空，虽然因节令看不见南飞的大雁，但天空和大地依然充满生机，触发人们对人生价值的无限思考。"平生事。此时凝睇，谁会凭栏意？"岁月悠悠，今古悬隔，然而面对古貌依稀的水乡风景，使人情不自禁地产生与古人"悠然心会"的感觉。

名在天南海北

课植园作为小巧玲珑的江南园林景点，早已名声在外，凡到朱家角游览的人，课植园是必游之地。据统计，仅2003年一年，购买联票进课植园游览的就达12万人次，这还不包括购买课植园景点单票的游客数，其中还有为数不少的国际友人。

据上海朱家角古镇旅游公司统计，2003年访问课植园的外宾就达十多批，其中有参加2010年上海世博会论坛的国际展览局秘书长文森特·冈萨雷斯·洛塞泰斯（V. G. Loscertales）等。2004年上半年，课植园接待的重要客人多达48批846人次。其中有丹麦王国首相夫人，有密克罗尼西亚西亚联邦总统约瑟夫·乌鲁塞马尔（Joseph J. Urusemal），还有摩洛哥独立党总书记阿巴斯·法西（Abbas EI Fassi）等。一位波兰议员更是被课植园内的美景所陶醉，久久不愿离去，差不多在每个景点她都留下了倩影。国务院原总理朱镕基及夫人在市领导陪同下，也曾兴致勃勃地游览了课植园。此外，中央和各部委领导盛华仁、陈至立、李景田、张思卿等，也都为课植园的美景留下一串赞美声。

　　课植园已经名扬海内外了。

沪江游踪

梓园风雨

顾延培

沪江游踪

梓园，坐落于南市老城厢内乔家路113号。这是一座崇古趋今、中西合璧的园林兼住宅。园主人为清末民初海上画派巨擘王一亭。因园内有一株百年梓树，枝繁叶茂，生气盎然，王一亭十分欣赏此树，便将园名定为梓园。

原是一座古园林

梓园原是一座古园林，清康熙二十一年（1682年）建成，为进士周金然花数年时间精心构建，占地约十亩，取名宜园。园内除植古树名木、奇花异草外，还筑有乐山堂、吟诗月满楼、寒香阁、青玉舫、快雪时晴轩、琴台、归云岫、宜亭等景点。这在明清老城厢诸多园林中，可算是颇有规模的古典园林了。

王一亭梓园故居

乾隆年间，宜园被申城明代名将乔一琦后裔购下。乔氏喜爱刻石、法帖，便将其收藏的《董氏家藏帖刻石》《最乐堂法帖》藏于园中，以增添文化气息。

咸丰年间，宜园被海上船王郁泰峰购得。因郁氏的"三进九庭心"住宅在此园东南部，于是便以宜园作为自己的住宅花园，故更名借园。同治七年（1868年），《乔将军草书帖》《一琦自书诗十八首刻石》在与此园邻近的"乔氏家祠"地下发现，郁泰峰后裔郁熙绳便不惜以重金将这草书帖和刻石买下，同置于借园中，以使借园更增文化底蕴。由此可知，梓园实际上是在一座有着二百多年历史的古园林的基础上加以改建而成的。

梓园主人王一亭

王一亭，名震，字一亭，初号海云楼主，后别署白龙山人。祖居浙江省吴兴县（今湖州市）北郊白龙山麓，幼年丧父，举家迁往南汇县周浦镇。外祖母喜爱绘画，王一亭从小受其影响，也爱画画，十一二岁时已画得很好，被视为少年奇才。

稍大，入李平书开设的慎余钱庄当学徒，之后在李家开设的天余沙船号当跑街，不久升任经理；业余进广方言馆习外语。由于他聪慧勤勉，年甫而立，即跻身大实业家行列，任日清汽船株式会社上海总代理，收入益丰，约于1910年前后买下借园作自己的花园住宅。辛亥革命时，入同盟会，参与上海起义，并让其长子当敢死队队长，营救被江南制造局扣押的陈其美，使之脱险。上海光复后，王一亭被上海军政府任命为交通部长及商务总长。尔后资助讨伐袁世凯，遭袁氏通缉，转而深居简出，作画礼佛，不遗余力。1922年被推选担任中国佛教会会长。1931年"九一八"事变后，他即辞去"日清"公司职务，并与之断绝来往。

王一亭（左）与吴昌硕在梓园假山前合影

王一亭在日本关东大地震时，赠给日本人民幽冥钟以慰死难者灵魂

　　王一亭在繁忙的工作之暇，喜弄翰墨，吟咏自适。早年拜画家徐小仓、任伯年为师。1914年，以诗、书、画、印四绝著称于世的吴昌硕大师移家上海，王一亭便与他结为莫逆，常在一起切磋艺术，画风大变。昌硕大师在所撰《白龙山人小传》中称赞道："书法醇穆雄劲，酷类平原，画则山水花木郁勃有奇色。更喜作佛像，信笔庄严，即呈和蔼之状。"

　　王一亭以书画会友，以书画赈灾。1923年9月，日本发生关东大地震，死伤惨重，粮食断绝。他闻讯后，立即募集救灾物资运往日本，为国际救灾物资的最先抵日者。他还铸幽冥钟赠东京都慰灵堂，灾民誉其为"王菩萨"。1983年，日中友好协会会长宇都宫德马在王一亭墓前立碑题辞"恩义永远不能忘"，表达了日本人民对王一亭的怀念之情。

中西合璧筑梓园

俗话说："主兴园盛。"梓园的鼎盛时期，约在1910—1936年的20多年间，正是王一亭的事业如日中天之时。其间梓园也有很大变化。具有二百多年历史的梓园，不少园景修旧如旧，保持了原貌；也有一些园景进行了改造或新建，旧貌换新颜。

笔者从王一亭的后裔——旅居美国的王孝达、日本的王忠启澳门的王孝行等处，获得了梓园和王一亭社会活动的图片以及相关文字资料，了解到梓园是以一个景色秀美的荷花池为核心拓展的。这个荷花池较大，池畔山石参差，古树权枒，有亭翼然突出池中。池中植莲、养鱼、花时香远益清，间或游鱼戏水，花、鱼互动，生气盎然。更有学画弟子，常在池畔写生，池、亭、假山、花木入画，远胜《王冕牛角挂书图》。入冬荷梗枯萎，池中蓄养白鹅，三五成群，时闻鹅声，优哉游哉，不觉冬季荷塘之寂寞，又使池泥肥沃，利于明年荷花生长，一举而数得。

这荷花池向东直至巡道街，王一亭除保留原宜园留下的青玉舫、琴台、归云岫以及古树名花外，对池塘南岸畔的一棵大梓树，更是呵护有加。在池塘东、巡道街后有一座二层楼石库门房屋，为典型的清末民初建筑。当年王一亭就居住在这里，楼上为卧室，楼下为客厅，厢房则作书房、画室及贮藏室。在池西，建有一幢青砖白缝、造型别致的西式二层楼房。正面（朝南）上层为半圆形阳台，逢年过节，王一亭一家在此观看楼前庭院中请来的戏曲演员表演；下层为宽敞的半圆形门厅，为王一亭接待来宾之处。据原借园主人、上海船王郁泰峰后裔郁洪顺生前告诉笔者，这幢洋楼是当年日本天皇为嘉奖王一亭筹运关东大地震赈灾物资有功而赠予他的，从设计、选材到建造全由日本政府安排，其内外装饰颇有日本风味。王一亭是个孝

佛阁的飞檐翘角

子,将此楼给母亲居住。据看管梓园的楼斌介绍,此幢洋楼的二楼东部房间,便是当年王母的卧室。为方便楼内人员出入,王一亭在此洋楼前靠乔家路处,修筑了一幢西式二层楼房,作梓园的乔家路大门。在一、二层间墙上镶嵌有吴昌硕题写的小篆"梓园"两字。

由于王一亭和母亲都信佛,为便于母亲拜佛,他就在其卧室后面建造了一幢二层中西合璧的佛阁。飞檐翘角的大屋顶下,为西式洋楼,在二层前有廊,中立四根洋柱,底层前有门,左右墙上窗开得较小。初一、月半,他和母亲常去此阁拜佛。

美园盛宴迎远客

在佛阁后面偏东处,王一亭为接待海内外贵宾,特地建造了一座高敞宽阔、前有走廊的五开间、七梁的中式房屋,取名"花厅"。王一亭的重大活动,一般都在这里举行。此处前有花圃、假山,多广玉兰等名木,再往前又有荷花池、凉亭等,环境优雅,可供客人散步。据说,当年王一亭还请人饲养了不少笼鸟挂在花厅廊下,一则为娱乐客人,二则可用作写生。1922年11月13日,著名科学家爱因斯坦途经上海,滞留一日。王一亭当晚便在此花厅中的立德堂设家宴款待爱因斯坦夫妇。宴毕,爱因斯坦夫妇在王一亭的陪同下兴致勃勃地游览了梓园美景。

王一亭对荷花池情有独钟,暇时常去散步。20世纪20年代,王氏接待外宾特别是日本友人时,往往以荷池、佛阁、凉亭作背景,与他们合影留念。

在梓园中,王一亭创作了大量书画。主要有:《瞎趣图卷》《牧羊图卷》,这两幅图卷都有吴昌硕大师的长题;《孤山赏梅图》《观世音图轴》《九华云海图册》《松鹤平安图轴》《达摩祖师图》《自画像并题诗》

梓园荷花池中的凉亭

1927年12月4日,日本女学生来梓园作客时,王一亭的长子王传薰(穿长褂者)热情接待并合影留念

等。其中《松鹤平安图轴》，是为祝贺1929年法国政府购买齐白石、张大千、徐悲鸿等12幅作品到巴黎展览而创作的。1930年徐悲鸿携中国现代名家绘画作品到法国展览，王一亭亦有作品展出。《达摩祖师图》创作于1932年，并由刘海粟携欧展出。

日军暴行毁名园

王一亭苦心经营梓园20多年，一生所聚书画、古董、家具等全藏于园中东部石库门二层住宅内。1937年"八一三"事变发生，日军侵沪。王一亭本以为自己曾为日本地震受灾民众做过赈灾的贡献，并曾受到天皇的嘉奖，自己又在"日清"公司任职20多年，想必日军决不会毁坏梓园的。谁料事与愿违，一日，一群日军士兵闯入梓园，不但将园中所有书画、古玩、家具等洗劫一空，还为掩人耳目，将其住宅付之一炬。王一亭得悉梓园已遭日军毒手，痛心疾首。为防不测，他于是年11月3日挥泪告别上海，举家赴香港避难。不久由于悲伤过度，在港病倒。他自知在世时间不多，必须叶落归根，便拖着病躯于次年（1938年）11月12日乘船返沪，翌晨在觉园寓所逝世，终年72岁。

岁月流逝，世事多变。在数十年的风雨沧桑中，王一亭最喜爱的荷花池早已被填没，湖石假山已被移至豫园点春堂前，那棵参天的大梓树也早已被锯掉。现存的梓园已不再是王一亭的私人花园住宅，而成为"七十二家房客"了。所幸还有遗迹可寻，主要四幢建筑尚存：一是梓园在乔家路113号的二层西式门楼；二是王母及其三子的卧室，即为别致的二层西式楼房；三是中西合璧的二层楼佛阁；四是佛阁后的一排五开间中式房屋"花厅"。剩下的还有堂前的一株广玉兰及东南角的一棵大树。其他景物都已时过境迁，不复存在了。

半淞园梦寻

杨嘉祐

两百年前上海就有了公园

  清人钱泳在《履园丛话》里记有故事一则：清中叶，嘉定人国子监生张大有居城内唐家浜北岸，邻家人有一小园林。一次张大有欲宴客，向邻家借用小园，却遭拒绝。张大有甚悲愤，不惜变卖家产，购得城南荒地，凿地为池，叠石成山，栽树暮莳花，更筑得月楼、云影轩、玩绿亭诸景。建成之后，命名"平芜馆"，敞开大门，任人入内赏玩，遂为疁邑佳话。张大有告人："吾辟此园，将与同邑之人共欢，不若邻家小量。"这座平芜馆可算是上海地区最早的"公园"了。

  然而"公园"这一名词，还是随西方近代文化而引进的。1868年，公共租界工部局在外滩白渡桥堍一块涨滩上造了外滩公园，又名白渡公园。当时上海唤作"公花园""公家花园"，渐而称作"公园"。但对中国人则不"公"，以至在"入园规则"中有"华人不得入内、狗不得入内"之条款，至今人们不忘这一耻辱。经过40余年的抗争、交涉，公共租界工部局才同意正式向华人开放。

  清末上海租界内有三座公园：外滩公园（今黄浦公园）、1905年建的虹口公园（今鲁迅公园）和1909年建成的顾家宅公园（俗称法国公园,今复兴公园)。至于1886年建于麦特赫斯脱路(今泰兴路)、静安寺路(今南京西路)南的张园,本是无锡人张叔和的私人花园,却对外开放,不售门票,因此这座私家园林也成了公众的消闲娱乐场所。民国以后,租界上游乐之所日多,张园日渐衰落,因此处地价日涨,园址遂改建里弄房屋和一部分小洋房。此后,地处租界以外的南市、沿黄浦江的半淞园兴起,其原来也是一座私人园林,随着上海的繁华和商业兴盛,亦成为公开的营业性园林了。

姚伯鸿集资建造半淞园

半淞园在南市望达港、陈家港与黄浦之间。清光绪初年,这里是吴家桃园,地广百余亩,以产水蜜桃驰名。水蜜桃是上海的特产。明代露香园水蜜桃,种子来自大同,皮薄汁甜,入口即化,闻名遐迩。

听潮楼

清代城内黄泥墙水蜜桃，也是名牌。继之则有吾园桃、龙华水蜜桃。与吴家桃园毗邻者，乃天主教徒沈志贤住宅。清末，桃种退化，沈志贤购得部分土地，引黄浦江水为池，垒土堆山，遍植花木。园中玉兰成林，树丛中建玉兰堂，又筑了听潮楼、迎帆阁、鉴影亭等景。这些建筑，多为中国传统形式，唯亭阁等顶上，不像一般园林那样置仙鹤、凤凰、葫芦等，而全是十字架，宛若徐家汇修道院园中所见。

园成，终日大门紧闭，游园者仅沈氏亲属及教会人士等。附近居民只知此处是沈家花园，从未能入园一游。沈志贤的亲家姚伯鸿是个商人，又跻身于海上名士之列，平日爱好诗词、绘画，与《新闻报》主笔孙玉声（即海上漱石生，著有小说《海上繁华梦》、笔记《淞南梦影录》）、词人夏敬观、诗人周梦坡等人共组鸣社，常借沈家花园的厅堂吟咏唱酬。姚伯鸿很有商业头脑，劝沈志贤模仿张园，安排一些游艺节目，增设弹子房、影戏场等，向公众开放，必有利可得。沈志贤一口拒绝。他认为鸣社同人常来此吃吃喝喝，唱唱昆曲、京剧，已使他不胜其扰，如买票即可入内，将更趋嘈杂，连他的宅子也失去安谧的环境了。

辛亥革命后，吴家桃园及附近地皮为华商自来水公司购下，施工造厂房，一批批工人日夜操作，沈志贤的住宅和花园失去了宁静，迫使他不得不觅址乔迁。姚伯鸿遂集资组织一家公司，购下沈志贤的产业，并扩充至黄浦江边，建了一座面积60余亩的园林。他从唐代诗圣杜甫《戏题王宰画山水图歌》的末二句"焉得并州快剪刀，剪取吴淞半江水"中，择出"半淞"二字，将花园命名为"半淞园"。明明在黄浦江边，却用吴淞江（当时已称为苏州河）的典故，这是为什么呢？原来古代上海是在吴淞江流域内，上海浦是吴淞江的支流，黄浦在明永乐年前一度汇入吴淞江。杜甫这两句诗则是引用晋代书法家索靖赞美大画家顾恺之的典故（"恨不带并州快剪刀来，剪松江半幅练纹归去"）来赞扬王宰的山水画。

园景设计古化兼洋化

　　半淞园于1918年开放，门票小洋二角（所谓小洋，乃当时流通的小银圆，每枚可换铜圆20余枚，每日市价不同）。

　　半淞园的布局、样式多出于姚伯鸿之手，他善绘山水，也接受西方艺术。郑逸梅说他的设计是洋化兼古化，不同寻常。至20世纪20年代，半淞园不断地增添新景和游艺项目，不像外国人设计的公园，多大草坪，无曲折蜿蜒的流水，入园一览无余。但它与张园也有所不同。张园景点显得豪华，游人也是上海滩有头面的富商、政客、名妓，每日香车宝马云集，品花斗酒。半淞园因地处南市，游客虽也有一些上层人物，却以中产阶层的市民居多，也有工人、农民。除亭台楼阁山水花木外，还有评弹、申曲、苏滩（苏州滩簧）演出，有跑驴场、划船、弹子房，有中菜、西菜、素菜馆和咖啡座。秋日举行菊花会、斗蟋蟀，春节元宵更不乏热闹灯会。

　　半淞园是我幼时随父母常去之处，当时只有七八岁，外地有客来，也陪同前往游览，十岁后则转向"大世界"了。对于半淞园，我只留下模糊的印象，70余年后更是依稀若梦了。近年读到郑逸梅等作家的半淞园游记，勾起我的一些记忆，又如在梦中寻到了旧游之地——

　　华商电车可直达其门，门内有"江天揽胜"四字横匾，入内，可循东西廊而行。西廊壁上，嵌着王羲之《快雪堂帖》，系珂罗版所印。此外，鸣社同人的诗笺也张贴在玻璃框内。再过去有"尘境蓬壶"横额，左右可通，绕荷花池南行，由九曲小桥过藕香榭，北行，则由长廊通群芳圃，经东西至大厅，即"江上草堂"也。对厅为碧梧轩。绕廊出西月门，有"又一村"，从水凤亭过桥，则见一牌坊，上有"云路"二字，即有山有水，有亭可登，黄浦在望，可乘轲。水中央有亭，必须买棹而至，售票处题名"问津"。江上草堂东为杏花村酒店，颇具观山观水之乐。南行，经山麓为四面厅、弹子房，又南见湖心亭，空气清新，品茗之佳处也。

园中之大假山，占地6亩余，高达20余米，较豫园大假山高一倍，但系以土带石之假山，不及豫园大假山工程之巨大。山上四季花开，有牡丹、红梅、金桂、桃、李等。

新民学会聚会半淞园

主厅江上草堂，为当年上海一些诗社、文社活动之处。除鸣社之外，著名的南社社员也有几次聚会，还有希社、星社等。谈到星社，成员皆知名之士，活跃于苏州、上海，主要人物有范烟桥、丁慕琴（即丁悚，漫画家丁聪之父）、郑逸梅、徐卓呆、江红蕉、江小鹣、颜文樑等。

此外，当时已在文坛出名的郭沫若和茅盾也在半淞园开放不久，即是年8月2日，相约到园中首次会晤和游园。

1920年5月8日，旅沪新民学会会员在半淞园聚会，商谈会务，研讨时局以及驱逐盘踞在湖南的军阀张敬尧事。会后，大家还在细雨中畅游园中各景，并摄影留念。其中有毛泽东、彭璜（《天问》杂志主编）、劳君展（许德珩夫人）、萧子璋（即诗人萧三）、李思安等12人。毛泽东当时住安南路214号（今安义路63号）楼上，李思安住楼下。1949年后，李思安任湖南省文史馆馆员。20世纪50年代修复毛泽东在沪寓所时，上海市文化局请她来沪回忆30余年前此屋外观及室内布置，提供复原资料。

半淞园还有一次盛大的集会，即1928年为纪念孙中山逝世日，将3月12日定为植树节，上海各界在半淞园举行隆重的纪念典礼。

此后几年中,这一天在园中还举行花卉展览、龙舟竞渡(在园外黄浦江上进行)、放焰火等节目。

读了半淞园游记和一些老照片,可见前期的园景不失田园风光,但至20世纪30年代,商业气息过重,渐为人所不满。《良友画报》第三任主编梁得所有一篇文章这样写道:"半淞园地方虽不大,却也有山有水,园中景物和建筑大体是中国古式,可是多少有点现代化了。而最触目的是安在路角池边的广告牌。什么香烟、葡萄干、照相机……大块大幅的画得五颜六色。这些广告,把半淞园点缀起来,使一般想避开都市的喧闹来园林中寻求精神休养的游者,反更触起了烦杂的苦闷。"

1937年"八一三"抗战爆发,日本飞机向上海南市狂轰滥炸,尤其是高昌庙、江南造船所一带轰炸最烈,殃及半淞园,被炸成一

民初画报上的半淞园

片废墟。抗战后,那里一度成为棚户区,之后则盖了工厂、民房。如今尚留下一条半淞园路,时时在提醒"老上海",别忘了这儿在60多年前曾有过一座著名的公园。

沪江游踪

愚园旧梦录

杨嘉祐

清末上海有三座颇具特色的私家园林——张园、徐园和愚园，创于19世纪80年代，都在十里洋场之西。由于三园对外开放，传统的园景与西洋色彩的建筑相结合，且多游乐文娱设施，甚合洋场时尚，遂成海上名园。

1882年建的张园之胜已由熊月之先生在《上海滩》作了介绍，这里不赘。徐园始建于1886年，原名双清别墅，在闸北老唐家弄。1909年迁至康脑脱路（今康定路），扩大面积，保留原有12景。前往者多文人雅士，百年前中国第一次放映电影就在徐园里的"又一村"，后期则是上海演出昆剧的重要场所。愚园1890年建于静安寺路（今南京西路）赫德路（今常德路），楼阁宏敞，陈设精致。观景之余，登楼啜茗，沐于清风之中，亦称快事。

三园都是移居上海的外地富商所建。他们在上海经商的过程中，为长期定居之计，不惜巨金修葺住宅辟地为园。愚园先属四明张氏，动工后购入位于静安寺前的西园产权，不久又将附近的申园并入，不断扩充。后来愚园五次易主，一度归镇海望族叶氏，后由常州刘葆良购下。

吴友如画笔下的申园（后并入愚园）

为盈利追求西化学张园

　　愚园大门前有一块月牙形的草地，入园分东西两路，东部多亭台楼榭，主厅敦雅堂，周围池水清涟，山石错落，不乏奇峰异石，原系法华镇李氏纵溪园之物。清中叶，李氏园中牡丹驰名江南，据说是从洛阳得到种子，品种甚多。清道光间衰落，后裔将湖石、石笋售出。愚园的景点有依翠轩、鸳鸯榭、湖心亭、如舫、飞云楼等，假山上有花神阁，壁间石刻颇有特色，是辜鸿铭撰写的英文诗、德文诗。辜氏通多国文字，但其知名却因他保皇、尊儒，排斥进步文化，辛亥革命后仍拖着长辫子，人称之"怪物"。那时他任上海高等实习学堂（即南洋公学）教务长，亦常涉足愚园。

　　园四周的长廊，或高或低，或明或暗，贯通全园各景点。西部花木翁郁。花圃里多名花,还有草地、菜畦、茅屋,饶有乡村风味。

时人谓"张园空旷愚园雅"。奈何张园人气旺盛,每日香车宝马,茶座、咖啡馆、戏园等日夜无虚席,愚园却日渐冷落。江宁人何荫枏《鉏月馆日记》曰:"乃放辔愚园,信步流览,春景尚稀,且游人亦少,未免孤负,徘徊久之,不禁为台榭一致慨耳。到张园,则人聚如蚁,女绿男红,几无隙地,遇相识者不少,大都兴与人同。夕阳衔山乃返。"

愚园经营者吸取张园经验,对园中进行改造。他们迎合当时人们追求西化、嗜好新奇的风尚,在敦雅堂南兴建西式高楼,重葺茶室,大启轩窗,四面景色,怡红快绿,还辟球场,引进各种球类活动,在敞厅内演杂技魔术。动物园有鹿房、虎穴,又增加吐绶鸡、孔雀、猩猩。愚园的髦儿戏班敢与张园打擂台,不惜重金聘寿仙班名角,如谢媛媛唱《絮阁》,千娇百媚,宛若杨妃风韵;谢桂林《滚灯》,诙谐百出;周处、徐处演的《空城计》,工稳认真,各具佳妙。果然,园中很快就出现绣袂如云、姹紫嫣红的盛况。"张园西去到愚园"竟成了那些阔佬、名妓以及轻浮少年的每日"必修课"。门票两角,日获利数百元。

反封建义士园中开国会

清末上海是革命志士、文坛名流以及官僚政客风云际会之地,他们利用租界的特殊地位,公开集会,发表演说。张园、愚园为他们提供了理想的场所,遂使愚园、张园之名一次又一次在史料中出现。

中国国会曾在愚园召开。1900年7月26日,唐才常继自立会后,又进一步以挽救时局的名义,邀容闳、章太炎、严复、文廷式、沈荩等80余人到愚园新厅开会，通过不承认慈禧太后掌权的清政府、保全中国自主、平定内乱等议案。会上决定成立中国国会，推选容闳、严复为正副会长，唐才常为总干事，林圭、沈荩为干事。但与会者有主张排满的，也有拥护光绪执政的，颇多矛盾。而清廷闻讯则十分震惊。后唐才常组织自立军，赴汉口等处发动武装起义，事泄被捕遭杀害。不少人被通缉。沈荩参加自立军，并在报上揭露卖国的"中俄密约"，为清廷逮捕，惨遭杖杀。中国国会也无形中散了伙。

容闳

1903年8月23日，章士钊等在愚园为沈荩举行追悼会。会上宣读了章太炎所撰的《祭沈荩希文》，有"不有死者，谁申民气？不有生者，谁复九世？"之名句，颇能激动人心。

1900年义和团运动期间，沙皇俄国政府乘机派军队入侵我东三省。1902年与清政府订约，于18个月内分期撤军。及至1903年，沙皇俄国反而增派军队，还提出无理要求，引起国人憎愤。上海人民于4月间先在张园举行拒俄大会。12月，蔡元培等在愚园集会，成立"对俄同志会"，有百余人签名参加，议定创办《俄事警闻》报。该报于1904年1月12日创办问世，2月26日改名《警钟日报》，专门揭露沙皇俄国侵华历史与现状，王季同、蔡元培、刘师培等先后任主编，次年2月被查封。

愚园内还举行过邹容追悼会。1903年轰动全国的"苏报案"发生后,《革命军》作者邹容入狱,因租界当局不同意清廷引渡要求,邹容被判刑两年。他在图圄中与章太炎吟诗唱和,继续撰写鼓吹革命文章,后终因体弱染病,未得治疗,于1905年4月3日病逝西牢。外传清朝官吏勾结监狱看守毒死邹容,要求调查真相。5日,中国教育会假座愚园举行追悼会,到会50余人。

在全国反清革命浪潮激荡之际,维新和保皇的梁启超、杨度、张謇、汤寿潜、孙洪伊等却积极推行君主立宪运动,各地亦纷纷成立团体响应。1906年10月16日,郑孝胥、张謇等在愚园召开预备立宪公会成立大会,旨在为实行君主立宪创造条件,选郑孝胥为会长,张謇、李平书、汤寿潜等15人为会董。次年11月19日,预备立宪公会又会同商务总会、商学公会,纠合14省70余家商会到愚园开会,马相伯发表演说,选李平书为议长,向清政府提出迅速召开国会、实行立宪。可是,清政府却宣布要到七年之后的1913年才能召开国会,并禁止各地请愿。立宪公会成员又上书要求重新组阁,清廷则严加拒绝,终使许多立宪公会成员大失所望。后来,李平书等参加辛亥革命光复上海,而郑孝胥则从保皇派沦为汉奸。

议国事几成南社大本营

愚园也是文坛人士聚会之处。1911年1月15日,南社第四次雅集在愚园杏花村举行,到会34人,午餐已由愚园餐厅供应。以后每年一两次的聚餐均在愚园,柳亚子谓愚园几乎成了南社的大本营。但在第七次雅集会上,柳亚子与南社另一位创办人高天梅因社务问题发生龃龉,柳亚子一气之下登报申明退出南社。第八至十一次雅集,座中无他的身影,社员多感到群龙无首。几个骨干在愚园云起楼召开临时会议,提出南社会务改为集体制,迎柳亚子重回南社。第十二次聚会,亚子参加,在赴愚园途中口占一绝:"驱车林薄认朝暾，草草重来已隔春。毕竟何关家国事，羞教人说是诗人。"那时正值袁世凯与日本签订卖国条约，故柳亚子慨叹国事日非，书生无用。

1911年，工部局填浜筑路，从静安寺东到兆丰花园（今中山公园），也是越界筑路，因东端有愚园，故命名为愚园路。1918年左右，愚园毁废，原址上造起了民居和康泰公寓以及爱丁堡公寓，即今常德公寓。女作家张爱玲曾两度居此，先是1938年与后母争吵，被父亲关在房中，设法逃走后，到姑姑家，住公寓五楼。1939年她去香港读书，1942年香港为日军侵占，她回到上海，住公寓六楼，至1947年迁至重华新村。

青年柳亚子

黄家花园大亨梦

杨嘉祐

20世纪二三十年代,上海近郊有三座"黄家花园":一处在漕河泾,即今桂林公园。一处是园艺家、《花经》的著作者黄岳渊、黄德邻父子所建,1909年在真如镇西北三千里宅购地十余亩,栽种名贵花卉,移植古木。"八一三"抗战时,战火纷飞,黄氏父子将一部分珍品和盆景移至法租界高恩路麦尼尼路(今高安路康平路)住宅的庭园内,精心设计,参观者众,亦称为黄家花园。还有一处在南翔镇南二里许,三十余亩,建筑物仅一座美国海滩避暑式房屋和一间平房,小丘起伏,流水蜿蜒,植有中外各种树木百余株。抗战时遭轰炸,1949年修复。园主黄伯惠是继狄平子主持《时报》的著名报人,此报内容侧重社会新闻和市场动态,也有连载小说,巴金的激流三部曲之一——《家》,最初就是在该报发表的。新中国成立后,专家鉴定园内的两株水杉属稀有品种,有"世界爷"之称,一时参观者纷至沓来,至"文革"期间,因无人养护而死亡。

桂林公园的前身黄家花园,曾是"海上名园",之所以有名,乃因园主人是旧上海"三大亨"之一的黄金荣,老百姓呼为麻皮金荣,而有些头面人物则称呼他为黄老太爷。20世纪40年代后期,上海滩除几座西洋式的公园外,古典园林几乎绝迹:豫园的厅堂成了小学,半淞园和南翔古猗园被日寇炸毁,哈同花园的园景大多湮没。黄家花园在沦陷期间也遭破坏；1949后，经过修葺，古色古香，且对外开放，不收门票，成了上海人春秋佳日的游览胜地。

落魄"大亨"造园林

黄金荣祖籍浙江余姚，1868年生于苏州。父亲黄炳泉在吴县衙门当捕快，因作恶多端，又得罪上司，只得携家来沪。他怕仇人找来，先在漕河泾做小生意，避过风头，再住到城内三牌楼，开了一片小茶馆，但仍不放心，就在漕河泾买了一点地皮，留作后路。

黄金荣6岁时到上海，不爱读书，贪玩成性。他的大姐嫁给城隍庙一家裱画店的小老板。他十几岁时就被送去学手艺，没多久渐不安分，溜到附近茶馆里，结识了三教九流，尤其是黑道中人，竟然被他在衙门里混到了一个差使。25岁那年，法租界扩张，招考华捕、包探，黄金荣也去报考，录取为包打听（便衣侦探）。黄金荣利用这个行当，网罗一批地痞流氓，向商店摊贩滋事，然后由他出来干预，抓几个流氓，等人家送上厚礼，又将流氓放走。不仅是商家，就连一些律师、医生、演员，因常受到骚扰，也只得请黄金荣出来"摆平"，有的索性拜他为"老头子"，以求太平。黄金荣有了较大的势力后，又开始巴结军政界人物。其间，他破了几个大案，如绑架法国总领事夫妇案等，得到法租界当局的器重，提升为督察长。1927年"四一二"反革命政变时，他又帮助蒋介石镇压革命人士和起义工人，换得军事委员会少将参议、行政院参议等头衔。

黄金荣其实并没有正式拜师入门，是帮会中所说的那种"空子"，但他有租界当局作后台，又跟青帮几个"通字辈"称兄道弟，便广收门徒，徒子徒孙多达三千余人，势力大大超过洪帮、青帮的头子。

正当黄金荣扶摇直上之际，却碰上几件不如意事。先是为了京剧女老生露兰春得罪督军卢永祥之子卢筱嘉，差点被关入淞沪镇守使署，虽经调停，但"霸气"大伤。娶露兰春为妾后又离异，搞得很不光彩。1930年，为了吕美玉又跟魏廷荣展开争夺战。吕美玉出身梨园世家，是个大美人，当年美丽牌香烟盒上做广告用的就是吕美玉的玉照。黄金荣本以为稳可到手，岂知魏廷荣是大买办、大商人朱葆三的女婿，本人又是法租界公董局华董、华人商团司令、天主教会重要人物。他的法文很好，写信给法国政府，控告法租界的高官受贿，重用流氓黄金荣等，属下大小烟馆赌台以千计。接着又以一个法国大商人的名义，在法文《真理日报》上发表文章，揭露这些丑事。法国政府不得不召回总领事，撤去捕房总监费沃利（Fiori）之职，调来法勃尔（Fabre）当总监，一上台就整顿警务机关，迫使黄金荣辞职。

黄金荣一度失势后，常带着几个徒弟到漕河泾去，在小茶馆里"孵孵"，再到父母的坟茔和黄氏宗祠那块幼时生活过的地方追怀旧梦。他感觉这里太狭窄了，若是能像附近的曹氏墓园（后为漕溪公园）该多好！他的这番心事，被杜月笙知道了。杜月笙便自告奋勇地去为黄金荣扩建黄家祠堂，还盖了一座花园，他一人就捐出4 000元，金廷荪也出4 000元，其余黄门弟子，有拿出一两千的，也有几十块钱的。接着黄金荣又在祠堂附近买地。这一带有农田，也有坟地。经办人唐嘉鹏心狠手辣，用恫吓的手段，低价夺取地皮30余亩，余款落入自己的腰包，却得到黄金荣的重用，后来当上了"大世界"总经理，因排挤同门弟兄，终于被比他更强横的顾竹轩雇人暗杀了。

附庸风雅园景乱

私家园林的构造，与园主人的文化艺术素养关系很大。黄金荣及其帮手，只知附庸风雅，而缺少高手指点，花了350万两银子，却建成一座不中不西、不伦不类、布局少章法、装修和陈设俗不可耐的园林。

当年去黄家花园，经金荣亭，过槐荫桥，园门前还有一条金荣路。全园中轴线上，主体建筑为"四教厅"，前凸抱厦，四面带廊，面阔五间，250平方米，四周有玻璃门72扇，落地长窗16扇。门窗隔扇，栋柱梁枋皆镌戏文浮雕。厅内悬民国历任总统黎元洪、徐世昌、曹锟等人的匾额，均系从祠堂移来。中间屏门前搁几上，福禄寿三星体积颇大。"四教厅"之"文行忠信"四字，乃蒋介石为之题写，勒石于六角亭内。黄金荣因而组织忠信社，社员除门徒外，还吸收党政军方面和社会名流参加，成立大会就在厅内举行。厅前庭

入园甬道

沪江游踪

波若船

长廊进口处的小亭

院，面对影壁有平台，分上下层，置石栏。下层错列湖石小峰、石笋、斧劈石（木化石）和一对大花盆，上层则有汉白玉石雕塑"八仙过海"。

中轴线中段为60余米之九曲长廊，前后及中间有三亭。小亭高约5米，六角形；居中之亭，高10米，八角形，顶上雕四个龙头，名"多角龙头亭"，形制仿北京颐和园长廊，梁枋上施以彩绘。

"四教厅"东北的石舫，亦仿颐和园清晏舫，长18米，宽2.2至3.5米。重檐歇山卷篷顶，以卧波、双虹二石桥与岸相通。在大厅后有几幢新式楼房，是黄氏别墅。其中有一幢筑于水池中，原名颐亭，红砖清水墙，池周围设铁栏，进铁门过水泥平桥上楼。黄金荣常在

四教厅

沪江游踪

池上小桥

此召人密谈，也是夏日避暑之处，还设了一间抽大烟的专室。

　　园内假山连绵，有洞壑，山上有小亭。园东南的两座立峰，高达10米，有"石公""石婆"之称，颇具瘦透皱漏之美，系向苏州木渎镇严家花园购得。景物中还有静观庐，亢战时被毁，今建迎宾厅。昔年还有观音阁、关帝庙、三官堂，每年祭祀关羽之日，必有黄门弟子来拜，并举行聚餐。观世音的生日和得道日，阁中香火缭绕，且多女眷。各景物之空间，还有日晷、石灯等作为点缀。

　　造园所用建材是很讲究的，有不惜重金购得的严家花园的山石花卉，木材都是上乘，石料为苏州金山花岗石。园建于1931至1935年间，黄氏经营了18年。1953年归公，初扩至44亩，今为60余亩。1957年易名桂林公园。上海市园林部门接管后，多次修理改造，清除封建迷信色彩，拆除不伦不类的景物，保留和增添江南园林的风格及海派特色。进园门长达83米的甬道，云龙粉墙的104扇图案各不相同的漏窗，都是经过改造的。然而，此园成为上海人闻木樨香的胜地，应该是在20世纪50年代后期。黄家花园初建时，人们只知有一株百年牡丹，虽有桂树，杂于一般花木之间，不为人注意。有人说：黄金荣在园内植桂，是思念前妻叶桂生。这位白相人嫂嫂，对黄金荣的发迹帮助甚大，可是老麻皮好色，娶露兰春之外，与盛公馆七姨太以及自己的寡媳关系暧昧，夫妻间经常吵架。最后一次争吵据说也与黄家花园有关。叶桂生说黄金荣是入赘叶家，因此花园名应该叫叶家花园，黄金荣坚决不同意，两人终于分手，叶桂生长住苏州。如今桂林公园扩至60余亩，有较大的空间栽种桂树600余株。近年来，这里每年必举办桂花节，是所在地区旅游三大特色之一。

黄浦侧畔的沈家花园和半淞园

许洪新

充满童话色彩的沈家花园

参差起伏的亭台楼阁，哥特式的尖顶，古典主义的亭角，隐约可见的十字架……这些集中了东西方艺术风格的建筑令人浮想联翩，仿佛来到了格林童话中某王国的宫殿里。然而，这却是清末民初出现在上海的真实景物——坐落在高昌庙东沿江地块上的一座私家园林，一座富有童话色彩和浓重宗教气息的西式园林。因园主名叫沈志贤，人们便称其为"沈家花园"。

沈家是虔诚的天主教徒，沈家花园中的教堂是他们全家过宗教生活之处。教堂之右是大厅，厅堂高敞宽广，金碧辉煌，是举行庆宴、舞会等活动的地方，仅主厅就可以摆100多桌酒席，沈志贤几个儿子的婚宴都是在这里举行的。"我结婚时就在这里摆的酒"，沈凤石先生曾指着照片中的这座建筑对我说。他是沈志贤第九个儿子。再右一幢是西式饭厅和弹子房，是平时就餐和娱乐休闲处。这幢建筑的背后冒出两个尖顶，那是一幢大洋楼，是沈志贤的住宅，未成家的孩子也住在那儿。最右边有5幢独立式小洋楼，是当时已成婚的5个儿子的住宅。

整组建筑坐北朝南，面向黄浦江。说是面向黄浦江，因为建筑

沈家花园里的西式餐厅与弹子房

群离江尚有近百米的距离，其间有座大假山，山上面还建了座圣母亭。建筑北面的西侧挖有人工湖。住宅之左，有座尖顶翘角的建筑，就是仁立湖中的湖心亭。余外都是草地与树木，其中有购入吴家桃园时留下的部分蟠桃树，草地中布置有荷花池、圣若瑟亭和网球场等。沿东面的陈家港、南侧的花园港以及西面，都构建了波浪形的围墙，花园港以南和墙西直抵望达港，也是沈家的地产，当时闲置着。

这些都是宣统元年（1909年）初建时的布局和状况。后来，在园中又添建了许多建筑。如楼前那片草地，后来沿花园港边的围墙，建造了一组式样别致的西式平房，作来访亲友的客房。最奇特的当数西侧草地上建了一座回力球馆。除了1930年开业的亚尔培路（今陕西南路）回力球场（又名中华运动场）外，这可是当年上海唯一的私家回力球场了。回力球，本是西班牙巴斯克人的一项室内体育运动，20年代末从西班牙传入上海。其球场三面是墙，一边张着铁丝网。运动方式为2人一组，计分竞技，21分为一场，击球撞墙，待球回弹至发球线外再击，如不能击球或球落地两次即判失分。花园中为何会有回力球馆？原来自上海有了回力球运动，沈家孩子乐此不疲，都喜欢去亚尔培路回力球场赌球。沈志贤财大气粗，就决定自造一间，以便约束孩子。

营沙船、当买办起家的沈家

沈志贤是上海早期天主教家族青浦沈家的后人。先世原居吴兴。明末清初时，有沈仁先在吴兴太湖边的长沙山下开设鱼行。康熙年间，沈仁先信奉了天主教。不久，朝廷禁教，仁先次子贤良，抛弃田宅，以船为家，以渔为生，漂泊太湖及环周十余年。后定居于青浦淀山湖畔今朱家角的诸港，其地有沈、朱、陆、周、潘、秦、姚共七姓，均奉天主教，遂相傍互倚。沈氏贤良无后，抱养青浦镇旁金家庄陈碧煞之子陈云高为嗣，所以，该沈氏家族实是陈姓的嬗变。至乾嘉年间，沈氏改营沙船，贩销土布土纱，遂渐次发达。咸丰十年（1860年）太平军之役，沈、朱等姓为避战乱，迁居沪上，因董家渡地近黄浦江，宜营沙船，且又有天主教堂，便缘居堂左，继续经营沙船运输。

沈志贤是仁先六世孙，生于同治元年（1862年），卒于1952年。他先承祖业营沙船。沈家经营沙船，虽使家道日兴，但也多有苦辛与委屈。如志贤之长辈沈瑞全，因一艘沙船为英轮撞沉，有理无势，不敢与之争；志贤本人也曾因货主坚持启航，导致船于大风中沉没，货主却又通过官府索赔，曾锁链加身，跪了两天两夜，亏得一位有秀才功名的舅舅出面，打点使钱，才具保获释。幸亏他早年于教会学校中习得一口流利的英法文，在通过朱志尧认识马相伯后，由马相伯介绍入了英商沙逊洋行，当了买办。后来深得沙逊信任，成为第一号买办，代沙逊主持洋行呢绒、丝、茶等进出口业务，从此大发,遂于光绪、宣统之交建造了这座富有特色的园林。

发家后的沈志贤投资的产业甚多,但大多参与在好友朱志尧兴办的企业里,诸如朱志尧、朱季琳兄弟的求新机器制造轮船厂、华商电气公司,姚紫石的华商内地自来水厂等,都占有不小的股份。其中与朱家合办的同昌公司,他是最大的股东。该公司设有纱厂、油厂等多家企业,公司所在地在求新厂东侧,也属今世博会场馆区内。为此,在童世亨主绘的1918年版上海地图中,沈家花园又被称为"同昌公司花园"。

投资地产是沈志贤的一项大宗,他陆续购入了自望达港两侧吴家桃园起,向东直至外马路的沿江土地与芦滩。这些地产,后来或出售他人兴办企业,或以地折价入股于他人企业,或出租给他人经营。如外马路处同昌公司西侧土地,便租给朱志尧创办求新厂;望

沈志贤住宅

沈志贤全家福（1918年摄）

达港西侧土地则折价入股内地自来水公司。港东侧至沈家花园围墙土地之南半块，原为芦滩，地势较低，沈志贤听从别人的建议，先开几条小沟，引浑潮以灌污积淤之法，抬高地势，生养成了一片草滩。民国初曾被一外侨看中，租下后辟为放气球的游艺场；1934年，又连同花园港南土地售于华商电气公司辟建新厂区。

然而，对这些企业沈家大多是参股而不参与经营。沈志贤子女极多，却鲜有长于经营的才干。他先后娶了两房妻子，生育了24个子女。但其奉教极为虔诚，他的11个女儿全部出家做了修女，第四个儿子凤岗也当了神父；余下的12个儿子多酷爱打球和音乐，如沈凤石便弹得一手好钢琴，是新中国成立初期极少数几个拥有私人教

沈志贤（右一）与他的两个兄弟

授钢琴执照者之一。沈家除一位堂房族人曾任过同昌经理外，大都在魏廷华所主的英美烟草公司青岛分公司或华商电气公司等处挂职；所结交的除朱家、魏家、沙船严同春等世交家族中同辈人外，与回力球场西班牙球员交情特好，如队长提奥图拉，球员阿尔信第、皮郎多、布拉沙、阿雀等人，都是沈家花园的常客，他们常在一起切磋球艺或弹琴听音乐。

至于沈志贤本人，一因沙逊洋行需要他打理，二是热衷于黄金交易，对一般企业兴趣不大。他是一个理财高手，不仅对地产升值潜能看得很准，于黄金交易也颇有眼光，且特别善于做空头。1921年，日本关东大地震引发金价大跌，他却趁机大大地赚了一笔，足有二三十万两银子。但"智者千虑，必有一失"，上海俗话称之"老举失匹"。在20世纪30年代一次金价持续上升中，他贴亏无数，大伤元气，几乎破产，上海滩上遂有"沈家一夜穷"之说。

高山流水诗千卷的半淞园

半淞园是沈家所投资产业中社会影响最大的一个，也同其他企业一样，只参股不参与经营。沈家提供了园址基地和主要资金，而擘划经营全仗姚伯鸿，后来是姚伯鸿的儿子。

姚伯鸿是沈志贤第六子沈凤鸣的岳父。他是一个画家，擅长山水，颇通园林，曾经在江湾替人设计过一处园林，颇得沪上文人雅士好评。当时沪上游艺业方兴未艾，张园、徐园、愚园相继崛起。一次，姚伯鸿对沈志贤说起，沈家花园北隔花园港的一大片土地闲置着，殊感可惜，如辟一园林，引进中西各式游艺，以地理之优势，必能吸引人。沈志贤同意一试，便让姚伯鸿具体筹建。1917年2月动工，次年正式开业，门票二角，童、仆减半。园名"半淞"，出自杜甫的诗句："焉得并州快剪刀，剪取吴淞半江水。"

半淞园确是一座匠心别具、特色鲜明的园林。构思者巧借邻近黄浦江之地利，做足了水文章，全园总面积4万多平方米，差不多有一半是水面。一个大湖，四五条由湖延伸开去的河道，或环流潺潺，或纵横涟漪，连接了望达港和花园港，贯通了黄浦江，遂使江潮直至，园水清澄碧透，望之心旷神怡，感之活力盎然。

全园布局精巧，呈葫芦形。当进入出自天台山农之手的"江天览胜"横额的大门，面前是一个精巧素雅的小园，一泓清水，数尊立石，在内八角形的围墙上嵌满了王羲之《快雪堂帖》等名人法帖诗作。穿过小园，便是葫芦腰——二门，上为"尘境蓬壶"四字，这是上海近代书画史学者、《海上墨林》作者杨逸的手笔。

入门，分左右两道。顺右长廊曲折东行，满园花卉映入眼帘，此名"群芳圃"，循时盛开着桃花、牡丹、金菊、红梅以及芍药、海棠诸艳。那座玻璃围建的温室内，还有着超季节的名花奇卉，这在当时是很稀罕的，所以很吸引人。折南，拐过"别有洞天"轩，前行转西，便是园中主建筑"江上草堂"，位处园中部偏南。堂舍高大宽敞，两旁有明轩，有回廊，堂内陈设典雅，壁悬名人字画，楹联尤多。其中之一为"高山流水诗千卷，明月清风酒一船"，正是半淞园景意的写照。这是一个多功能的场所，游客歇足，社团聚会，大型花展，无所不宜。堂前不远处是个平台，颇广，平时置几若干，供游客小憩啜茶，演剧上戏时，即为舞台。台后小轩，名"枕流轩"，弓形布局，临水而筑，轩门有联，上云"静挹山光，想云林大手笔"，下曰"平分水色，得并州快剪刀"。转过平台、小轩，顺水而弯，南行数十步，为一两层小楼，名"剪江楼"，初是西餐馆，"江华春"西餐馆开张后改营中餐，菜肴之精细，令游人赞不绝口，重九时节的菊蟹宴更曾风靡沪上。从"江上草堂"至"剪江楼"及其环周，景点命名，布局陈设，多据园景意境展开。

穿过玉兰庭心，前行百步许，有一片梧桐，浓荫之下，为"碧梧轩"茶室。绕过茶轩，走出桐荫，东行不多即见茅舍五六，青帘高挑，稍近又见"酒家不知在旁，植树是否红杏"数字，这就是园中最大的酒家——杏花村。其旁一片杏林，三春时分，人入其中，如身置红云里矣。由杏花村折西，至数河汇流处不远，过桥至绿荫之下，此为雇舟之处，额名"问津"，泊着一些小游船，中舱置一张圆几、四把椅子，船工荡双桨居后，船娘撑篙在前，客坐舱中，品茗赏碧波之美。其中多结伴女子，食瓜子蜜饯，谈闺阁密语，或至湖心亭，或登近帆阁，或缘鉴影楼，或上听潮楼，再或顺河泛游，不一而足。如中秋之夜，泛舟观月，听穿林之风，观拍岸之涛，确实别有兴味。

再过西月门，不远为"又一村"，此为沪上文士重九打诗谜之雅会处也，猜中奖给纸烟，长于此道者有陈定山、陆澹庵、任树南、徐哲身诸人。西行是水风亭，再穿"云路"牌坊，即抵土山之下。山有三座，统名西山，占地六亩余，中间一座最高，约20余米，都是以挖湖河之土垒成。三山呈犄角布置，一条曲折的山径，顺起伏之山势，将三山蜿蜒相连。站在山下，从不同角度看去，倒也有些"横看成岭侧成峰"的味道。山顶、山下、山腰、径侧，都筑有小茅亭。最南那座离江最近的山顶上的亭子最大，名望江亭，约可容数十人。重阳之日，游人云集，园有人满之患。沪上没有高山，三山是上海市区最高处，离闹市又近，自然成了登高佳处。据说犹太富翁哈同（Silas Aaron Hardon）、罗迦陵夫妇二人，是日必登最高的那座，十数年不辍。山坡有树成林，径旁种花植草，半山一楼，又若隐若现，由下望之隐于山色，从上观之显于绿丛，令人起仙山琼阁之想。时人谓半淞园西山为沪上夏日避暑之最佳地，确非虚誉。

　　顺山势而下，至西北渐入平地，但见一亭翼然而立，以"遵道而行"四个孩儿体大字颜额，为五龄童周宝善所书。过亭，登渡河桥，穿花径，即又返至"江上草堂"。唯在堂之西北隅墙外，旁有一轩，沿水而筑，前有木质红栏九曲桥，轩名"纳凉深处"。折东为藕香榭，穿越九曲桥，绕过荷花池，恰自西而东从左道回到二门处了。

　　如顺左道西行，则与前述逆而行之，此为园之布局大略。

　　园中经营集张园、愚园、徐园等之大成，除剪江楼、杏花村、江华春、素菜馆等中西餐饮、各色点心外，咖啡、茶室、摄影、戏曲、划船、骑驴、高尔夫球等应有尽有，戏曲以滩簧、曲艺为主，夏秋之夜放焰火助兴，还有气枪有奖射击等。至于以春兰、秋菊、夏荷、冬梅为主的四季花展，端午龙舟、重阳登高等时令游园，各种揽客招数，无所不举。当年最轰动的当数啤酒节，届时以西山为主，山上山下所有的茅亭，都坐满了开怀痛饮的啤酒客。端午龙舟也极吸引人，湖心亭这个看舟最佳处，更是早早为达官贵人所包据。

1927年端午，浦东黄龙与嘉定乌龙的竞渡，在上海百姓中曾传诵一时。1933年8月，有一家余记公司在园内举行了一次大型游艺会，公司知名度顿时大增。

新民学会聚会园中论救国

姚伯鸿确有眼光，随着上海城市的发展，休闲渐成为市民的一种生活需求与时尚。半淞园处上海铁路南站之南，由沪杭铁路带来的旅客日夜川流，又傍江南造船所、上海兵工厂和因江南制造局而兴起的城南大镇高昌庙，这里聚集着大量的不同层次的人口。因地临黄浦江，有条件营造一个亲水氛围，让在逼仄环境和快节奏生活中的人们得以松弛片刻。诚如余槐青在《上海竹枝词》中所咏："山成培娄水无源，小筑亭台绕短垣。沪上难寻山水胜，清幽且入半淞园。"于是，半淞园获得了空前的成功，久盛不衰。"游人争而趋之"，尤于"周末假期，车马交集，仕女纷沓"。曹聚仁一次带学生秋游，因游客太多，以致园周围交通阻塞，几至午夜才返回新闸路。要不是毁于侵华日军挑起的"八一三"战火，半淞园一定是今天上海市中心最有名的游览胜地之一。

在半淞园存在的20年中，在数以百千万计的游客中，不乏历史名人留下的印记。1920年5月8日上午，毛泽东和新民学会赴法勤工俭学会员在此聚会。上午他们游园，中午摄影留念，下午开会，气氛非常热烈，一直到晚上"继之以灯"。聚会本是欢送，结果成了讨论会，由会务而谈"改造中国与世界"，结束时，各人还有许多话没有讲完。在毛泽东手编的《新民学会会务报告》中，对这次活动有着较详的记载。其中有对半淞园的描写："近览淞江半水，绿草碧波，望之不尽。"毛泽东是于活动前几天特地从北京赶来的。他这次来沪，是为了欢送同志，也是为了研究驱张（敬尧）运动如何深入，其间还去渔阳里2

1921年3月,沈泽民、郑振铎、沈雁冰、叶圣陶(左起)在半淞园留影

号拜会了"五四运动总司令"陈独秀。"文化大革命"期间,青年毛泽东游半淞园的史料与照片被重新发现,南市区革命委员会曾专门报告,提议恢复半淞园和营建纪念馆。不过,此事后来没了下文。

一些文化名人似乎特别偏爱这座园林。曾任职商务印书馆的叶圣陶,在1921年至少两次与好友一同游览了半淞园。一次是3月,同游者为郑振铎和沈雁冰、沈泽民兄弟;另一次在11月9日,与朱自清、吴有训等人同游。

令人悲愤的是,1937年8月25日和28日,日军飞机对铁路南站、上海兵工厂和江南造船所的狂轰滥炸,殃及近在咫尺的半淞园与沈家花园。于是,两座美丽的园林全毁了,建筑炸坍了,陈设烧光了,除了三座土山,只见废墟。即使剩下一些文物陈设,又被于同年11月11日闯进园中的日军抢光烧光。沈家的人也都逃进了租界,直到抗战胜利,才一度短暂地回到这里,可是,"沈园已非旧池台"了。不久,沈家将两园土地全部出售。两园的西半部还是售给华商电气公司,使其与1934年所购入的地块连成一片;而两园的东半部卖给了新沪钢铁厂,就是后来的建设机器厂。从此,沈家花园与半淞园皆成为历史。如今,空留下了一条"半淞园路",让路上的行人陡然冒出一个"此名何来"的问号,也让一些老上海不时作些朱雀桥、乌衣巷的遐想……

一点补正：半淞园并不濒江

近20年来，几乎所有的有关半淞园的文字，包括《上海市南市区地名志》《南市区志》和《上海园林志》，都将半淞园的位置说成濒临黄浦江，也都把半淞园说成由原沈家花园改建。笔者于前文叙述中已说明半淞园乃是在沈家花园以北的沈家地产上营建的，两园是同时并存的，中间隔了条花园港，即后来的花园港路。这一点弄清了，也就标出了半淞园的正确位置，即在望达港与陈家港，高昌庙路（该段今为半淞园路）与花园港之间。它与黄浦江之间隔了一个沈家花园。

沈家花园是南濒黄浦江的，但为时也不长。沈志贤购入沿江芦滩后，营建了驳岸，随即就将沿岸数十米至近百米的狭长地带，先租给南洋兄弟煤球公司，继又租给华商电气公司，作起驳和堆放煤块之用。只有一个码头仍由沈家使用，沈家当时有三条游船。坐船游江或外出，那是沈家大小的常设节目，每年全家还要坐船去佘山朝圣。

这些，都是沈凤石和他的姐姐沈金秀两位老人亲口告诉笔者的，朱兆和先生也如此说。1927年1月商务印书馆出版的《袖珍上海新地图》和1946年中华书局重印的抗战前《最新上海地图》亦可作证。

绿竹猗猗话猗园

杨嘉祐

"瞻彼淇奥,绿竹猗猗",《诗经·卫风·淇奥》中的这两句诗,是南翔古猗园得名之由来。嘉定区南翔镇是上海市的历史文化名镇,而古猗园是上海五座古代园林之一。

园主李氏家属死于"奴变"

这座古园林是明嘉靖万历年间,曾任光禄寺署正、河南通判的闵士籍所建。署正是掌管皇家膳食、珍肴、油酱之类的从六品官员,通判则是佐理知府的正六品副职。初名猗园,规模较小,但布局、设计、造景出于嘉定著名竹刻、盆景艺人朱三松(稚征)之手,精致而幽美。闵士籍建园未久,就归于画家李流芳的侄子李宜之。李流芳与程嘉燧、唐时升、娄坚并称"嘉定四先生",以书画诗文闻名于江南一带,为明代后期嘉定的一位名流。

李氏为南翔望族,家中奴婢甚多。明亡后,乙酉年(1645年)猗园内发生"奴变",是一场严酷的阶级斗争。由于明嘉靖万历年以降,江南一带连年遭遇水灾、旱灾、蝗灾,田里几无收成,而地租、赋役并未减轻,逼得有些农民、手工业者破了产,只得"投靠"富家为奴,从此失去人身自由。江南有的豪富,家有奴婢数百上千人。

他们对待奴仆十分苛刻,任意打骂,立家法实际就是施私刑,奴婢的生命毫无保障。奴婢所生子女,仍得在主人家为奴,称作"世仆"。有些世仆虽赎了身,可无论在什么场合下,见了主家的人,不论年纪大小,都得下跪问安。受到甲申年(1644年)各地农民起义的影响,浦江两岸,风云突变,富家奴仆串连起来,纷纷揭竿而起,向主人索还卖身契。也有的奴仆为了报复,令主人跪在堂下,他们高坐堂上,数说主人虐待他们的罪行。那些富豪平时作威作福惯了,认为家奴反抗是破坏封建纲常,故而拒不低头认罪。这就惹怒了家奴们,有的富豪被鞭笞,有的则全家被杀。住在猗园里的李家,李宜之去了南京,其他家属被驱入南厅,三个儿子和弟弟李杭之因拒不认罪,又不肯退回卖身契,惨遭杀戮,尸体埋在南厅前竹枝山脚。据说这些奴仆也很迷信,将逸野堂地坪的方砖掘起,埋下李家被杀者的尸首,再盖上方砖,让人践踏其上,使其永远不得转世投生。李宜之仅是个贡生,但很富有,对奴仆很刻薄,因而家中才遭此祸。这场斗争因起义的奴仆组织涣散,缺乏严明的纪律,被官军各个击破,终于失败。然而"奴变"对后世影响不小,江南富家从此不敢再多蓄奴。李宜之回到猗园,满目苍凉,他将南厅唤作"难厅",竹枝山上的竹称"戴孝竹"。李宜之家破人亡,不数年,该园易主归于陆氏。

两百年间"猗"字加"水"又脱"水"

清乾隆十一年(1746年),在南翔经商的洞庭山人叶锦购下此园,增添园景,易名为古猗园。乾隆四十年(1775年)以后,园又荒芜。五十三年(1788年),本地士绅商人集款修葺,扩地至20余亩。园前有城隍庙,交给庙中道士代管。又在"猗"字左边加三点水,成为"古漪园",一直沿用到1977年。由于商业资本发展,南翔镇经济繁荣,有"银南翔"之称。园子有了损坏,地方人士便集资

沪江游踪

古猗园旧景

修理，嘉庆十一年（1806年）古猗园曾大修过一次。太平天国东征时，几年兵燹，园景有所破坏，同治七年（1868年）修复，增建丰乐亭。其后多年是古猗园兴盛时期，游人纷至，嘉定人施嘉会有诗云："危峰突兀列西东，楼阁参差夕照中。金石不磨名士迹，探幽客到挹清风。"

1908年沪宁铁路通车后，南翔是一大站，上海人来去方便，南翔镇的市面也兴旺起来，人称"小上海"。春秋佳日，游人如织，古猗园更是必游之胜景。"一·二八"淞沪抗战，园林遭日机轰炸，假山倒坍，花木枯萎。次年，邑人陈少芸、朱寿朋、王同愈等60人，发起成立古猗园整修委员会，筹款6 000元，修葺了柳带轩、鸳鸯厅、书画舫、浮筠阁等。竹枝山上的补阙亭，又叫缺角亭，也在此时建成。此亭建筑华丽，四角形，唯东北一角不起翘，其他三角，以拳头代翘角，表示东北国土为日寇侵占，而全国各方的人民都握紧拳头，决心收复失地。1937年"八一三"抗战，日军遭到我爱国军民奋勇抵抗，速战速决的如意算盘被打破，于是狂轰滥炸，古猗园几成废墟。抗战胜利后的1946年，地方贤达集款重建南厅、白鹤亭、书画舫；1947年重建微音阁，逸野堂侧有五座立峰，似五个佝偻的老人作聆听状，听的是微音阁上传过来的优雅的琴声。

1949年后，虽有人提出重建古漪园，但因缺乏经费，迟迟不能实现。镇政府只能将废址、四座建筑物和山石保留下来，不准使用造屋。1957年，主管文物的中央文化部副部长郑振铎，特地到南翔寻访古漪园，看到这座明清名园原址尚存，建议逐步修复，这使南翔百姓很兴奋。当年修复工程开始，一方面扩充面积，另一方面修复旧景。沿公路辟大门，在新辟的空地上挖了一个30余亩的鸳鸯湖，架九曲桥，建湖心

缺角亭

逸野堂

微音阁、唐代经幢

亭,又辟儿童乐园、动物园。1962年建梅花厅。1967年改名南翔公园,园中旧有的匾额、屋面上的装饰多在"破四旧"时被捣毁。

1973年后,全国考古和文物工作逐渐恢复正常,古漪园得以陆续修复被破坏的厅堂亭轩。1977年后,上海市园林局及市旅游办公室(旅游局的前身)为了开发上海的旅游景点,规划将郊区四座古园林恢复原貌,扩充部分也应具有古典园林的风格,已成公园化的草坪、喷泉、动物园、儿童园或撤销、改造,或移至他处。同时,恢复古园林原名,将"漪"字的三点水去除,正式命名为"古猗园"。

从古至今三个时期的不同园景

初建时的猗园,规模较小,景物亦不多。我们所了解的早期园景,是据《嘉定县志》《南翔镇志》所载沈元禄的《猗园记》,描绘的是乾隆时的情景。

当年园东有广福禅院,园门向西,入门数步入曲廊,折而东至逸野堂,俗称楠木厅。此堂台阶颇高,登堂可窥全园景色。以逸野堂为中心,前有奇峰,曰"五老峰",左为荷池,堂后种桂树。南行,湖后假山一座,中空似谷,曰"小云兜"。一旁则为鸢飞鱼跃轩。

东部以戏鹅池为中心，周围有孕清亭、采香廊。近岸有书画舫，又名不系舟，祝枝山书额，双层舱，上层就名书画楼。池中有堤，南岸筑梅花亭，过桥见怡翠亭。南之土山，绿竹猗猗，俗称竹枝山，还有环碧楼、仿雪堂、孤山香雪亭以及浮筠阁、浮玉桥，以北则有荷风竹露亭、柳带轩、春藻堂、清磬山房、坐花斋等。这也就是今日的逸野堂、戏鹅池两景区，其中不少堂轩亭榭，有的未重建，也有的已易名。

第二个时期，见于1937年成书、1962年出版的南京工学院童寯教授编著的《江南园林志》，书中所附南翔猗园平面图，是抗战前的面貌。

园门仍是朝西，在管家关（街名，今民主东街）。入门后，即见逸野堂，堂呈四方形，面东，后有倒座。原有董其昌题"华严墨海"额，中间四会桩，全为楠木。那时柱外包的麻布髹漆均已剥落，裸露出楠木本色，有些游人便用当时通用的铜板（货币），用力在柱上摩擦，铜板会吸在柱上。楠木虽然坚固，但日久还是出现了许多凹处，因管理人员很少，无法禁止。厅外花丛及山石累累。南有土山小松岗，山间有梅亭。中间有戏鹅池，池东北角为不系舟，池南浮筠阁，以竹构成，又名竹节亭。南面土山上新建补阙亭。

园北有一组建筑群，春藻堂后为清磬山房，东有藕香榭、丰乐堂，向东则为鸳鸯厅，悬"水木明瑟"额，最北沿墙为柳带轩。其东有树丛、土山。东面围墙内又有一组建筑，如绘月亭、玉映居、壶中天地、鹤守轩。向南是小罗浮，前有梅花厅，额曰"合在瑶台"，厅前是梅园。当时全园最南处是南厅。

第三个时期，从1957年起，拓地建园，从20余亩发展至130亩，并多次改建，增加景点，才有今日的面貌。原有的逸野堂、戏鹅池两个景区，基本上恢复旧貌，然建筑物的形式、结构等，均有改变。如1983年重建逸野堂，却无法恢复楠木厅，而是钢筋混凝土结构，

不系舟远眺浮筠阁

外观仍呈古色古香，几可乱真。

古猗园以"绿竹猗猗"得名，自以多竹为胜。如今在长廊、粉墙边种竹，曲折道路旁栽小竹丛，山石边栽艺竹，另有大片竹园，品种有方竹、紫竹、翠竹、佛肚竹、罗汉竹、凤尾竹、淡竹、刚竹等20余种。

扩充部分，开辟四个景区，均有特色：

一是松鹤园。在水面和小岛上，群鹤雕塑，姿态各异，或立、或引颈觅食、或仰天长鸣、或展翅欲飞。置此景时，原打算饲养真鹤，因考虑游人多，管理人员少，很难饲养好，只得暂时作罢，有待日后实现。另外，建鹤寿轩，其西为梿花厅。

二是青清园。1985年开辟，在园最东部，另成一体。园内有龟山湖、君子堂，昔日的荷风竹露亭、翠霭楼也重建于此，四周艺竹，有古诗"独坐幽篁里"之境界。龟山湖内龟头岛上有碑，正面以"壹百岁"三字组成寿字，碑阴为百寿图，上刻一百个不同的寿字。

三是鸳鸯湖景区。36余亩的湖面，以九曲桥、湖心亭分成两部分。

四是南翔壁景区。在南大门入口处，一座用水泥仿砖雕的大照壁，壁上是白鹤南翔的故事。传说1500年前南北朝梁天监年间，南翔还是一片田野，农人垄地挖出一石，搁在田头。不一会儿有两只白鹤飞来，伫立石上，旋即飞去。当地人视为奇迹。有个僧人德齐，沿着白鹤飞翔的方向，到村镇市集募化，施舍所得，造成一座佛寺，就是南翔寺。寺成之日，双鹤又来，参加了"开光典礼"后向南飞去，从此不返。人们在石上发现题诗："白鹤南翔去不归，惟留真迹在名基。可怜后代空王子，不绝熏修享二时。"

此次修复期间，移来不少古文物。如唐陀罗尼经幢，原来分列在南翔寺山门内，"一·二八"和"八一三"抗战，南翔寺被炸毁，两经幢也被拆成许多段，散置于道路旁。1958年，上海市文物保管委员会移建于园内。一幢建于唐咸通八年（867年），置于南厅前，另一幢建于唐乾符二年（875年），在微音阁前，两幢均为佛教信徒莫少卿建立，约20余级，六角形，各级镌雕天王、菩萨、云纹、莲瓣等。同时移来的还有寺内之石塔——普同塔，六面七级，佛像浮雕极其精致。宋嘉定十五年（1222年）立，为高僧埋骨灰用。如今立于池中，美则美矣，然将和尚坟如此安顿，并不适当。还有上海老城厢内的火神庙，因原地难以保存，也将明朝建筑的一殿、戏台移来古猗园。

古猗园历经400余年的沧桑风雨，能有今日的面貌，实属不易。

闲话秋霞圃

顾延培

三园一庙合并而成

秋霞圃为上海市文物保护单位，与豫园、古猗园、曲水园、醉白池并列为上海五大文物古迹园林。它是由明代三家（龚氏、金氏、沈氏）私家花园和嘉定城隍庙合并而成，占地面积45亩多，园中有园，景外有景，亭台楼阁以工巧取胜，华池曲径掩映于茂林修竹之间，名胜古迹，风格独特，颇富诗情画意。

龚氏花园是三家私宅园林中最早建造的一家，始建于明弘治十五年（1502年），距今已有500余年历史。主人龚弘，官至工部尚书。后辞官返回故乡嘉定居住，宅园在原有基础上加以修缮，使之更加完美。然而好景不长，龚弘子孙不争气，竟将宅园卖给了徽商汪氏。之后就孕育了一个感人的故事。原来，龚弘后裔龚锡爵"浪子回头"，竟然乡试中举。消息传出，汪氏就将宅园无偿归还给他，作为贺礼。此举在当年嘉定城内受到民众称赞，成为一段佳话。此后，龚锡爵子孙十分争气。明末，清军攻打嘉定，三次屠城，龚氏子孙不畏强敌，坚决抗清，并都在守城中殉难。于是，龚氏宅园因无人管理而破落不堪。说来也巧，又是那位徽商后裔出资重建，园中辟有桃花潭、松风岭、寒香室等十景，起园名为"秋霞圃"。清顺治十二年（1655年）

进士、官至户部侍郎的严沆曾作一首七律,道出了秋霞圃的诗情画意:"桃花潭水鹤江湄,秋圃汪伦寄宅时。请客置邀千里驿,逢人乞和辋川诗。科头坐树清泉啜,得意寻阶怪石支。此地可邀黄绮伴,行歌无籍北山芝。"另外,清顺治四年进士、官至四川按察使的宋琬也有一首五律赞美此园:"一迳藏秋壑,萧然见竹庐。开池供鹤浴,留榻与僧居。雨后寻山屐,灯前种树书。因君询白岳,云物近何如。"

龚氏花园之北为金氏宅园。此园在明嘉靖年间,由士绅金翊建造。万历年间,园中有柳云居、霁霞阁诸景。清代蒋棫士作于咸丰年间的五律《柳云居》云:"清镜东塘畔,幽人此结庐。终年耽啸咏,是处却萧疏。水竹三分占,图书万卷储。子鱼曾小隐,重访柳云居。"清代曾任山东定陶知县的赵俞作七绝《题柳云居》云:"林庐清洒见遗风,六世藏书在此中。闻说邻家歌舞地,更无蝴蝶过墙东。"可见当年的柳云居是个十分道地的藏书室,受到士绅们的青睐。

沈氏园在龚氏园东边,由秀才沈弘于明万历、天启年间出资建造。园内有扶疏堂、闲研斋、涉趣桥等景,门额为"十亩之间"。明万历年间著名诗画家、"嘉定四先生"之一的唐时升曾作过《题十亩之间》七律一首:"参差洞壑隐楼台,紫翠霏霏夕照开。旧注鱼虫留副墨,新巢鸟雀劝传杯。月移疏影波间藻,风动寒香岭上梅。知有诗篇酬令节,东城春色蚤相催。"此诗尽述沈园之妙。

嘉定城隍庙在沈氏花园南面,始建于宋嘉定年间(1208—1224),原址在南门富安坊(今李家弄旧址),明洪武三年(1370年)移建于今址。清乾隆年间,沈氏花园成为城隍庙的庙园。咸、同年间,城隍庙庙园及金氏园均毁于太平军与清军作战时的炮火中。至光绪年间,被毁园景得到部分重建。民国年间,嘉定教育会长戴思恭发动县城实业界人士承修庙园内建筑,于是聊淹堂、扶疏堂等20余处先后得到整修。1937年嘉定被日军占领后,园景再次遭到破坏。抗战胜利后,园景又得到恢复,改称"邑庙公园"。

城隍庙

新中国成立之后，嘉定县政府于1960年决定将城隍庙后园恢复"秋霞圃"原名，并定为县级文物保护单位。上海市人民政府于1962年批准秋霞圃为市级文物保护单位。十年"文革"中，秋霞圃又遭到破坏。1980年开始，上海市政府拨巨款对该园进行大规模整修，原三园一庙得到重建恢复，于1987年对外开放，喜迎海内外嘉宾。

凝霞阁景围大屏山

如今，游人从嘉定镇东大街314号秋霞圃南门一进入园内，便可见到城隍庙大殿，殿前香烟缭绕。入殿一看，当中立有城隍神像，两旁有罗汉塑像等，恢复了城隍庙功能。园中有庙，令游人叹为奇观。秋霞圃仍分四大景区，其中两大景区以水为主组成。如桃花潭景区（原为秋霞圃），便是以桃花潭为中心组成，其水面面积约有900余平方米；另一为清镜塘景区（原为金氏园），是以三个大池为主组成，水面面积有2 700平方米。余下两大景区则以陆地为主组成。其一为凝霞阁景区（原为沈氏园），以凝霞阁为主景点，登临此阁可览桃花潭与清镜塘的霞光，故名；另一为城隍庙景区（原名邑庙），主要由大殿、工字廊、寝宫组成。

从城隍庙大殿外向北走，便进入凝霞阁景区。其特点以太阳石堆砌的大屏山为中心，阁、堂、轩、廊、斋、榭等各式园林建筑遍布于大屏山四周，且多院组合，院廊相连，院内植树栽花，各具风采。其制高点为凝霞阁，坐北朝南，三楹，西楹上有阁，约高8米，阁额由原上海市副市长宋日昌题写。阁内悬有一副楹联："楼高野兴多诉皓月而长歌但觉清风满堂，心超诗境外凭轩槛以遥望惟见远树含烟。"的确，登上此阁，园内外景色尽收眼底，令人心旷神怡。从此阁西行便是依依小榭，往南为曲廊，沿曲廊南行，即为屏山堂与宾藻风香室，堂室连为一体，呈"凸"字形，比较少见。堂三楹，朝东；室一楹，朝西。堂内悬一联："四季栽花雅兴名园通曲径，十年树木能支大厦有奇才。"室内也有一联："芳草有情夕阳无语，流水今日明月前身。"此堂与室两联恰当地道出了其周围的园景及主人的感慨。此堂堂额由书法家张森题写，室额由已故园林专家陈从周题写，他俩的题额为堂、室平添几分书卷之气。由屏山堂往南，便是数雨斋和闲研斋。由闲研斋东行为游聘堂，堂额为已故书法家赵冷月题写。堂为三楹，堂内悬一联："登临许作烟霞伴，襟怀聊与水云间。"将堂名含义作了较好的注解。需要提醒游人的是，在凝霞阁东北还有觅句廊和洗句亭。廊为南北复式五曲廊，内置16方碑刻。洗句亭位于觅句廊北端，内置古碑《柴侯德政去思碑》。据说，此廊、亭内之物，均为沈氏花园所遗存，颇具文物价值。

桃花潭美景入镜中

在凝霞阁景区西面，便是桃花潭景区，也是龚氏花园旧址。该景区以桃花潭为中心，潭呈东西向长方形，当年潭畔遍植桃柳，暮春时节，桃红柳绿，煞是好看，因名"桃花潭"。沿潭景点主要有"池上草堂"，堂名取自唐代诗人白居易写的《池上篇》《庐山草堂记》两篇的篇名，因此堂形似舟楫，又名"舟而不游轩"。该堂（轩）位于桃花潭西南岸，三楹两披，面山背水，环境优美，始建于清道光、咸丰年间

三曲桥（又名福寿桥）

（1801—1861），光绪三年（1877）重建。室内悬有"舟而不游轩"篆书额，为画家应野平题写。此堂（轩）内悬有七副楹联，现选录其中两联："红藕香中一角雕栏临水出，绿杨荫里几双蜡屐过桥来。""云树远涵青遍教十二阑凭波平水镜，山窗浓选翠恰受二三人坐屋小于舟。"联语形象地描述了此堂（轩）的美妙环境。有趣的是，在此轩额下置有一面大镜子，桃花潭景色尽收其中，奥妙无穷。此潭北岸，有亭翼然，名"碧光亭"，亭额为画家谢稚柳所

碧光亭

书。北面还有座较大的轩，名"碧梧轩"，三楹，其名出自唐代诗人杜甫"香稻啄余鹦鹉粒，碧梧栖老凤凰枝"句。轩前有用石板铺成的月台，月台东西植有百年老盘槐各一。临潭处有石护栏，凭栏可眺望远处风光。

清镜塘林秀邑庙雄

清镜塘景区在桃花潭景区和凝霞阁景区的北面。该景区的主要水景，为横卧于南面的清镜塘及其分支东端的大池和北端的大池。因而植物景观为该景区的主体，形成疏朗开阔的林野风光。主要景点有三隐堂，南向，三楹，宽敞明亮，堂名由陈从周题额。此堂的魅力，全在明弘治年间举人袁天麒作的一首七律诗："解组归来赋伐檀，青春绿野碧溪环。自知有径多栽菊，谁信无钱懒买山。天地独留真境在，羲皇方识此人间。更携堂上书千卷，乐事追寻继孔颜。"三隐

建造成扇形的"补亭"

堂东为柳云居,一楹,西向,四周植柳,故名。清初一位长于诗画的张铭作了两首《柳云居忆旧》的七绝,现录一首:"春雪寒梅景最佳,紫薇红叶称入怀。棣花绝似黄绸被,盖遍朱阑与绿阶。"柳云居周围的景致被渲染得如梦如幻。该景区的西部有两个亭子,一名岁寒亭,呈长方形,一名补亭,呈扇形。此两亭一北一南,一高一低,遥相呼应。登此两亭,清镜塘景区风光可一览无余。

秋霞圃的又一个景区,为邑庙(即城隍庙)景区。位于园东南,北连凝霞阁景区。主要景点为大殿、寝宫以及连接大殿与寝宫的"工"字廊。这三处建筑均为清光绪八年(1882年)重建。大殿重檐覆顶,屋脊上塑有盘龙吐水戏珠图,两端塑动物及八仙,给人以雄伟壮丽的感觉。据说,以前这里曾作展览会之用,如今已恢复城隍庙原有功能。两只井亭,位于大殿前囿东南大门外两侧,皆方形,飞檐翘角,斗拱花板,内有水井,外形颇为华丽。

五"龙"戏珠汇龙潭

顾延培

在上海众多的公园中,以人工挖潭、以潭成园的似乎只有一个,那就是嘉定孔庙东侧的汇龙潭公园了。

熊知县挖潭成美景

距今400多年前,即明万历十六年(1588年),嘉定知县熊密认

汇龙潭内的湖心亭和九曲桥

为在嘉定孔庙（亦称学宫、县学）前，应该有一个外泮池。在庙内的为（内）泮池，故而考入学宫的生员称入泮。

熊密开挖的泮池（后称汇龙潭）大体呈圆形。潭周有新渠、野奴泾、唐家浜、南杨树浜和北杨树浜等五条水道流入（今主要是由北向南的水道横沥河流入）。如果说一条水道似一条水龙的话，那么五条水道就如五条水龙，五条水龙汇于此潭，好不热闹，难怪古时人称此潭为"五龙戏珠"了。

明末清初，汇龙潭经过多次疏浚和清理，使潭更深、水更清，并与始建于南宋嘉定年间的嘉定孔庙建筑群、堆建于明天顺年间（1457—1464）的应奎山，一北一南相映衬，形成了以汇龙潭为中心的美妙景观。嘉定县的文人雅士将此分列为"瞟庠（嘉定学宫）八景"：汇龙潭影、殿庭乔柏（孔庙古柏）、映奎山色、黉序疏梅（已废）、聚奎穹阁（魁星阁）、启震虹梁（龙门桥）、丈石凝晖（已废）、双桐揽照（已废）。

在汇龙潭北、东、西堤岸边，种植桐、榆、枫杨70余株，四周遍插杨柳无数。清嘉庆三年（1798年），嘉定县教谕刘崧秀专门写了篇《汇龙潭种树记》，并刻碑，现存于孔庙中。清同治四年至十二年（1865—1873）间，又将汇龙潭进行疏浚和扩充，使潭北入口处宽达90多丈（300余米），潭方广200多丈（800米左右），形成了一个十分壮观的水潭。以往每年端午节时，嘉定县群众为纪念爱国诗人屈原，在此举办龙舟比赛活动，十分热闹。这正是：园林无俗韵，龙潭有奇景。

汇龙潭易名故事多

汇龙潭前后三易其名。先名奎山公园。民国十七年（1928年），嘉定县政府意识到县内应有一个供民众游憩的公园。经研究决定，将汇龙潭、孔庙、应奎山、魁星阁、龙门桥、文昌阁一带约计两万多平方米内的建筑物、花木，以公园样式予以修理整合后，定名奎山公园，并于1929年2月正式免费开放，接待游人。两年后，因觉园景不多，便将园东6亩土地购进，用于绿化和辟建一个网球场。

取名奎山公园，是有一个故事的。当年，重建嘉定孔庙大成殿后，发现大成殿正南首有座名叫留光寺的建筑，它不仅阻挡了大成殿的视线，且大成殿是供奉大成至圣先师文宣王孔子的殿堂，而留光寺系宗教建筑，供奉的是菩萨，同是古建筑，供

应奎山上的状元阁

奉对象不同，故而应该予以分隔。为此，县内有识之士想出一条妙计，即在孔庙与留光寺之间的汇龙潭南岸人工堆垒一座大山，使之隔绝不相见。于是，明天顺四年（1460年）动工堆建了一座高约十多米的大土山，山上广植树木，环山围砌湖石，还以石铺路，盘旋而至山顶。山顶筑亭，名四宜亭。此人工大假山便命名为应奎山。

1937年"八一三"事变，奎山公园内的文昌阁、魁星阁被日本侵略军炸毁，其他设施也遭严重破坏，公园名存而实亡。1976年6月，嘉定县政府拨款30万元，将奎山公园残存的景点予以修复，并将建于清光绪十四年（1888年）、原在上海河南北路塘沽路钱业会馆中的一座戏台（俗称打唱台）迁建于南部正中偏西处，使当年园景基本具备，将园名改为嘉定人民公园。

1977年10月，上海市园林管理处拨款40多万元，对嘉定人民公园和嘉定孔庙进行整修。次年4月，鉴于嘉定孔庙创建于南宋嘉定十二年（1219年），距今已有700余年，历史悠久且规模宏伟，占地16余亩，建筑面积3 000多平方米，应予独立成景，遂将其划出园外。因公园面积缩小了不少，园名被改为汇龙潭公园。市园林局对公园分两期进行整修，历时6年完成。令人高兴的是，在有关部门支持下，先后将县中周家祠堂内明代石峰翥云峰、县城南门塔林的宋代石佛塔（又名万佛宝塔）、清代缀华堂、民国前期的畅观楼和石狮等迁入园内，使公园具有江南古典园林风貌，受到游人好评。

汇龙潭"移景"成名园

汇龙潭之所以成为海上名园，这与主事者巧用了"移景"有关。比如百鸟朝凤台（俗称打唱台），此台从沪北钱业会馆搬迁而至园中，其本身确实建造精妙，颇具文化艺术气韵。戏台坐南朝北，面积135平方米。底座改建成拾级而上的束腰台柱，气势更为轩昂。戏台木结构按原样修建，藻井中斗拱拼成螺旋状，雕有小鸟440只，朱漆飞金，绚丽多彩。中心为明镜，藻井外四角刻凤凰图案，故称"丹凤朝阳"。在四面额坊上精雕细刻着12幅《三国演义》人物故事浮雕，形态逼真。整个戏台金碧辉煌，装饰瑰丽，可称近代建筑艺术精品。1992年2月被公布为县级文物保护单位。

再比如碧荷池和井亭。池位于园南草坪东侧，呈葫芦形，周植花木，置山石。池畔有一花岗石亭，亭中有井，故名井亭。亭呈四方形，古朴粗犷。亭原在北横沥河西侧，始建于明正德年间（1506—1521），毁于清咸丰十年（1860年），重建于光绪元年（1875年），1978年迁建于此。亭中4根石柱上镌刻楹联两副："檐临北沥迎朝旭，地接南升纳晚凉"；"南往北来休息有所，井深泉冽临渴无虞"。在八角形的石井圈上，刻有"义泉"二字。这种明代石井亭，在沪上公园中是不多见的。

还有北部园景里的怡安堂和翥云峰。怡安堂，原名诒安堂。清光绪十一年（1885年）由浙江巡抚廖寿丰、礼部尚书廖寿垣建，常熟翁同龢题额。1981年从孩儿桥附近移建园内，1984年改名怡安堂，由胡厥文题行书额。此堂面阔三间，硬山顶，砖木结构，梁架粗犷，雕刻流畅。建筑面积124平方米，堂前竖一石峰名翥云峰，高约4米，宽2米，厚1米，玲珑剔透，俊秀奇特。此峰为明天启二年（1622年）进士、官至陕西道御史的嘉定人赵洪范所有，由云南运回嘉定，置于家院内。后赵氏败落，石归王晦，后又为周姓所得。上刻宋珏八分书"翥云峰"三字，意为直插云霄。1980年从东大街周家祠堂移置园内。此峰现列为县级文物。

此外，还有建造于宋代的万佛宝塔（又名石佛塔），1982年由嘉定县博物馆移入园内。

这些"移景"，加上园中本来就有的应奎山、魁星阁、明忠节侯黄二先生纪念碑和塑像以及夕照亭、青云桥等景点，组成了汇龙潭独具特色的美景。

侯峒曾、黄淳耀的纪念碑和塑像

"淞波一曲"三名园

杨嘉祐

将吴淞江唤做苏州河,是在上海开埠以后。由于这条水道可通到苏州境内,欧洲人便将下游一带从新泾到黄浦江这段称为苏州河,后来上海道台麟桂与英国领事阿礼国(Rutherford Alcock)签订扩大租界的协定,苏州河之名正式写入文本。今天上海人对于吴淞江之名似乎感到陌生,有些人甚至不知。然而嘉定、青浦境内,不少当地人至今仍将这条分界河叫作吴淞江。百余年来,许多文士、画家在他们的作品中,还是用吴淞江之名。这个名字不仅寓有古意,更藏着许多历史典故、传说,文化底蕴丰厚。

吴淞江下游,有九个弯曲。曹家渡迤西之一曲,风景优美,人称"淞波一曲"。清末,在这里出现了三座私家园林。

九果园石刻受青睐

九果园,俗称吴家花园,在曹家渡西,吴淞江北岸。清光绪年间上海人吴文涛构筑。先种了九株果树,故名。

吴文涛字渭川,早年与外国商人做交易,得到信任,因而致富。平生爱做慈善事业,经常捐款给善堂,在社会上颇有声望。

此园规模不大,但临江濒水,形势优胜。园内有望江草堂、闹

九果园一景

红画舸、补梦小筑、望江楼诸景。大厅五楹，曰绍修堂。

九果园最得文人雅士欣赏的是石刻，名列《上海县志·金石》中的有宋米元章（米芾）书定武瘦本兰亭，据宋拓本刻石；米元章书《英光堂法帖》，亦据宋拓本；苏文忠书札，米元章楷书挽词，有董其昌跋；董其昌临米元章楷书；赵文敏（孟頫）尺牍；吴云鏊书《归去来兮辞》，董其昌题签；恽南田王石谷合刻等。这些都是宋元明清名家手迹。

吴文涛见江湾大场一带多流浪的妇女，生了小孩就丢弃，他拿出一笔钱，贴给她们作养育费，救活了不少婴孩。他任善堂董事，享年八十，却因孙辈为财产而受欺凌，晚境不佳，园亦为人杂居，园景败落，芜秽不堪。

小兰亭雅集效右军

小兰亭由浙江海宁徐棣山筑。徐棣山是有名的徐园主人，他还在老徐家汇路（1921年改名海格路，今华山路）建铭园，又名小西湖，又在曹家渡筑一园，名小兰亭。大门额上有"剪淞野渡"四字。园内建筑不多，借吴淞江之天然胜境，茂林修竹，宛若兰亭。每年上巳良辰，效王羲之修禊的故事，举行觞咏雅集。园中只有一小溪，水平如镜，难以达到曲水流觞。因园外邻家有一牛棚，遂用牛车戽斗汲水注入墙内小溪，水汩汩而流。来客坐岸边，将酒杯放在小木盘上，置于水面，水流到哪位客前，取杯一饮而尽，杯下压一小纸条，书有诗题，必须吟一首应景。

古人风雅之事，徐棣山都欲尝试，又在小兰亭对岸辟桃李园，效当年李白夜游之乐趣，真是浮生若梦，人生几何，及时行乐，饮酒醉月。

小兰亭内的大理花，是引进的美国种，约有数十棵。每年中秋，其他园林桂花香，徐棣山则举行大理花会，也是别具一格。

小万柳堂才女誉"三绝"

小万柳堂在吴淞江南岸，对河就是小兰亭，是廉泉、吴芝瑛夫妇定居沪上时所筑。廉泉自号南湖居士，清末在北京任度支部郎中，民国初供职于工商部，无锡人，工诗文，来上海购地造园，因祖辈廉希宪是元朝右丞，曾在京师城外建万柳堂，故命名小万柳堂。夫人吴芝瑛，是清末女界著名的人物，与辛亥革命烈士秋瑾订有金兰之交。她是桐城派古文大家吴汝纶的侄女，通文史，善书法，尤擅瘦金体。廉泉在京与秋瑾丈夫王廷钧为同僚，两家又是邻居。秋瑾东渡日本留学，后归国来沪办《中国女报》，开展反清革命活动，都得到吴芝瑛的资助。秋瑾牺牲后，她又与另一女友徐自华将秋瑾营葬于西泠桥畔，并书墓表。后来清朝官府追查，幸得美国女教士夏美德营救。吴芝瑛又以蝇头小楷手书《楞严经》送给两江总督端方，

小万柳堂蒻淞阁

据说端方又转呈慈禧，事遂平息。吴芝瑛多病，在园中养病，作诗抄佛经以度时光，人称"其事、其文、其书"为三绝。

　　此园主体为小万柳堂，东为帆影楼，均带有西方建筑风格。两楼房之间为蒻淞阁，离吴淞江边仅丈余，傍晚夕阳下，倒影入水，水中仿佛别有天地。对岸是芦花滩，江上帆影出没于芦荡之间。堂南另辟南园，六亩地上植垂柳万株。中有球场，并有竹屋，屋之窗外植芭蕉十余本。西南溪流环抱，过菜畦，有亭翼然，亭外则平畴一片。

　　廉南湖也是个收藏家，逢友人前来，必展示他珍藏的历代名画，有宋元真迹，因此小万柳堂上经常高朋满座。

　　秋瑾于1906年从日本来沪，曾在小万柳堂小住，有《申江题壁》诗："一轮航海又南归，小住吴淞愿竟违。"壮志未酬，何忍安居。

　　廉泉、吴芝瑛夫妇晚年，经济日益拮据，但他们仍支持革命和行善举。辛亥革命前后，上海组织民军，吴芝瑛慷慨疏财，提供粮饷。"二次革命"时，他们也为反袁斗争做过贡献。

有一个能诗善画的女子李苹香，误入娼门，吴芝瑛卖了董其昌手书《史记》真迹，将她赎出。吴芝瑛在家乡有田产房屋，也都被她卖了，因此受到族人的非议，但她为了多做义举，丝毫无悔。

后来廉泉夫妇不得不出售小万柳堂。当年名士樊增祥（即樊樊山，写过《彩云曲》，咏赛金花事）曾有意购下，由沈曾植介绍，终因樊增祥缺乏资金，未果。此后，小万柳堂几度易主，屡改园貌，最后归中央研究院，作为职员宿舍。新中国成立后，由中国科学院接管，仍作为宿舍。

松江三古园

杨嘉祐

众说纷纭话颐园

　　江南园林始建于明代而保存至今者不在少数，然园中景物，几经人为破坏或自然剥蚀，初期的原物除假山、峰石、几株古木之外，木结构的厅堂楼台、亭阁轩榭，几乎都是清代甚至民国年间重建的。上海市区的豫园、嘉定的秋霞圃等都是如此。而今松江区的上海第四福利院内，尚有一座颐园，其中不仅有明代山石池沼，楼阁亦是明代的原物。

　　明代中叶，松江府城是经济繁荣、人文荟萃之地，士大夫竞建宅第园苑，蔚然成风。《松江府志》《华亭县志》对此记载甚多，然而有关颐园的历史资料却很少。因此近人对颐园的兴建与变迁，说法不一。较多的人认为颐园初名因而园，始建于明，清嘉庆道光年间归罗氏，名罗氏园，光绪初为归安知府许威所得，改称颐园，为文士畅咏之处。民国时，售与金山高君藩。其父高燮，字吹万，南社社员，易名怡园，又成为南社聚会之所。当代文坛、诗坛名士，多流连其间，松人呼之为高家花园。

　　有的书上则记载：颐园在明代即属罗氏，有个画家陆竹斋绘因而园图，始知有此园名，图上有名士徐紫珊等数十人之题跋。民国时此图藏于松江图书馆,抗战时散失。徐紫珊即徐渭仁,清道光咸丰年间著名的收藏家,亦擅书法。此图虽有徐渭仁之跋,但究竟是明代还是清代之物,无考(徐渭仁事迹,见《上海滩》2001年第5期《收藏家徐渭仁的悲剧》)。

  上海市、区有关部门打算全面修复颐园时,文物工作者在修缮塔、寺等古建筑前,先行在建筑物四周地面下进行了一次清理发掘,探明原来的花园以及跌落下来埋入土中的构件等,作为复原的依据。在清理颐园时,发现不少明清碎瓷片,一个井台上刻有"万历十年

松江颐园假山(1959年)

和信士杨孝宜人沈氏"等字,还有一个石元宝。古时,棉布织成后有一道工序,将布放在石元宝下踹踏,使之砑光。附近居民听祖辈说,这园是姓沈的所建。有石元宝,又有井台上的年代,似可推断此园建于明万历十年左右,布商沈氏所建。

颐园仅占地二亩许,园内分南北两部分。园北以一泓流水为中心,有石桥翼于其上,池东北隅有水榭、回廊。从桥至南岸,乃黄石假山,山巅峰石参差,古木苍郁,而今所剩无几。从山顶循蹬道而下,入一洞壑,洞内有石凳石桌,昔日园主曾在内弈棋、品茗,是个静谧的所在。沿洞向西,有一堵粉墙,推开墨漆大门,豁然开朗,外面是个庭院。

园内有一楼,平面为长方形,其西南另有一副楼,内置扶梯,由此登上正楼。高氏题名"观稼楼",推窗眺望,可赏田园风光。根据观稼楼之构造,楼下原是主人会客、设宴、休憩之处,楼上可演戏,亦可隔成多间,作为卧室、书房等,乃古代园林的多功能厅室。柱均方形,柱础明式,窗门髹绿色,亦为园林独有的色彩。

康熙南巡驻跸秀甲园

松江古园,还有秀甲园,是清康熙年间大学士王顼龄在明代徐陟的别墅竹西堂的基础上所扩建,在今松江镇西塔弄底。徐陟系松江有名的阁老徐阶之弟。徐阶是奸相严嵩的对头,最后将严嵩扳倒,闻名天下。他又是清官海瑞的恩师,但他兼并大量土地,儿子横行于乡里,致使后为海瑞所惩治。新编历史剧《海瑞罢官》就有此段情节。其实徐氏族人无不拥有大量土地。徐陟的孙子尔铉扩大竹西草堂,改名宜园。后代洤承、汲臣参加几社。几社是松江人徐孚远、陈子龙、夏允彝等创立的文社,社友百余人,后与复社联合,进行过清除魏忠贤党羽和明末的抗清斗争。宜园成为几社人士活动的场所。

康熙年间,大学士王顼龄购下此园,更名秀甲园,园内有小九峰等胜景。康熙四十四年(1705),康熙皇帝南巡至松江,曾驻跸此园内。斯时紫藤花盛开,遂题书"蒸霞"两个大字。四十六年康熙又来,流连于秋水轩,闻有鸡犬之声,说"此处安乐"。王顼龄即将此情景,请人绘制了一幅画,以显荣光。

乾隆年间,有个叫张研斋的购下秀甲园。道光时,张氏式微,将园西部分售给宁绍会馆。1842年,鸦片战争中英国侵略军攻击吴淞口,江南水师提督陈化成浴血奋战,坚守西炮台英勇殉国。宝山、上海都建祠纪念陈化成,松江是府城,民众也要为之立祠,便在秀甲园东部建陈公祠,并保留若干园景。民国元年(1912年),孙中山先生莅临松江,在醉白池向松江同盟会会员发表演说,夜间宿于陈化成祠旁的檀斋。陈化成祠后来日渐破败,但仍保留至今,现已移入方塔园。方塔园建成后,除所在地原有方塔、砖刻照壁、宋望仙桥外,陆续移入天后宫大殿、明建兰瑞堂,名石有大小美女峰、五老峰等,堪称"文物园"。

松江陈化成祠

尚书王鸿绪的赐金园

赐金园在竹竿汇,为王顼龄弟王鸿绪所建。王鸿绪,康熙十二年(1673年)第四名进士,授编修,任修《明史》总裁,官至工部及吏部尚书。康熙四十四年,康熙皇帝奉太后来松江,至赐金园。当时王鸿绪在京供职,由儿媳蒋季锡恭迎太后。蒋氏乃大家出身,言语举止深得太后喜爱,即赐珠宝、绸缎等。康熙也颇有兴致,挥笔书"百物静观皆自得,四时佳兴与人同",又书"松竹"二字。两年后,康熙再次来到秀甲园和赐金园。

王氏兄弟,王鸿绪的名气大于王顼龄,但官声不佳,做了几件不该做的事:其一,与少詹事高士奇揽权勒贿,被弹劾丢官;其二,后来又入明史馆,升任尚书,因倡言举皇八子允禩为太子,犯康熙之忌,再次致仕;其三,修《明史》后,将稿本携回,据为己有。他的赐金园,在嘉道年间已湮没,若非康熙曾临幸,未必成为名园。

上海的桥

叶 辛

群龙横卧黄浦江

沪江游踪

上海的桥，实在是一篇大文章。不说别的了，就讲改革开放以来，上海造了多少令世界瞩目的桥啊！

横卧江上成螺旋形上升的南浦大桥，是上海黄浦江上的第二座桥（1971年，松浦大桥建成，改写了黄浦江上无大桥的历史）。继

南浦大桥

而，杨浦大桥、徐浦大桥、奉浦大桥、闵浦大桥，随着浦东、浦西的飞速发展，一座接一座耸立在老上海人、新上海人面前，耸立在到上海旅游的外省客人和老外们的面前。特别是市区中央成彩虹形的卢浦大桥，无论在白天眺望，还是在夜间观赏，它的秀丽姿态，都是一道令人喜悦和赞叹的景观。

记得20世纪90年代南浦大桥刚刚建成那几年，我不止一次陪同外国的作家，到桥上去观赏过它的雄姿，不无自傲地介绍过南浦大桥建造的不易。

今天，如果这一旅游项目仍旧保留着，恐怕客人们到了上海，光是看桥也看不过来了，黄浦江上的大桥，一座接着一座，真的是让匆匆来的过客目不暇接。

"高桥桥不高"

但是，偌大的上海滩，不仅仅有这些大桥、新桥，还有许许多多数也数不过来的老桥、旧桥、正在历史烟云中消失的桥。

万里长江口，千年高桥镇。在黄浦江和长江入海口附近的高桥，自古以来就流传这么一句俗谚：高桥桥不高。

什么意思呢？高桥镇虽名为高桥，但它并不以桥著名。高桥镇所有跨越河道的桥，实事求是地说，真的是不高的。今天的高桥人，大约都把这句俗谚忘记了吧。

在青浦区的金泽古镇上，也有一座座风格各异的桥，细细数一下，足有二十七八座之多。

我为啥用了一个模糊的数字呢？只因金泽古镇上，有一座桥是改革开放以后，和美国人一起造的新桥，风格和金泽古镇不一样的桥。其余的桥呢，都是带有历史痕迹的古桥。

我只举了高桥和金泽两个例子，足以说明曾被称作"滩"的上海，桥是数不过来的。

"叫桥不见桥"的八仙桥

随着时光的流逝，不知不觉消失在上海人视野里的桥，是不是该留下一点文字的记忆呢？

比如离我家很近的枫林桥，现在变成了枫林路。问一问枫林路上有一大把年龄的世居老人，他会给你花上一两个钟头，讲一讲枫林桥的来龙去脉。

在我的记忆中，上海类似枫林桥这样的在我们视野里消失的桥，少说还有六七座。例如比枫林桥还要出名的八仙桥，现在的上海老人讲起往事，就会说那是在今天延安东路、西藏南路附近一带，具体位置讲不清了。还有人杜撰说这里曾有过大名鼎鼎的八仙传说，其实八仙桥地名的来源，和法国殖民者有关。1860年英法联军在北京郊区打了一场胜仗，史称"八里桥之战"，上海法租界当局为纪念这次战役，就把当时属于法租界内的云南南路，定名为"八里桥街"。但是对于上海人来说，"八里桥之战"是一场败仗，故意将其叫作八仙桥街。在1900年至1914年的十几年中，八仙桥街附近确确实实建过几条跨浜跨泾的木桥，取名"八仙桥""南八仙桥""新八仙桥""北八仙桥"。1914年，随着市区的扩大，填浜筑路中竟把周泾、洋泾浜全填平了，变成了今天的西藏南路、延安东路，八仙桥一带的桥梁随之拆除。但八仙桥作为"叫桥不见桥"的地名，一直被沿用下来。

20世纪70年代，我去采访过严桥人民公社。20世纪初，花了6 000两银子建造的上海滩第二座水泥桥，叫严家桥（简称严桥）。随着浦东的建设步伐，严桥镇因人口的增加形成市镇，变成了居民区。严桥也仅剩一地名，而再也不见桥了。

同样只有地名而再也看不见桥梁的，还有金桥、提篮桥，延安东路、福建中路上的郑家木桥，洋泾浜上的洋泾桥和东新桥，今天陆家浜路、徐家汇路、肇周路、方斜路以及制造局路五条马路交会点和周边地区统称的斜桥，等等。

桥梁命名大有学问

上海还有一些桥梁，从时间上推算，也属于颇有历史和故事的老桥，尽管后来改了新桥名，但上海人仍习惯称呼旧桥名。其中最典型的是老闸桥和新闸桥。

老闸桥，顾名思义是有闸的。其历史可以追溯到明代，因这座桥离我同学澄华家很近，我一直记得桥附近厦门路7号有一座金龙四大王庙。1962年，老闸桥结束了近400年的木桥历史，重新建造钢筋混凝土曲拱桥，于1968年竣工通车，正式更名为"福建路桥"。1990年，金龙四大王庙被拆除。但是居住在福建路、北京路口的居民们，仍习惯地称呼其为"老闸桥"。

新闸桥，现在叫"大统路桥"。建造历史晚于老闸桥100年。对今天的上海人来说，它也是一座老桥了，建造之初就称新闸桥，故尔上海人仍称其为新闸桥，尽管地图上标的是大统路桥。

老闸桥原貌

在老闸桥原址上建造的福建路桥

沪江游踪

当然，在上海的古桥中，还有一些始终不曾改名的老桥，恒丰路桥就是这样的一座桥。100多年前是木桥，1987年改造成为四车道大桥，成为苏州河上最大桥梁，桥名仍然叫"恒丰路桥"。

桥梁的命名，是一件颇有文化意蕴的事情。古今中外都有这样的例子可寻。上海也不例外，最有代表性的，就是里虹桥、外虹桥、中虹桥。之所以要建造这三座桥，是因为下海浦附近的三条河流"沙洪""北沙洪""穿洪"汇流在一起，要通过"穿洪"的口子进入黄浦江。久而久之人们便把"洪"字改为"虹"字，虹口区最早的地名就是由此而来。以虹口港为例，今天的百老汇路附近，即是外虹口，在这一段河流上建的桥，就叫"外虹桥"。今天中青年人，都叫它"大名路桥"。长治路桥即是中虹桥；汉阳路桥系里虹桥。在重视地域文化的今天，虹口区居民逐渐把这一脉络理清晰了。

上海的桥，实在是一个说不尽、道不完的话题。文中提到的每一座桥，都有一段历史可以叙说，都有很多建桥人的故事可以挖掘。

漫步沪郊访名桥

吴永甫

上海地处江南水网地带，河道纵横交错，桥梁星罗棋布，数以千计。据上海地区县志所载，明代中叶以后，有桥名的桥约有5 000座。随着历史变迁，有些桥梁已经坍废，不复存在。但留存至今的也非少数，一篇文章难以穷尽，只能就我多年走访情况择其要者介绍如下，与读者共赏。

金泽古桥甲天下

青浦区金泽镇是上海地区有名的桥乡，著名书法、篆刻家钱君匋曾为之题写"金泽古桥甲天下"7个大字。可见金泽的桥梁非同一般，不仅数量多，而且大多是历史名桥。现在上海地区仅存的宋代石桥，不过三四座，金泽镇就有两座，还有元明清不同时期所建的桥梁，造型各异，精彩纷呈。

金泽离青浦城区22公里，北有烟波浩渺的淀山湖，南连江苏流入的太浦河，还有元荡等湖泊水域。贯穿全镇有一条南北流向的市河，并有多条支流汇集而来。整个镇区面积有14万多亩，陆地面积仅为1.2万多亩，是个典型的江南水乡。这里的群众视水为宝，早有"穑人获泽如金"之说，这是金泽镇名的由来。至今我们进入古镇，

著名书画家钱君匋题写的"金泽古桥甲天下"的石碑

还能见到高耸的牌楼上有副对联：上联是"古镇古迹古色古香"，下联是"水乡水景水秀水清"。这是人们对金泽水乡美景的精辟概括。

"水港小桥多"，这已成为规律了。桥梁是水乡的命脉，水多桥也多。据史书记载，在宋代，金泽有"六观、一塔、十三坊、四十二虹桥"。如今横跨市河上的桥梁有7座。资历较深的是普济桥，始建于南宋咸淳三年（1267年），为单拱石桥，呈弧状，桥身不高，仅5.07米。但拱洞的跨度较大，达10.5米，因而桥面的坡度不大，远眺桥形全貌，形如月牙，纤巧飘逸，风姿绰约，而且富有色彩。整座桥梁都由紫石砌成，极具观赏性。以紫石建桥，这是宋代桥梁的特征。金泽镇另一座建于宋景定年间（1260—1264）的万安桥，其桥身金刚墙、内券石也都是紫石。又如松江区方塔园内的望仙桥，建于南宋绍熙年间（约1190年），桥面为武康紫石，略呈拱形，桥下为唐代市河，故有"宋桥唐河"之说。南宋诗人许尚曾以"望仙桥"为题

金泽普济桥,始建于宋咸淳三年(1267年)

作诗云:"鹤驾乘风去,千年竟不归。石梁平望处,空复白云飞。"诗人虽然说的是上桥观景的意境,但也描绘了桥梁的外形。

金泽镇的南端有一座富有诗意的桥梁,名为迎祥桥。"迎祥夜月"是金泽八景之一。桥以月伴,这是古诗中常见的景色,最著名的有唐代诗人杜牧写的"二十四桥明月夜"、张继写的《枫桥夜泊》,可说是妇孺皆知、脍炙人口了。这说明观桥赏月有着密不可分的关系,但也并非任何桥梁都有月色可赏,需要有景有情,才能情景交融。迎祥桥是座华容婀娜、身姿柔美的桥梁。它建于元顺帝至元年间(1335—1340),是上海地区仅有的两座砖桥之一,桥长30.75米,桥面由青砖侧铺而成,石柱与桥面之间有楠木为檩,显得高贵风雅。桥下泱泱流水,回清倒影。周围树木青翠,隐隐可见粉墙黛瓦的民居,环境极为幽静。古人有诗云:"虹影环空烟渚宽,高悬皎月状霄观。"迎祥月夜的景色是很有诗情画意的。

巍峨拱桥巨又雄

上海地区的古桥，基本上有两种类型：一类是弓型的石拱桥，一般是高耸巍峨，气势雄伟；另一类是石板桥，桥面、桥柱都用巨型青石或花岗石建成，这类桥梁形态粗犷，具有线条美。

以石拱桥而言，朱家角的放生桥，可算是一个杰作。该桥始建于明隆庆五年（1571年），是一座5孔大型石拱桥，全长70.8米，宽5.8米，高7.4米。桥顶有石狮4只，神态憨厚，炯炯有神。桥下宽阔的漕港河，来往船只川流如梭，呈现一片繁荣的景象。笔者曾多次经过这里，印象最深的是三次。第一次青商（青浦—商榻）公路还未建成，我从青浦坐小火轮，经朱家角到商榻镇去。船到放生

青浦朱家角放生桥，相传建于明隆庆五年（1571年）

巍峨拱桥巨又雄

上海地区的古桥,基本上有两种类型:一类是弓型的石拱桥,一般是高耸巍峨,气势雄伟;另一类是石板桥,桥面、桥柱都用巨型青石或花岗石建成,这类桥梁形态粗犷,具有线条美。

以石拱桥而言,朱家角的放生桥,可算是一个杰作。该桥始建于明隆庆五年(1571年),是一座5孔大型石拱桥,全长70.8米,宽5.8米,高7.4米。桥顶有石狮4只,神态憨厚,炯炯有神。桥下宽阔的漕港河,来往船只川流如梭,呈现一片繁荣的景象。笔者曾多次经过这里,印象最深的是三次。第一次青商(青浦—商榻)公路还未建成,我从青浦坐小火轮,经朱家角到商榻镇去。船到放生

青浦朱家角放生桥,相传建于明隆庆五年(1571年)

桥堍,从船舱内往外望去,一栋栋吊脚楼倚在河沿,石驳岸砌得整整齐齐,河埠头径直伸入水中,船码头上候船的人群挤拥着……一切恍如电影《早春二月》中的一个场景。第二次,我去拍摄晨曦中的朱家角。放生桥堍早有提篮卖菜的老农,手捧茶壶,闭目养神,静候顾客到来。河沿上的茶馆已是座无虚席,人气、水气、雾气融合在一起。这时漕港河上已有靓女对着河边的窗口梳妆的倒影。正如明代诗人施绍莘所描述的:"淡茫茫水镜推窗晓,点疏疏渔灯夜候潮。"其景其影是何等相似。第三次,也是最近一次,我所见的放生桥,其热闹景象如同去上海博物馆观赏宋代名作《清明上河图》的盛况,人流如潮。放生桥周围的环境已经大变,过去桥堍一侧的小楼已改建成休憩的长廊。沿河的另一角已辟为河滨餐厅,而且是顾客盈门。被称为"一线街"的北大街,商品琳琅满目,尤以朱家角的粽子最为显眼,几乎家家户户门前都在裹粽子。最有名的是葛老太裹的粽子,又香又糯,美味可口,许多人慕名而来,那种热闹景象,在《清明上河图》中的垂虹桥堍是没有的。

上海地区著名石拱桥还有很多。如松江区的"云间第一桥",历史上被誉为"九峰三泖"之光彩;南汇区新场镇的千秋桥,曾列为"笋山十景"之一;嘉定区南翔镇的天恩桥,豪称是"垂虹锁巨川"。这些大型石拱桥都各有特点,这里不一一细说了。

上海地区最高最长的石拱桥,要算金山漕泾镇水库村的七星桥,原名济渡桥,建于清光绪元年(1875年),有六墩七空,桥长43.6米,宽2.19米。它"隐居"于村落之中,鲜为人知。桥堍有绿树环抱,翠竹成林,桥下河水缓缓而流,水光潋滟,远看麦浪滚滚,炊烟缕缕。笔者造访时,正是夕阳西照,有老农牵牛过桥而来,展现在眼前的正是一幅风光旖旎、动静结合的水墨画卷。

玲珑小桥趣亦奇

我喜爱气势雄伟的古桥，也爱好玲珑精致的小桥。有的小桥其形如同盆景中的饰物，架于"两峰"之间，跨越小溪之上，把不同的景象连成一体，构成了高低起伏、跌宕有致、富有层次的画面。如青浦区曲水园中的喜雨桥，可说是上海地区最小的石拱桥了，长度仅8.6米，宽2.5米，高2.3米。然而，矫小容量却很大。它造型美观，具有石拱桥的一切特征，而且常年绿叶纷披，窈然深碧。它身处荷花池畔，视野宽阔，游客站立桥头，全园景色一览无遗。特别是观赏对岸的一对双亭，这里是最佳视角。如果遇上雨天，在此静听淅淅沥沥的雨打荷叶声，更令人心旷神怡。有诗曰："桥立雨中轻纱罩，琴鼓四起荷池中。"这正是喜雨桥上听雨声的独特意境。

青浦曲水园中的喜雨桥，始建于清乾隆十年（1745年）

嘉定孩儿桥，始建于宋至和年间（1054—1056）

江南的水港小桥，多与小巷深宅结有因缘。如在南汇区周浦镇三阳弄的尽头，有座石板桥，长仅一步，高不及腰，但有石级数步，可谓是袖珍小桥了。小桥在一条夹弄之间，沿着小巷曲曲弯弯走去，便是姚家大宅，外有高墙漏窗，内有芸楼隐现，小桥、名宅融为一体，更显深宅大院的神秘。

有的小桥还小得有趣。在嘉定秋霞圃桃花潭畔有一桥，长2.83米，桥面仅是一块石板。登桥观景，妙趣横生。明代"嘉定四先生"之一的娄坚，曾为之题字"涉趣桥"。

嘉定还有一座与"小"字有关的桥梁，名为孩儿桥，俗称小囡桥，始建于宋至和年间（1054—1056），现已毁去，但是刻有一群儿童酒后醉态各异的石板栏杆，还存放在嘉定区博物馆中。清代著名学者王鸣盛还助兴作诗云："闻说石孩曾盗酒，至今桥畔醉人多。"

井亭桥畔访书院

桥梁是历史发展的里程碑，又是历史的见证人。它留下了千万人的足迹，其中也必然有历史名人的足迹。

我曾多次去安亭考察严泗桥和井亭桥的历史遗迹。明代著名文

沪江游踪

嘉定安亭井亭桥,始建于明弘治八年(1495年)

学家归有光(号震川)考举不中,曾在安亭其妻王氏家中读书授业20余年。到了清道光十四年(1834年),江苏巡抚林则徐曾去震川书院访问"震川先生读书处"。此事在《林则徐日记》中记载甚详,其中写到的畏垒亭、陶庵等建筑,与归有光所写《畏垒亭记》《陶庵记》等文章的内容相吻合。据史书所载地图的标记,"归太仆故居"在安亭井亭桥西侧。该桥始建于明弘治八年(1495年),早于林则徐所到的时间,因而沿着井亭桥去寻访历史名人的遗迹,是合乎逻辑的。然而,归太仆故居早在林则徐所到之前已经"劫火伤陈迹",那么林则徐所见的畏垒亭等遗迹在何处?我沿着漕塘河继续寻去,在严泗桥东面,见到了现在的安亭中学,史称震川书院。震川书院是清道光八年(1828年)由时任江苏巡抚陶澍为纪念归有光而建,内有因树院,也有畏垒亭、陶庵等建筑。据史书记载,林则徐与陶澍的感情甚好。按照常理,林则徐所访的书院,理应是今日的安亭中学。

闵行区七宝镇的蒲汇塘桥也留下了历史名人的足迹。该桥建于明正德十三年（1518年），取名于桥下流经的蒲汇塘。到了清代道光年间，河道已淤浅不堪。时任江苏巡抚的林则徐下令疏浚，要求知县自捐俸禄并向官绅"募捐"，筹集工程资金，一改过去地方官员借开河之名骚扰百姓的积弊，因而深得百姓的赞扬。蒲汇塘桥如同一块丰碑，记载了这段为人难忘的历史。

管家桥下女才子

青浦小蒸镇有管家桥，系元代才女、书画家管道升的故里。其作品《水墨图》等收藏于北京故宫博物院。其夫为元代著名书画家赵孟頫，昔时常来小蒸，因其号为松雪道人，曾在小蒸寿宁桥畔筑有"松雪读书屋"，但早无遗迹可寻。清代文人叶世雄曾有诗云："流水依然人已非，书屋已圮暮烟飞。"笔者曾随镇上撰写方志的同志到实地踏看，虽不见管家桥，却见管家路，至今地名不变。路之两侧一片田园风光，菜畦、树木，青葱翠绿，别有一番诗情画意。回家再翻阅清代剧作家洪昇写的杂剧《四婵娟》中的"管夫人"，更添情趣，深为上海地区也有类似李清照那样杰出的才女而兴奋。

青浦白鹤镇的塘湾桥，也是一座历史名桥，又称英雄桥。因为上海小刀会的女首领周秀英曾在桥头上与清兵血战，当地流传过一首民谣："女中英雄周秀英，大红裤子小紧身。手提大刀百廿斤，塘湾桥上杀四门。"在桥上，留下了周秀英的足迹，动人的故事流传至今。该桥现已被列为青浦区的文物保护单位。

闵行古迹话沧桑

张乃清

时常有朋友想到闵行区来游览名胜古迹,让我作些引导,以便寻踪探秘。也有些年轻人听长辈说起故乡的名胜传说,问我究竟是真是假。更有大量的"新上海人"在闵行找不到闻名遐迩的古迹,以为这里没有历史,难以产生认同感。其实,闵行也是个历史文化底蕴深厚的地区,只不过有些古迹随着时代变迁已经消失了。

黄浦江畔春申阁

当今,为开发利用黄浦江滨江地带,人们自然想起,在原闵行镇(今江川路街道)"东滩"曾经有过一处名胜古迹,是极为难得的历史文化资源。那就是春申道院,俗称春申庙。

据同治《上海县志》记载:春申道院"在横沥东岸。奉春申君黄歇像"。这是黄浦江流域唯一以"春申"命名、供奉春申君黄歇的庙宇。始建于清雍正十二年(1734年),由上海县知县褚菊书(字荣九)主持建造,并有记。乾隆十年(1745年)重修。嘉庆九年(1804年)在闵行名士李林松(字仲熙,号心庵)的推动下,再次修缮扩容,增设了一座显赫的神阁,取名"春申阁",俗称东阁,成为滨江地带标志性建筑物。

战国时，楚考烈王拜黄歇为相，封为"春申君"，今上海地区是他封邑的一部分。明永乐年间实现"江浦合流"之后，上海民众体会到兴修水利的重要，自然联想起历史上治水有功的人物。于是，不少文人墨客抒怀题咏，比兴寄托，一则无中生有的"春申君开凿黄浦"的传说便流传开来，春申君被推上了神坛。

在这样的社会背景里，上海知县褚菊书借题发挥，使这座"春申阁"应时而生，并享誉八方。莘庄地区受其影响，不久在莘村塘畔也建造了一座"春申庵"，甚至将莘村塘改称为"春申塘"，以致后人误以为春申君早在战国时期就在此建了一座"春申桥"。

在士人们的推动下，崇尚春申君的风习日趋弥漫。嘉庆年间附贡生黄琮（原名琳，字昆发，号二多，别署春申江上人）在春申阁建成后，即作《春申阁题壁二首》，感叹道："村落逶迤傍水滨，杰然高阁祀春申。千秋史册应从实，百世香烟别有因。"清代出生于闵行老街的著名书画家纪大复（字子初，号半樵），特为春申阁撰联："浦以姓名传，吾不为鱼终古赖；阁因封号建，居之肸蚃古今称。"春申道院因此身价日增，道院住持朱泫（字砚耕）、羽士潘蕴仁在上海滩颇有名望。

闵行老街也随之繁荣起来了。春申阁面对东首黄浦江转折处的闸港，每逢八月十八日"潮头生日"，潮势汹涌，此处为观潮胜地，又是每年端午节举办龙舟赛的场所。当年，本地文士才女经常在春申阁相聚唱和，留下了不少诗作。清道光年间，李松林之女李媞（字安子）和黄家锟（字谈生）均有《东阁观潮》《登春申阁》诗。

春申阁前，曾建有魁星阁，呈六角形。奎星指北斗七星前四星，为读书士子守护神。清光绪年初，由乡绅李祖锡（字子莲，号祉联）、夏其钊（字元瀛，号秋田）等捐募创建。登阁可览黄浦江全景，为游览胜地。创建时所立的《魁星阁记》碑，今存老闵行历史文化陈列馆内。1917年，由时任闵南轮船局董事长李显常等集议，改建为三幢楼房，供闵行乡教育会所用，并在江边建待渡亭。

1937年"八一三"战事爆发后，侵华日军的飞机连续十多次在闵行镇上空侦察、轰炸。8月24日夜，日机丢下数枚炸弹，使春申道院受损惨重，春申阁被毁，后来无奈而废。1958年起，道院旧址被改建为豆制品合作加工场。如今，这里已被开发成商品房住宅区。可惜的是，黄浦江畔曾经风光了200多年的地方名胜随之消逝得无踪无影，几乎被世人忘却了。

北桥钟楼名远扬

行人走过沪闵路、北松路口，会看到路边有一棵高大的银杏树。当地人自豪地宣称："这里曾经有一座赫赫有名的明心寺。"

北桥明心寺，确实非同一般。此寺始建于唐代，初名华严院，开山者为大通禅师。宋治平二年（1065年），住持希最和尚奏准，赐额明心院。明洪武二十四年（1391年）又扩建，占地56公顷，方圆达1公里，并将当时上海县内17座无名望的寺庵并入，改称明心教寺，僧人多达1000余名，为"东南一大丛林"，俗称大寺。

北桥钟楼旧貌

明心寺里，曾有一口明万历十四年（1586年）铸就的铜钟，高1.46米，直径1.8米，重1 500公斤。为此，北桥人常说："北桥穷虽穷，还有3 600斤铜。"铜钟的上部刻"皇图永固，帝道遐昌，佛日增辉，法轮常转"，下部刻"国泰民安，风调雨顺，五谷丰登，八方宁静"。相传，此铜理应声传千里，可惜在试钟时被一个冒失鬼随意误敲，以致丧失神力，钟声难以远传，因此留下了一句"北桥钟，响在屋界东"的俚语。

北桥人特意为铜钟建了座钟楼，原位于北松路、沪闵路交会处。清乾隆年间，钟楼再次重修，为砖木结构二层楼阁，气度不凡，成为上海西南诸乡最著名的建筑物。

1928年起，北桥成为上海县县治所在地。中医名家秦伯未应邀到此坐诊行医。他在游览了北桥地区的名胜后，不由诗兴大发，写下一组《北桥竹枝词》，其中有首云："瓶山春尽鹤坡秋，不及钟楼对我楼。东海潮声喧日夜，钟声长在海西头。"

1934年9月，本地遭遇一场罕见的强台风，北桥钟楼被刮得破败不堪，随时有倒塌的可能。重建时，人们将它移至上海县政府大楼的东南角，并受时代风尚的影响，改为混凝土结构，仿北京地安门鼓楼，呈方形，高14.75米，占地82平方米，

明心寺大铜钟移居龙华寺

四楞直筒式有四层,三楼有城堞式回廊,明代铜钟悬挂在内。人们还特意请出生于马桥俞塘的辛亥革命功臣钮永建为新建的钟楼撰写了碑记。这样一座钟楼倒也引人注目,成为沪闵公路北桥段的一大地标。

可惜到了"文化大革命"中,钟楼虽处于解放军驻军处,但"造反派"还是将铜钟弄下来,用24磅铁锤轮番敲砸,怎奈钟体坚固,只敲掉了双龙钟簪。1982年秋,龙华寺修复时,将这口大铜钟移了过去。

如今,北桥钟楼已无踪影,连铜钟也挂到龙华寺去了,难怪北桥人时常会叹气。

"城隍老爷"墓安在

据史料记载,当年秦裕伯安葬父母时,将淡井庙北的秦氏祖茔迁到浦东题桥,一起合葬在长寿寺西侧的"寺河塘北"。秦裕伯病逝后,也归葬于此。

明万历九年(1581年),族人在长寿寺西侧正式建造了秦公墓园,占地2.25亩。主穴为裕伯夫妻合葬墓,一侧为其子世隆墓,左穴为其弟亨伯夫妻合葬墓。墓前置有石翁仲、石虎、石羊各二。墓上黄茅如带,不生杂草,俗呼黄泥坟。墓园敕免税赋。秦荣光《上海县竹枝词》中有一首即咏黄泥坟:"寺河塘北峙高冈,俗唤黄泥坟向阳。万历九年科敕免,有灵不放卧牛羊。"

清同治十一年(1872年),朝廷加封秦裕伯为"护海公"。时有秦公裔孙秦端(字彦华)与陈行秦氏族人秦诵莪、秦绣彝、秦荣光、秦乃歌等,联名呈请新任上海知县叶廷眷(字顾之)和刚卸任的知县陈其元,重修长寿寺秦公祠墓。

陈其元(字子庄)原任南汇知县,熟悉秦裕伯故里情况,认为

1933年农历九月初九,秦公祠举行建祠六十周年祭祀活动

秦公"生为义士,殁作明神,而邱垄摧残,侵占不治,是有司之责也"。因此,他率先捐出俸钱两百缗作为倡导,诸绅士响应,共筹得钱三千余缗,及时赎回墓地19亩,并决定在墓地西侧建造秦公祠堂。陈其元在所撰《庸闲斋笔记》中有《上海县城隍神之灵应》一文,具体记载了此事。秦公墓地有3座坟山,墓道有石翁仲、石虎、石羊、松柏,另有10亩桃树、4亩梅树、14亩花草。相传,建造秦公祠时,特意开挖了一条河,以便运送建筑材料,后人称祠堂河。

次年秋,墓侧的"长寿里秦公墓祠"也落成了。从此,每逢秦裕伯生日(农历六月十二)和上巳节(农历三月初三)、重阳节(农历九月初九),均由知县亲临主祭或遣学宫僚佐代祭,祝献礼仪肃穆,至民国初年不衰。

1933年农历九月初九,秦公祠举行建祠六十周年祭祀活动时,由上海县县长主祭,上海众多士绅赶来参拜,场面十分热烈。幸有一组图片,记录了当时的情景。

风云变幻,时过境迁。1963年,秦公墓园被平整成农田之后,当地只留下"秦公祠"为一个自然村的宅名。1999年11月,当地发现同治年重立的青石"元景容秦公裕伯墓""元述斋秦公良颢墓"墓碑和青石函(今收藏于闵行区博物馆)。2006年,145亩土地被漕河泾经济开发区浦江园区征用,村民全部农转非,住房均被拆迁。

如今,"秦公墓园"在何处呢?依据史料记载,经多次实地考察,我们发现秦公墓园地块在今立跃路、新骏路口北侧。秦裕伯的家族墓园虽已被毁,但遗址尚存,有迹可寻,但愿这里能辟建一个纪念地,让人们都知道"上海城隍老爷"原本不是神,而是陈行题桥人。

谁见"浦东第一桥"

清代晚期,在浦东鲁家汇镇南面的闸港渡口兴起一个小镇,人称闸港镇,今属浦江镇永新村十组,位于黄浦江折北处,隔江与浦

抗战之前的"浦东第一桥":闸港桥

西寺嘴角相对。因常有黄浦江船只泊此候潮,小镇渐有市面,尤其是光绪三十年(1904年)有轮班通航后,这里遂成水陆码头,商市益盛。闹市在北岸,有店铺30余家,分前(南)街、后(北)街和西首的南北街,前街、后街之间有条南北通道。抗日战争期间,小镇大部被侵华日军烧毁,街市衰败。1979年开挖大治河后,这里变得面貌全非。

当年,闸港镇上有一座横跨闸港河的大桥,其长其高,号称"浦东第一"。光绪《南汇县志》称:"跨闸港者曰闸港桥。乾隆庚子(1780年)夏,景韩呈请知县成汝舟拨周浦河工霸木并倡捐重建。"1930年重修时,桥址西移,北端与西市南北街相接,南块与南岸的"丁"字路相连。桥长60米,宽4米,高6米,桥面仍铺设木板,桥脚由木改为钢筋水泥,设4排,每排4根桩。曾留学日本的滨浦中学校长潘锡成题写了"浦东第一桥"桥名,使其名声远扬。

可惜生当乱世,闸港小镇多灾多难。1938年,全镇被侵华日军烧毁,灾民只得搭建草房栖身。次年3月22日,又遭日军纵火,夷为平地。1949年5月,国民党军队为了阻止解放军的追击,在逃跑时把"浦东第一桥"给炸毁了。

如今,人们再也说不清这"浦东第一桥"究竟是何等模样。近年,有人到原址探访寻迹,只寻见一根水泥桥脚残桩,于是在此建了一座亭子。日前,笔者有幸在旧书刊中发现了一张图片,总算见到了"浦东第一桥"的雄姿。